예수님께 배우는 믿음

예수님께 배우는 믿음

1판 1쇄 펴냄 2025년 5월 30일

지 은 이 한국남
전자우편 mrkoreahan@gmail.com
연 락 처 010-3878-3615

펴 낸 곳 바다향기
디 자 인 바다향기
출판등록 파주시 제2022-000022호
전자우편 plusno3@naver.com
연 락 처 010-2949-3605

Copyright ⓒ 2025 바다향기, All Rights Reserved.
이 책은 저작권법에 따라 보호받는 저작물이므로 무단 전제와 복제를 금합니다.

—

ISBN 979-11-980790-9-1

값 12,000원

예수님께 배우는 믿음
FAITH IN JESUS

바다향기

서문

글을 시작하면서

"예수께서 가라사대 어찌하여 선한 일을 내게 묻느냐 선한 이는 오직 한 분이시니라 네가 생명에 들어가려면 계명들을 지키라." 마 19:17

성경 말씀을 공부하면서, 개인적으로 가장 힘들었던 주제가 바로 "믿음"이었습니다.

우리의 행위로는 구원을 얻지 못하는데, 예수님은 "네가 생명에 들어가려면 계명들을 지키라"라고 하십니다.

반면에 바울은 또 이렇게 얘기합니다.

"사람이 의롭게 되는 것은 율법의 행위에서 난 것이 아니요 오직 예수 그리스도를 믿음으로 말미암는 줄 아는 고로 우리도 그리스도 예수를 믿나니 이는 우리가 율법의 행위에서 아니고 그리스도를 믿음으로써 의롭다 함을 얻으려 함이라 율법의 행위로서는 의롭다 함을 얻을 육체가 없느니라." 갈 2:16

이러한 믿음에 대한 말씀 때문에, 율법을 중시하고, 돼지고기, 해물이 조금 들어간 라면이나 머시멜로, 심지어 오뎅도 갈치가 들어가 안 먹겠다고 얘기하면, 행위로 구원받는 것이 아니니 그 정도는 먹어도 된다고 얘기합니다.

많은 교우님들이 우리가 어떻게 하나님의 법을 다 지킬 수 있냐고 얘기합니다. 그렇게 율법을 지키면 "율법주의자"라고 얘기하며 하나님의 말씀을 어느정도는 어겨도 된다고 암묵적으로 권장하기 까지 합니다.
왜 신앙을 힘들게 하고, 피곤하게 사냐는 것입니다.

무엇이 옳은 신앙일까요?
왜? 우리의 신앙은 무엇이 옳은지를 잃어버리고, 어떻게 하나님을 섬겨야 하는 것인지를 잃어버렸을까요?
믿음에 대한 정의가 똑바로 제시되지 않았기 때문입니다.
믿음의 정의가 성경대로 제시되지 않고, 이해하는 사람에 따라 희미하게 하나의 '추상적인 개념'처럼 제시되었기 때문이라 생각합니다.

이런 이유로, 재림 교인이 십계명을 지켜야 한다고 하면 일반 개신교에서는 우리를 "율법주의자"라고 부르게 되고, 심지어 재림교회 안에서 조차 율법을 지키려 하는 사람들에게는 "율법주의자"라는 낙인을 쉽게 찍기도 합니다.
그럼 우리는 왜 "안식일"을 지키나요?
예수님의 피로 미리 구원을 받았으니 율법을 지키는 것인가요? 물론 이 말씀도 어느정도 답을 주기는 합니다. 하지만, 이러한 답변은 저에게 100% 확신을 주는 답변은 아니었습니다.
그럼 안식일을 지키지 않는 사람과 율법을 지키지 않는 사람은 구원 받지 못했기 때문인가요?
아닙니다.
성경은 분명 이렇게 얘기합니다.
"모든 사람에게 구원을 주시는 하나님의 은혜가 나타나." 딛 2:11
보편적인 구원은 모든 사람에게 주셨다 말씀하십니다.

개인적으로 믿음은 정말 무엇인지 알고 싶은 마음에 믿음에 대한 설교를 정말 열심히 들었습니다.

어느 목사님의 말씀을 들으면, 예수님께서 나의 구세주로 굳게 믿는 것, 예수님께서 나의 모든 죄를 사하셨음을 믿는 것이 믿음이며, 그 믿음이 있으면 구원받는다 얘기하기도 하지만, 성경에 보면 서로 반대되는 것 같은 많은 성경절을 보게 됩니다.

또 다른 목사님은, 하나님께 맡기는 것이 믿음이라 말씀하십니다.

큰 산에 나를 붙들어 매어 움직이지 않는 것이 믿음이라고 설명하시기도 합니다.

물론 그 목사님들의 설교가 없었다면, "왜?"라는 질문도, 믿음에 대한 정확한 이해를 할 수 있는 토대도 마음에 쌓지 못했을 것입니다.

성경은 분명 이렇게 얘기합니다.

"주도 하나이요 믿음도 하나이요 침례도 하나이요." 엡 4:5

말씀을 중시하고, 내 생각을 내려놓는다면, 믿음의 정의도 하나여야 합니다.

수많은 종류의 믿음이 나온다면, 틀렸다는 것입니다.

우리의 믿음이 구원을 위해 꼭 필요한 것은 분명합니다.

"너희가 그 은혜를 인하여 믿음으로 말미암아 구원을 얻었나니 이것이 너희에게서 난 것이 아니요 하나님의 선물이라." 엡 2:8

이런 말씀으로 우리는 구원은 믿음을 통해 받는 은혜로 생각합니다. 예 맞습니다. 하지만, 우리는 또한 이 말씀을 설명할 수 있어야 합니다.

"그러므로 나의 사랑하는 자들아 너희가 나 있을 때뿐 아니라 더욱 지금 나 없을 때에도 항상 복종하여 두렵고 떨림으로 너희 구원을 이루라." 빌 2:12

그래서 그리스도인이라면 꼭 생각해야 할, 확신을 가지고 있어야 할 그 주제, "믿음"에 대해 나눠보고자 합니다.

네, 저는 아주 작은 교회에서 목사님을 돕는 젊은 장로에 불과합니다.

교회에서 특별히 인정해준 '권위'도 없는 사람이고, 가끔은 내가 이런 책을 내도 될까 하는 염려도 있는 것이 사실입니다.

베드로는 이렇게 얘기합니다.

"우리는 보고 들은 것을 말하지 아니할 수 없다 하니." 행 4:20

믿음의 정의를 알려주신 하나님께 감사하며, 그 은혜를 나누지 않고는 견딜 수 없음을 이해해 주시길 바랍니다.

개인적으로는 최근에 몇몇 재림교회 목회자들의 배교나, 또 여러 이상한 교리들이 조금씩 재림교회에 들어오고 있는 문제들이 해결되지 않는 것을 볼 때, 대부분 문제들이 '믿음'의 정의가 바로 서지 않아서임을 보게 됩니다.

믿음에 대한 말씀이 서로 모순되는 것 같을 때도 많지만, 믿음의 정의를 알면 너무도 조화로운 말씀이 되기에 그 은혜로 받은 믿음에 대한 말씀을 여러분과 나누고자 합니다.

아무리 힘드시더라도 2장까지는 꼭 읽어 보시길 강권하지 않을 수 없음을 용서하시길 바랍니다.

목차

1장_ 믿음의 정의 ___12

    1-1. 멸망의 이유 ___16
    1-2. 보편적인 구원과 개인적인 구원 ___17
    1-3. 믿음의 정의가 나오지 않을 때 서로 배치되는 성경절 ___20
    1-4. 우리가 의롭게 되는 유일한 길 ___22
    1-5. 믿음과 계명 ___25
    1-6. 참 믿음 ___28
    1-7. "샤마, 샤말, 아사" ___30
    1-8. 복과 저주 ___32
    1-9. 믿음의 쌍둥이 단어 ___34
    1-10. 개인의 부흥과 교회의 부흥 ___36

2장_ 믿음과 구원 ___41

    2-1. 믿음의 행위와 율법의 행위 ___44
    2-2. 믿음의 행위와 구원의 관계 ___46
    2-3. 믿음에 대한 예수님의 시각과 바울의 시각 ___49
    2-4. 믿음으로 들어가는 "은혜" ___56
    2-5. 소경을 통해 믿음의 공식을 주시는 예수님 ___58
    2-6. 제자들이 고치지 못한 귀신 들린 아이에 대해 설명하시는
          예수님 ___61
    2-7. 제자들에게 주어진 시험에 대한 예수님의 설명 ___65
    2-8. 제자들이 받은 시험 ___69

3장_ 믿음은 하나님께서 돕지 않으시면 지킬 수 없는가? ___72

    3-1. 우리에게 지키라 주신 계명 ___73

    3-2. 하나님의 명령은 하나님의 약속임 ___76

    3-3. 마음에서 나오는 것이 우리를 더럽게 함 ___77

    3-4. 우리의 믿음에 방해가 되는 보이는 것들 ___85

    3-5. 우리의 믿음 후에 관여하셔서 온전케 하시는 예수님 ___88

4장_ 믿음과 신뢰의 차이 ___91

    4-1. 예수님의 이름을 부른다는 것 ___91

    4-2. 오직 성경으로 그 의미를 해석해야 함 ___96

    4-3. 행함이 있는 믿음 ___99

    4-4. 신뢰의 정의 ___100

    4-5. 믿음과 신뢰의 관계 ___104

    4-6. 헛된 믿음 ___107

    4-7. 마음으로 지키는 믿음 ___110

    4-8. 신뢰로 끝내야 할 때 ___113

5장_ 믿음으로 말미암는 의 ___115

    5-1. 내 믿음인가? 예수님을 통해서인가? ___115

    5-2. 은혜로 받는 구원, 은혜로 받은 의로움 ___118

    5-3. 의심하는 믿음 ___121

    5-4. 구원을 나누는 표 "믿음" ___122

    5-5. 온전한 믿음을 보이신 예수님 ___126

    5-6. "믿음"으로 불리시는 예수님 ___129

5-7. 우리가 "믿음"을 지킬 때에 함께 동행하실 수 있는
　　　예수님 ___130
5-8. 정직한 자 ___136
5-9. 흠이 없는 자들 ___142

6장_ 여겨주시는 의 ___149

6-1. "이 율법의 모든 말씀을 실행치 아니하는 자는
　　　저주를 받을 것이라" ___150
6-2. 온전하라 말씀하시는 예수님 ___152
6-3. 성경에서 의인이라 불리운 자들 ___155
6-4. 여겨주심의 뜻 ___156
6-5. 죄를 용서받는 절차 ___158
6-6. 두 가지 "의" ___161
6-7. 세상의 모든 "의인"은 여겨주심을 받은 자들 ___163
6-8. 율법의 종류 ___164
6-9. 은혜가 되는 율법 ___166
6-10. 죄인, 그러나 의인 ___169
6-11. 죄인의 불안함 ___172
6-12. 마음을 다함으로 용서의 피를 받음 ___176
6-13. 사마리아 여인의 죄의 해결 ___182

7장_ 믿음의 경험 ___191

7-1. 문둥병자의 믿음 – 주여 원하시면 ___194
7-2. 초대 교인들의 믿음 ___199
7-3. 우리도 해야 하는 고백 ___202

7-4. 달란트와 므나 ___204
7-5. 지혜로운 마음이 있는 자 ___207
7-6. 내 생각과 타협하지 않는 신앙 ___215
7-7. 믿음이 적은 자 ___222
7-8. 채워야 할 기름병 ___228
7-9. 은혜의 정의 ___234

8장_ 믿음의 길을 개척하라 ___240
8-1. 사무엘의 믿음의 개척 ___241
8-2. 요나단의 믿음의 개척 ___243
8-3. 다윗의 믿음의 개척 ___247
8-4. 말씀대로 행하는 믿음 ___250

1장

믿음의 정의

"예수께서 가라사대 어찌하여 선한 일을 내게 묻느냐 선한 이는 오직 한 분이시니라 네가 생명에 들어가려면 계명들을 지키라." 마 19:17

예수님의 용서를 경험한 저는, 말씀을 펴기 시작했고, 말씀을 나누지 않고는 견딜 수 없게 되었습니다.

하루는 현지에 있는 한국식당에 손님을 대접하러 갔는데, 한 백인 가족이 앉아 있는 것입니다.

그 백인 가족은 아이가 넷 혹은 다섯인가 되었습니다. 저는 그 아버지에게 필리핀에서 뭐하냐 했더니 선교사라 하더군요.

미시간에서 개신교 신학 박사학위를 받고 와서 선교사로 봉사하고 있다고 얘기하는 것입니다.

저는 재림교인이라 얘기했습니다. 성경공부 같이 하자고 이 선교사에게 얘기했더니 화들짝 놀라더군요.

무슨 생각이었는지 몰라도, 저는 뭔 얘기를 해도 이 사람을 바른 믿음으로 인도하고자 하는 열망이 있었던 것 같습니다. 저는 아직도 이 선교사 가족을 위해 매일 기도하고 있습니다.

제가 재림교인임을 밝혔기에, 이 사람은 너희 교단은 구원을 어떻게 받느냐 물어봤고, 저는 '은혜'라 대답하며 이 성경절을 주었습니다.

"너희가 그 은혜를 인하여 믿음으로 말미암아 구원을 얻었나니 이것

이 너희에게서 난 것이 아니요 하나님의 선물이라"엡 2:8

이 친구가 깜짝 놀라는 것입니다. 자기가 정말 많은 재림교인을 만났는데, 하나님의 은혜로 구원을 얻는다고 얘기하는 사람을 못 봤다는 것입니다.

이 선교사의 질문은 계속됩니다.
그럼 안식일을 안 지키면, 계명을 안 지키면 구원받을 수 있냐고 묻는 것입니다. 사실 이 질문은 행위에 맞추어 있는 질문이기에 질문 자체에 큰 오류가 있습니다.

하지만, 저는 속으로 엄청 기뻐했습니다. 왜냐하면, '선교사님, 오늘 임자 만나셨습니다'라고 생각했기 때문입니다.

저는 이 선교사님의 질문에 이렇게 대답했습니다. '선교사님은 계명 다 지키시나요?' 가만히 있는 것입니다. 그리고 또 이렇게 물었습니다.

선교사님, 믿음이 무엇인가요?
그리고 나서 한 시간 반 동안 서서 이 선교사분에게 참 '믿음'이 무엇인지 '성경 말씀' 가지고만 설명을 해 줬습니다. 왜냐하면 초대교회가 시작됨과 동시에 사단은 '가짜 믿음'을 만들어 수많은 사람들을 속여왔기에 이 '믿음'을 소개하면 많은 성경절들을 명확하게 이해할 수 있기 때문입니다.

그 답변을 여러분과 나누고자 합니다.

믿음에 관한 말씀들은 개인적으로 제가 정말 힘들어 했던 말씀들이었고, 여러 해 동안 고민하고 어려워했던 말씀들이기에, 만약 여러분께서 참된 그리스도인으로, '믿음'에 대해 말씀으로 고민하셨던 경험이 있으시다면 이 책을 끝까지 읽어 보시기 바랍니다.

1장 믿음의 정의

곁에 성경을 두시고, 말씀을 펴시며 읽으시길 권합니다.

이 책에 쓰여진 말씀은 제 생각이 아닌 오직 말씀으로 '믿음'에 대해 함께 나눠보고자 합니다.

초반에 '믿음'의 정의가 나오기까지 좀 지루할 수 있습니다.

하지만, 약속드릴 수 있는 것은, 이 책의 첫 두 장을 확인하시면 분명 '믿음'에 대해 말씀으로 확신을 가지실 수 있을 것입니다.

"성도들의 인내가 여기 있나니 저희는 하나님의 계명과 예수 믿음을 지키는 자니라" 계 14:12

아주 깊은 성경 절입니다 이 성경절로 우리는 참 믿음을 가진 자들이 구원을 받는 다는 것 정도는 다 동의하시리라 생각합니다.

반면에 단순하게 생각하면, 재림교인들이 이 성경절을 보면, 약간의 우월함을 가지고 있음을 보게 됩니다.

일요일을 예배일로 지키는 일반 개신교도를 보며, 속으로는 "난 여러분과 다릅니다. 저는 하나님의 계명을 지키고, 여러분은 알지 못하겠지만 카톨릭의 계명을 지키고 있는 것입니다"라고 저는 생각했습니다.

그리고 우리는 말은 잘 안 하지만, 속으로 이렇게 생각합니다.

"너희가 하나님의 계명은 버리고 사람의 유전을 지키느니라 또 가라사대 너희가 너희 유전을 지키려고 하나님의 계명을 잘 저버리는도다." 막 7:8~9

네 저는, 이 말씀 가지고 얼마나 많은 개신교인들과 카톨릭 신자들에게 안식일 계명에 대해 확신을 주었는지 모릅니다. 카톨릭이 라오디게아 종교회의를 통해 AD 336년 안식일의 신성성을 일요일로 옮겼고, 그로부터 약 1천 년이 지난 후에 종교개혁으로 개신교가 카톨릭으로부터 독립해서 나왔을 때, 다른 것은 개혁을 했지만, 사실 "안식일 예배"

는 회복하지 못한 것이 사실입니다.

 성경적으로 '일요일 준수'에 대한 그 어떤 근거도 찾을 수 없습니다.
 아무리 일요일이 예수님께서 부활하신 날이라고는 하지만, 사도행전 13, 16, 17장에 보면, 바울도 계속해서 안식일을 지킨 기록이 있습니다.

 구원은, 내게 확신이 있어서 받는 것은 물론 아닙니다.
 그럼에도 안식일에 예배 드리는 재림교인들에게 모두 구원을 받은 확신이 있냐고 하면, 절반정도는 구원받았다고 얘기하고 절반은 아직 준비가 안 되었다고 얘기하는 현실은 조금 속상하게 합니다.
 하지만 개신교회 사람들에게 구원을 받았냐고 하면, 거의 대부분이 자신들은 구원받았다고 얘기합니다.
 왜 이들은 구원의 확신이 있는데, 재림교인들은 구원의 확신이 덜 한 것일까요?
 너무 양심적이라서 그런가요? 아닙니다.
 양심이 있는 교인도 분명히 있지만, 양심이 있다면, 분명 이러한 말씀이 우리의 마음을 믿음의 정의에 대해 더 고민하게 만들 것이기 때문입니다.
 "선한 일을 행한 자는 생명의 부활로, 악한 일을 행한 자는 심판의 부활로 나오리라." 요 5:29

 저는 믿음과 계명에 대해 오랫동안 고민하며, 특별히 믿음의 정의에 대해 알기를 원하였습니다. 오랜 시간 기도와 말씀으로 3년 정도 고민을 하였음을 기억합니다.
 구원을 받는 방법에 대해 어느 성경절을 보면 믿음이라 하고, 예수님은 계속해서 행함을 강조하셨기 때문입니다.

1-1. 멸망의 이유

예수님께서 우리 죄를 위해 돌아가셨음에도 불구하고 우리가 멸망당하는 이유는 무엇인가요?

1. 죄
2. 믿음의 부재
3. 죄와 믿음의 부재

네, 예수님께서는 우리가 심판을 받는 이유에 대해 너무도 명확한 설명을 하고 있음을 보게 됩니다.

"저를 믿는 자는 심판을 받지 아니하는 것이요 믿지 아니하는 자는 하나님의 독생자의 이름을 믿지 아니하므로 벌써 심판을 받은 것이니라." 요 3:18

구원은 나의 몫입니까? 아니면, 구원은 예수님의 몫입니까?

더 쉽게, 구원은 내가 하는 것입니까? 아니면 예수님께서 이루어 주시는 것입니까?

똑 같은 질문이지만, 주체를 다르게 물어보면, 모두들 예수님께서 구원을 주신다고 하십니다.

"너희가 그 은혜를 인하여 믿음으로 말미암아 구원을 얻었나니 이것이 너희에게서 난 것이 아니요 하나님의 선물이라." 엡 2:8

성경은, 우리가 하나님의 은혜를 인하여 믿음을 통해 구원을 받는다고 확실히 얘기합니다. 구원은 심지어 **너희에게서 난 것이 아니라**고 말씀하십니다.

우리는 구원에 대해 정확히 이해할 필요가 있습니다. 더 나아가 믿음과 계명과의 관계 또한 확실히 정립해야만 합니다.

그러기 위해서는 믿음의 정의가 확실해야 합니다.
십계명을 지키지 않으면 구원을 받지 못하는가?
안식일을 지키지 않으면 구원을 받지 못하는가?
믿음과 계명은 서로 어떤 연관이 있는가?

이 질문들에 우리는 준비가 되어 있어야 합니다.
저는 재림교인으로서 한동안 이 이유를 명확하게 설명하지 못했습니다.
이 질문들에 대해 우리는 정확한 답을 가져야 합니다.
구원의 확신이 있어야 하기 때문입니다. 그래야 앞으로 나아가며, 그 자리에서 고통 당하지 않기 때문입니다. 믿음을 올바로 깨닫고 있어야, 그 믿음을 가지고 믿음의 싸움을 할 수 있기 때문입니다.
우리가 구원의 확신이 있다는 것이 구원을 의미하지는 않지만, "믿음"을 가지고 있다는 것을 의미하기는 합니다.
그래서 저는 믿음에 대해 생각해 보고, 또 믿음과 계명이 어떠한 관계가 있는지를 생각해 보는 시간을 가져보려 합니다.

1-2. 보편적인 구원과 개인적인 구원

성경은 구원에 대해서 이렇게 증거하십니다.
"모든 사람에게 구원을 주시는 하나님의 은혜가 나타나."딛 2:11
그분의 은혜는 세상의 모든 사람들에게 그 구원의 기회를 허락하셨음을 믿으시나요?

그럼 모든 사람들이 구원을 받을 수 있을까요?

물론 아닙니다.

"모든 민족을 그 앞에 모으고 각각 분별하기를 목자가 양과 염소를 분별하는 것 같이 하여 양은 그 오른편에 염소는 왼편에 두리라."마 25:32~33

예수님께서는 분명 모든 사람에게 주어진 이 구원을 모든 사람이 받을 것으로 얘기하지는 않으십니다.

그럼, 무엇이 이들을 나누는 잣대일까요?

순종해야 구원받을 수 있을까요? 우리는 모든 말씀을 볼 때, 말씀으로 그 의미를 풀어가야 합니다.

"온전하게 되었은즉 자기를 순종하는 모든 자에게 영원한 구원의 근원이 되시고."히 5:9

순종이 잣대일까요? 예, 분명 "순종"과 "구원"은 아주 밀접한 관계가 있기에, 재림교인들은 모두들 예수님께 순종하려 애쓰고, 순종하지 않으면, 구원을 버린다고 생각합니다. 쉽게 얘기해서 구원의 역할에 나의 역할이 분명 있는 것처럼 보이기도 합니다.

심지어 바울은 이렇게 얘기합니다.

"그러므로 나의 사랑하는 자들아 너희가 나 있을 때뿐 아니라 더욱 지금 나 없을 때에도 항상 복종하여 두렵고 떨림으로 너희 구원을 이루라."빌 2:12

이 말씀에서 "복종"이라는 원어는 "순종"이라는 성경절의 순종과 같은 단어입니다. 이 단어는 "휘파쿠오"[hupakouo-]라는 단어로 그 뜻은 "말을 듣다, 순종하다"입니다.

위 말씀을 보면, 구원을 이루라고 하시기에, 두렵고 떨림으로 구원을 이루고자 순종하곤 합니다.

그러기에, 내가 지금 잘 못하고 있으면, 내가 예수님께 온전하게 순

종하지 못하고 있으면 우리는 "아 나는 준비가 덜 되었구나"라고 생각하게 됩니다.

　보편적인 구원은, 예수님께서 돌아가심으로 세상 모든 사람들에게 주신 "구원의 기회"이며 "은혜"입니다.
　하지만, 그 구원을 받기 위해서 우리는 선택을 해야 하는데, 이것을 "믿음"이라고 얘기합니다.
　그래서 "믿음"으로 "은혜"에 들어가야 "개인적인 구원"을 받게 되는 것입니다.
　이런 이유로 성경은 "구원"을 받았다 얘기하기도 하고, "구원"을 받는 것이 하나님의 뜻이라고 얘기하기도 하는 것입니다.
　"하나님은 모든 사람이 구원을 받으며 진리를 아는 데 이르기를 원하시느니라."딤전 2:4

　우리가 구원을 얻는 이유는 분명 "은혜"인데, 위 빌립보서 2장 12절에 보면 "항상 복종하여 두렵고 떨림으로 너희 구원을 이루라"고 하였기에 우리는 그냥 믿고 맡겨 가만히 있을 수도 없는 것입니다.
　이 말씀 진리인가요? 네 진리입니다. 그런데 저희가 "믿음"을 모르면 아주 힘든 말씀입니다.
　성경은 구원은 분명 은혜라고 거듭 얘기합니다.
　"긍휼에 풍성하신 하나님이 우리를 사랑하신 그 큰 사랑을 인하여 허물로 죽은 우리를 그리스도 예수 안에서 살리셨고 (너희가 은혜로 구원을 얻은 것이라)."엡 2:4~5
　쉽게 얘기하자면, 하나님의 크신 사랑을 인하여, 구원을 받는다 하십니다.
　우리가 "구원"의 본질을 생각해 보면, 분명 구원의 본질은 우리의 행위가 아니고, 예수님께서 내 죄를 대신하셔서 돌아가신 그분의 보혈의 피를 통해 구원을 받게 된다는 것이죠.

그래서, 믿음의 정의가 나오지 않으면 순종도 해야 할 것 같고, 믿음도 가져야 하는데, 뭐가 정답인지, 왜 말씀은 이랬다 저랬다 하는 것 같은지 이해할 수 없기도 합니다.
염려 마시기 바랍니다. 곧 이해하실 수 있을 것입니다.
확실히 말씀드릴 수 있는 것은, 여러분이 말씀을 통해서 "믿음"의 정의를 아시면, 이 모든 말씀이 해결될 것입니다.
성경을 읽다 보면, 서로 반대되는 것 같은 말씀이 너무 많이 있습니다. 우리가 명확하게 이런 성경절들을 설명하고 이해하지 못했던 것은, "믿음"을 항상 추상적으로 배웠기 때문이 아닌가 싶습니다.

절대로 "믿음"은 추상적인 것, 즉 마음 속에서 맴도는 어떠한 사상도 아니고, 심오해서 어려운 것도 아닙니다. 믿음은 아주 단순해서 아이들도 믿음을 가질 수 있습니다.
우리가 믿음을 추상적인 것으로 가르친 이유가 "믿음"과 "신뢰"의 차이를 정확히 이해하지 못한 이유도 있음을 보게 됩니다.
이 둘의 차이도 다른 장에서 말씀드리고자 합니다.

1-3. 믿음의 정의가 나오지 않을 때 서로 배치되는 성경절

성경에서 믿음의 개념에 반대되는 것 같은 말씀을 한번 볼까요?
"하나님 앞에서는 율법을 듣는 자가 의인이 아니요 오직 율법을 행하는 자라야 의롭다 하심을 얻으리니."롬 2:13
이렇게 얘기했던 바울은 또 다음 장에서는 이렇게 얘기합니다.
"그러므로 율법의 행위로 그의 앞에 의롭다 하심을 얻을 육체가 없

나니 율법으로는 죄를 깨달음이니라."룸 2:13

우리는 이러한 말씀을 온전히 이해할 수 있을까요? 네 할 수 있습니다.

위에서 말씀드린 성경절입니다.

"너희가 그 은혜를 인하여 믿음으로 말미암아 구원을 얻었나니 이것이 너희에게서 난 것이 아니요 하나님의 선물이라."엡 2:8

또한 빌립보서에는 이렇게 얘기합니다.

"그러므로 나의 사랑하는 자들아 너희가 나 있을 때뿐 아니라 더욱 지금 나 없을 때에도 항상 복종하여 두렵고 떨림으로 너희 구원을 이루라."빌 2:12

그래서 우리는 "은혜"를 강조하기도 하고 때론 "행위"를 강조하기도 하는데, 보통 말씀을 전할 때에는 이 중 한 주제로 말씀을 나누게 되는 것 같습니다.

이 두 성경절을 함께 조화롭게 설명하면 참 좋겠지요?

한 성경절 더 볼까요?

"만일 아브라함이 행위로써 의롭다 하심을 얻었으면 자랑할 것이 있으려니와 하나님 앞에서는 없느니라."롬 4:2

하지만, 예수님의 형제 야고보는 이렇게 기록합니다.

"우리 조상 아브라함이 그 아들 이삭을 제단에 드릴 때에 행함으로 의롭다 하심을 받은 것이 아니냐."약 2:21

두 성경절 중 하나만 선택하면 성경 진리의 절반만 믿는 잘못된 교인들이 됩니다.

반면에 한 성경절만 선택하면 율법주의자가 됩니다.

둘 다 선택해야 바른 그리스도인이 됩니다. 왜냐하면 바른 그리스도인은 오직 성경이라는 프로테스탄트의 정신을 계승하여야 하고, 하나

님의 한 말씀도 버리지 말아야 하기 때문입니다.

말씀을 잘 주의하시며 읽으시면 이 말씀들에 대해 아주 명확하게 이해하실 수 있습니다.
약속드립니다.
말씀을 보면서 참 많이 무릎을 꿇었습니다. 확실한 것은 성경의 그 어떤 말씀들도 서로 배치되지 않는다는 것입니다.
배치되는 거라 생각하시면, 나의 눈이 가려져, 내가 잘못 보고 있는 것입니다.

1-4. 우리가 의롭게 되는 유일한 길

성경은 우리가 의롭게 된 것은 예수님 때문이라 얘기합니다.
"그러면 이제 우리가 그 피를 인하여 의롭다 하심을 얻었은 즉 더욱 그로 말미암아 진노하심에서 구원을 얻을 것이니." 롬 5:9
예수님의 피를 인하여 의롭다 하심을 얻었다 하는데, 또 다른 성경절에서는 믿음으로 의롭다 하심을 얻었다 합니다.
"그러므로 우리가 믿음으로 의롭다 하심을 얻었은즉 우리 주 예수 그리스도로 말미암아 하나님으로 더불어 화평을 누리자." 롬 5:1

우리는 어떻게 의롭게 되는 것입니까? 우리의 믿음입니까? 아니면 예수님의 "피"입니까?
확실한 것은 우리가 아무리 잘 하건, 하지 못하건 우리의 행위로는 구원받지 못합니다.

성경은 이렇게 여러 번 많은 곳에서 얘기하고 있습니다.

"우리를 구원하시되 우리의 행한 바 의로운 행위로 말미암지 아니하고 오직 그의 긍휼하심을 좇아 중생의 씻음과 성령의 새롭게 하심으로 하셨나니." 딛 3:5

다시 얘기해, 우리가 아무리 의로운 행위를 한다고 해도, 반대로 아무리 많은 죄를 지었다 해도, 그 행위가 우리를 구원하거나 멸망시키지 못하며, 우리가 구원을 받는 것은 오직 예수님의 은혜로 믿음을 통해 우리는 구원받는 것을 확실히 알 필요가 있습니다.

재림교인으로 살며 가장 확실히 정립하지 못하는 것이, "그럼, 계명을 어겨도 하늘나라에 갈 수 있는 것인가?" 라는 질문인데, 쉽게 다시 얘기하지만, 우리의 행위로는 구원받지 못한다는 것입니다.

다시 얘기해 우리가 계명을 온전히 지킨다 해도, 그 행위가 계명을 지키는 의로운 행위가 되었던, 계명을 어기는 불법한 행위가 되었던 간에, 기본적으로 우리의 행위와 구원을 결부시키는 것은 아주 성경적이지 않은 것을 기억해야 합니다.

사실 이 문제 때문에 재림교회는 다른 교파로부터 "이단"이라는 소리를 자주 듣습니다.

처음 언급한 미시간에서 온 그 선교사도 그렇기에 저에게 대뜸 하는 질문이 안식일을 안지키면 구원받지 못하냐고 묻더군요.

그 선교사는 자신이 "진리의 교단"이라고 생각하며, "재림교회"인 이단을 징벌하겠다는 것입니다.

제가 에베소서 2장 8절을 얘기하며, "구원은 은혜고 하나님의 선물이다"라고 하자 이 선교사는 아주 당황한듯 이야기를 이어갔습니다.

자기가 재림교인을 많이 만났는데, 너처럼 얘기하는 사람은 처음이라는 것입니다.

그래서 저는 그 선교사에게 믿음이 무엇이냐 물었고, 이 선교사는 제 설교를 서서 1시간 반 동안 고민하면서 들었습니다.

제가 제 얘기를 들어야 한다며 이 선교사를 잡은 것이 아니라, 이 선교사 또한 자신이 정말 이해하기 쉽지 않은, 정말 힘든 성경이 있는데 그 책은 요한일서라고 저에게 얘기하며 고민을 털어 놓더군요.
왜 그럴까요? 이런 말씀이 계속 쓰여 있기 때문입니다.
"저를 아노라 하고 그의 계명을 지키지 아니하는 자는 거짓말하는 자요 진리가 그 속에 있지 아니하되." 요일 2:4

그래서 믿음의 정의를 알려주자 신학 박사인 이 선교사도 함께 얘기하며 이해하고 즐거워하며 말씀을 듣는 것입니다.
혹시 여러분께 요한일서가 힘든 책이라면, "믿음"의 정의를 알면 쉽게 풀릴 것입니다.
이 선교사 자녀 중 2명의 자녀가 제가 와서 들으라 하지 않았음에도, 선교사 아버지와 함께 믿음에 대해 들었습니다.
왜냐하면 하나님의 진리의 말씀이 정말 전해진다면, 그 말씀은 어른을 위한 말씀만이 아니기 때문입니다. 아이들도 즐겁게 말씀을 경청하는 것을 보게 되었습니다.

성경은 분명 이렇게 얘기합니다.
"그러므로 율법의 행위로 그의 앞에 의롭다 하심을 얻을 육체가 없나니 율법으로는 죄를 깨달음이니라." 롬 3:20
쉽게 얘기해, 우리의 행위가 아무리 율법적으로 바른 것처럼 보인다 해도, 아무도 구원받을 수는 없는 것입니다.

1-5. 믿음과 계명

구원은 어떻게 받는 것인가요?

1. 은혜와 믿음
2. 율법과 행위

너무 쉬운 질문이죠?
하지만, 문제는 예수님의 답변에 있습니다.
"예수께서 가라사대 어찌하여 선한 일을 내게 묻느냐 선한 이는 오직 한 분이시니라 네가 생명에 들어가려면 계명들을 지키라." 마 19:17
예수님은 "은혜와 믿음"이라고 하시나요? 아니면 "율법과 행위"라고 하시는 것인가요?
그래서 저희가 헷갈린 것입니다.

사실 믿음이 무엇인지 알면 전혀 헷갈려 하지 않습니다.
이 뿐만이 아닙니다. 예수님께서는 더 하셔서 이렇게 말씀하십니다.
"선한 일을 행한 자는 생명의 부활로, 악한 일을 행한 자는 심판의 부활로 나오리라." 요 5:29
네, 분명 예수님은 행함과 구원, 행함과 심판이 연관되어 있음을 말씀하고 계십니다.

그럼, 우리는 어떻게 의롭게 되는 것입니까?

1. 믿음
2. 율법의 행위

"그러므로 사람이 의롭다 하심을 얻는 것은 율법의 행위에 있지 않고 믿음으로 되는 줄 우리가 인정하노라." 롬 3:28

1장 믿음의 정의

확실합니까?

네, 창세기로부터 성경은 분명 우리가 의롭게 되는 것은 "믿음"이라고 가르치고 있습니다.

"아브람이 여호와를 믿으니 여호와께서 이를 그의 의로 여기시고." 창 15:6

네 이쯤 되면 우리는 확실해져야 합니다.

여기서 "의"는 "체다카"[tsedaqah]라는 단어로 "의로움, 공의, 의로운 행위"를 뜻합니다.

그런데 제가 성경을 다시 볼 때마다 이해하지 못하며 힘들어 했던 성경절이 바로 신명기에 등장합니다.

"우리가 그 명하신 대로 이 모든 명령을 우리 하나님 여호와 앞에서 삼가 지키면 그것이 곧 우리의 의로움이니라 할지니라." 신 6:25

여기서도 "의로움"은 똑같이 "체다카"[tsedaqah]라는 단어로 "의로움, 공의, 의로운 행위"를 뜻합니다

사실, 이런 말씀을 보면, 어쩌라고 이렇게 쓰신 것인지, 급하게 고구마를 먹고 물을 마시지 않은 기분이 들기도 합니다.

둘 중에 하나를 뽑기 해야 할까요?

물 없이 고구마 먹는 것 같은 질문 한 번 더 하겠습니다. 저는 3년 동안 고구마 먹는 마음으로 말씀을 봤으니 너무도 빨리 답을 드리는 건 너무 쉬운 것 같은 마음이 들기도 합니다.

다시 여쭤 보겠습니다.

계명 지키지 않으면, 하늘나라 갑니까?

1. 갈 수 있다
2. 못 간다
3. 갈 수도 있고 못 갈 수도 있다.

네, 답은 가기도 하고 못 가기도 합니다.

물론 이 질문에 문제가 있습니다. 이 질문은 "행위"에 맞춰져 있기 때문에, 믿음으로 받는 구원에 대해 이해하기에는 좀 문제가 있습니다.

하지만 굳이 답을 얘기하자면 답은 분명 3번 입니다.

"우리가 저희와 동일하게 주 예수의 은혜로 구원 받는 줄을 믿노라 하니라." 행 15:11

네 구약이건, 신약이건, 구원은 은혜로 주어집니다.

이 문제는 사실 저도 수년동안 계속해서 속 시원하게 결론이 나지 않던 문제입니다.

우리가 믿음으로 구원을 받는데, 왜 계명을 지켜야 하는 것인지 알면서도 설명하지 못하였습니다.

그럼, 반대로 우리가 계명을 계속 어긴다면 우리는, 우리가 짓는 죄 때문에 멸망을 받는 것일까요?

한번 생각해 보겠습니다.

왜냐하면 성경은 분명 우리의 "죄 " 가 도말 되었다 얘기하기 때문입니다.

"내가 네 허물을 빽빽한 구름의 사라짐 같이, 네 죄를 안개의 사라짐 같이 도말하였으니 너는 내게로 돌아오라 내가 너를 구속하였음이니라." 사 44:22

만약, 우리의 죄 때문에 우리가 구원을 받지 못하고 멸망한다면, 아무도 구원받지 못할 것입니다.

그렇기에 예수님께서는 그분께서 이 땅에 오신 목적에 대해 이렇게까지 말씀하시는 것을 볼 수 있습니다.

"인자가 온 것은 섬김을 받으려 함이 아니라 도리어 섬기려 하고 자기 목숨을 많은 사람의 대속물로 주려 함이니라" 마 20:28

우리가 죄로 죽어야 하는데, 예수님께서 죄 때문에 우리가 죽지 않을 수 있도록 대신 죽으셨다는 것입니다.

다시 쉽게 얘기하자면, 예수님께서는 "죄인" 즉 "죄를 지은 사람"을 위해 오셨다고 하시는데, 죄 지은 사람이 구원을 받지 못한다면, 뭔가 문제가 있는 것입니다.

그래서 "죄"가 구원을 받지 못하는 가장 큰 이유였다면, 그 "죄"를 해결하기 위해 오시고, 그 "죄"를 해결하신 것이 바로 십자가 입니다.

그래서 성경은 분명하게 이렇게 말씀하시죠.

"죄가 너희를 주관치 못하리니 이는 너희가 법 아래 있지 아니하고 은혜 아래 있음이니라."롬 6:14

1-6. 참 믿음

믿음은 무엇입니까?

"믿음은 바라는 것들의 실상이요 보지 못하는 것들의 증거니."히 11:1

보통 개신교에서는 하나님과 예수님을 믿는 것이 "믿음"이라고 합니다. 우리도 그렇게 생각하곤 합니다.

다시 말씀드리지만 성경은 믿음은 하나라고 분명 증거합니다.

"주도 하나이요 믿음도 하나이요 침례도 하나이요."엡 4:5

그럼, 이 믿음이 단순하게 보이지 못하는 하나님을 믿는 것이 성경에서 얘기하는 하나의 "믿음"이라면, 모든 예수님의 존재를 믿는 사람들은 구원을 받아야 합니다.

안타깝게도, 예수님께서는 이렇게 증거합니다.

"나더러 주여 주여 하는 자마다 천국에 다 들어갈 것이 아니요 **다만**

하늘에 계신 내 아버지의 뜻대로 행하는 자라야 들어가리라."^{마 7:21}

예수님의 이름을 부르는 것, "주여 주여 하는 것"은, 믿음이 아니라는 것입니다. 차라리 아버지의 뜻대로 즉, 하나님의 계명대로 행하는 자가 하늘나라에 간다고 말씀하십니다.

다시 얘기해, 예수님의 존재를 아는 것이나 믿는 것은, "믿음"이 아니라는 뜻입니다. 우리의 지적인 동의가 믿음은 아니라는 것입니다.

믿음은 무엇입니까?

어느 설교자는 "믿음"의 다른 말은 "맡기는 것"이라고 얘기하시기도 합니다.

하나님을 신뢰하는 것이 믿음이라고 얘기합니다.

그런데 이렇게 믿음을 정의하면, 이해되지 않는 성경절이 너무도 많은 것입니다.

그래서, 기도하며 이 믿음에 대해 알려달라 한참을 매달렸던 것 같습니다.

믿음의 정의가 내려지니 구원도 이해가 되고, 말씀도 하나 둘 너무도 편안하게 볼 수 있게 되었습니다.

성경은 이렇게 얘기합니다.

"이와 같이 행함이 없는 믿음은 그 자체가 죽은 것이라."^{약 2:17}

다시 얘기해 믿음은 움직이는 것이라고 성경은 증거합니다. 단순한 지적인 동의가 믿음이라고 가르치지 않습니다.

단순하게 하나님께 맡기는 것이 믿음이라면, 그 표현도 아주 잘못된 것은 아니지만, 속이 뻥 뚫리는 해석은 아닙니다.

1-7. "샤마, 샤말, 아사"

믿음을 저에게 은혜로 알게 해 주신 한 성경절을 소개하고자 합니다.
"이스라엘아 듣고 삼가 그것을 행하라 그리하면 네가 복을 얻고 네 열조의 하나님 여호와께서 네게 허락하심 같이 젖과 꿀이 흐르는 땅에서 너의 수효가 심히 번성하리라." 신 6:3

위 성경절을 보면 세 단어에 주목할 수 있습니다.
듣고, 삼가, 행하라
이렇게 하면 복을 받는다고 하십니다.
원어로는 "샤마" "샤말" "아사"라고 합니다.

이 말씀을 미국 로다이에 있는 집에서 새벽에 묵상을 하며 원어를 확인하는데, "아! 이것이 믿음이었구나"를 깨닫게 해주시는 경험을 하였습니다.
그래서 같은 신명기 6장의 끝에는 이렇게 기록하심을 보게 됩니다.
"우리가 그 명하신 대로 이 모든 명령을 우리 하나님 여호와 앞에서 삼가 지키면 그것이 곧 우리의 의로움이니라 할지니라." 신 6:25
위 성경절에서 볼 수 있는 단어가 세가지 있는데, "명령, 삼가, 지키면" 이 세 가지입니다.

만약 우리가 믿음으로 의롭게 되는 것이 성경에서의 주제이고 우리가 믿는 것이라면, 믿음의 정의는 듣고, 삼가 지키는 것입니다.
"아브람이 여호와를 믿으니 여호와께서 이를 그의 의로 여기시고." 창 15:6
"믿음" = "의"로 여겨 주신다고 합니다.
그래서 말씀을 천천히 다시 한번 보며 확인하면,
"의"로 여겨주심 = "믿음"이고, "듣고, 지키고 행하는 것" = "의"라면, 당연히 "믿음" = "듣고, 지키고 행하는 것"이 됩니다.

말씀을 보고 내가 믿음에 대해 이렇게 이해했다고 해서 그 말씀이 진리가 되지는 않습니다.

믿음의 대한 정의가 나왔다면, 이제 말씀으로 믿음이 "정말 그러한가" 하며, 말씀으로 말씀을 검증해야 합니다.

믿음에 대해 말씀은 이렇게 증거합니다.
"그러므로 믿음은 들음에서 나며 들음은 그리스도의 말씀으로 말미암았느니라." 롬 10:17

어디서 시작한다고 하나요? 네 "들음"입니다.

여기서 "에서 나며"라는 단어는 "에크"[대]라는 전치사로 "~에서(부터), ~의 때부터, ~때문에"라는 뜻으로, "믿음"의 "시작"을 얘기하고 있는 것입니다.

그럼 그 믿음은 어떻게 온전해질 수 있을까요?

성경은 이렇게 증거합니다.

네가 보거니와 믿음이 그의 행함과 함께 일하고 행함으로 믿음이 온전케 되었느니라." 약 2:22

믿음은 "들음"에서 시작되고 "행함"으로 온전케 된다 말씀하십니다.

예를 들어, 제 아들에게 "규진아! 아빠 믿으면 이층에서 뛰어봐, 아빠가 받아 줄께"라고 얘기한다면, 규진이가 아빠 네! 하고 뛰어내리면 그것이 곧 믿음이라는 것입니다.

그런데 규진이가 아빠, 아빠를 믿지만 뛰면 죽을 것 같아요, 라고 한다면 저를 믿는 걸까요? 아닙니다.

믿음이란 하나님의 말씀을 "듣고 지켜 행하는 것"입니다.

1-8. 복과 저주

하나님께서는 모세를 통하여 신명기 28장에서 축복과 저주를 말씀하시면서 이렇게 말씀하십니다.

사실, 성경에 모든 말씀들은 "믿음"과 "은혜"로 주제를 삼고 있는 것을 보게 되었습니다.

"네가 네 하나님 여호와의 말씀을 삼가 듣고 내가 오늘날 네게 명하는 그 모든 명령을 지켜 행하면 네 하나님 여호와께서 너를 세계 모든 민족 위에 뛰어나게 하실 것이라 네가 네 하나님 여호와의 말씀을 순종하면 이 모든 복이 네게 임하며 네게 미치리니." 신 28:1~2

위 말씀에서 "삼가 듣고 그 모든 명령을 지켜 행하면" 이라는 말씀을 보시면, 신명기에 계속해서 반복되고 또 반복되는 구절입니다.

이스라엘 백성들이 가나안에 입성하기 전에, 모세는 이들에게 하나님에 대한 "믿음"을 가져야 한다고 계속해서 호소하고 있는 것입니다.

반대로 저주를 받는 이유도 이렇게 말씀하십니다.

"네가 만일 네 하나님 여호와의 말씀을 순종하지 아니하여 내가 오늘날 네게 명하는 그 모든 명령과 규례를 지켜 행하지 아니하면 이 모든 저주가 네게 임하고 네게 미칠 것이니" 신 28:15

쉽게 얘기한다면, 너희가 믿음을 잃으면 저주를 받게 된다는 것입니다.

이러한 복과 저주가 또 나온 성경이 있는데 바로 레위기 26장입니다. 이곳 에서도 똑 같은 말씀이 반복됩니다.

복을 받으려면 "믿음"을 지켜야 한다고 하시는 것입니다.

"너희가 나의 규례와 계명을 준행하면 내가 너희 비를 그 시후에 주리니 땅은 그 산물을 내고 밭의 수목은 열매를 맺을지라." 레 26:3~4

물론 저주에 대해서도 이렇게 말씀하십니다.

"그러나 너희가 내게 청종치 아니하여 이 모든 명령을 준행치 아니하며 나의 규례를 멸시하며 마음에 나의 법도를 싫어하여 나의 모든 계명을 준행치 아니하며 나의 언약을 배반할진대 내가 이같이 너희에게 행하리니 곧 내가 너희에게 놀라운 재앙을 내려 폐병과 열병으로 눈이 어둡고 생명이 쇠약하게 할 것이요 너희의 파종은 헛되리니 너희의 대적이 그것을 먹을 것임이며." 레 26:14~16

그래서 믿음을 알고 구약을 보면 "믿음"을 가지게 하시기 위해 하나님께서 얼마나 이스라엘 백성들에게 같은 말씀을 반복하셨나 모릅니다.

그래서 우리가 예수님을 진실하게 믿는다면, 그 믿음이 진실된 믿음이라면, **예수님의 말씀을 듣고, 마음에 지켜, 행한다는 것입니다.**

이런 이유로 예수님께서는 그분의 양, 그분의 백성을 정의하실 때 이렇게 말씀하십니다.

"내 양은 내 음성을 들으며 나는 저희를 알며 저희는 나를 따르느니라." 요 10:27

아무리 내 음성을 들어도, 나를 따르지 않으면, 움직이지 않고, 나를 따라오지 않으면, 내 양이 아니라는 뜻입니다.

내가 아무리 예수님 양이라도 우겨도, 예수님께서 인정해 주시지 않으면 소용없습니다.

예수님께서는 "믿음"에 대해 성경 여러 곳에 그 힌트를 주셨습니다.

대부분의 개신교인들, 심지어 재림교회 안에서도 예수님이 나의 구주이심을 믿으면 그것이 곧 믿음이라고 가르칩니다.

하나님을 신뢰하는 것이 믿는 것이라 가르칩니다. 아닙니다. 절대 아닙니다.

예수님은 산상수훈에서 이렇게 말씀하십니다.

"나더러 주여 주여 하는 자마다 천국에 다 들어갈 것이 아니요 **다만 하늘에 계신 내 아버지의 뜻대로 행하는 자라야 들어가리라** 그 날에 많은 사람이 나더러 이르되 주여 주여 우리가 주의 이름으로 선지자 노릇하며 주의 이름으로 귀신을 쫓아 내며 주의 이름으로 많은 권능을 행치 아니하였나이까 하리니 그 때에 내가 저희에게 밝히 말하되 내가 너희를 도무지 알지 못하니 불법을 행하는 자들아 내게서 떠나가라 하리라 그러므로 누구든지 **나의 이 말을 듣고 행하는 자**는 그 집을 반석 위에 지은 지혜로운 사람 같으리니 비가 내리고 창수가 나고 바람이 불어 그 집에 부딪히되 무너지지 아니하나니 이는 주초를 반석 위에 놓은 연고요 **나의 이 말을 듣고 행치 아니하는 자**는 그 집을 모래 위에 지은 어리석은 사람 같으리니." 마 7:21~26

많은 사람들이 "주여 주여"하는 것이 믿음으로 잘못 알다가 멸망당하게 된다는 것입니다.

믿음은 예수님을 내 주로 고백하는 것이 아니라고 하시는 것입니다. 이것은 우리의 지적인 동의일 뿐, 믿음은 아니라 하십니다.

예수님은, "나의 이 말을 듣고 행하는 자"가 지혜롭다 하시고, "나의 이 말을 듣고 행치 아니하는 자"는 어리석은 사람이라 말씀하십니다.

1-9. 믿음의 쌍둥이 단어

믿음에는 쌍둥이 단어가 있습니다.
믿음의 쌍둥이 단어는 "순종"입니다.
하나님께서는 믿음을 간단하게 설명하실 때, "순종"이라는 단어로 표현하심을 보게 됩니다.

히브리서 3장과 4장은, 우리가 믿음을 이해할 수 있고, 이 믿음이라는 것이 "듣고, 지켜, 행하는"것이라는 것을 계속해서 설명해 주고 계십니다.

다시 얘기해, "믿음"이라는 것은 하나님의 말씀에 "순종"한다는 것이라고 설명하십니다.

"또 하나님이 누구에게 맹세하사 그의 안식에 들어오지 못하리라 하셨느뇨 곧 **순종치 아니하던 자**에게가 아니냐 이로 보건대 **저희가 믿지 아니하므로** 능히 들어가지 못한 것이라." 히 3:18~19

"순종치 아니하던 자"가 누구라구요? 예 "믿지 아니하"던 사람이라고 합니다.

예수님께서도 똑 같은 표현을 하십니다.

"아들을 **믿는 자**는 영생이 있고 아들을 **순종치 아니하는 자**는 영생을 보지 못하고 도리어 하나님의 진노가 그 위에 머물러 있느니라." 요 3:36

예수님께서는 "믿는 자"의 반대가 "순종치 아니하는 자"라고 말씀하고 계신 것입니다.

그래서 우리는 성경에서 나오는 "순종"을 "행위"로 보면 안 되고, "믿음"으로 봐야 합니다.

사도 바울을 통해 이렇게 증거하고 계심을 보게 됩니다.

"온전하게 되었은즉 자기를 순종하는 모든 자에게 영원한 구원의 근원이 되시고." 히 5:9

위 성경절에서 "순종"을 "믿음"으로 바꾸어 읽어도 그 뜻이 어긋나지 않는 것입니다.

"온전하게 되었은즉 자기를 믿는 모든 자에게 영원한 구원의 근원이 되시고"라고 이해해도 된다는 뜻입니다.

진리에서 어긋나요? 아닙니다.

그래서 바울은 로마서에서 히브리서 5장 9절을 이렇게 얘기합니다.

"이 복음은 모든 믿는 자에게 구원을 주시는 하나님의 능력이 됨이라" 롬 1:16

1-10. 개인의 부흥과 교회의 부흥

제 마음에는 큰 문제가 하나 있었습니다.

"왜 재림교회에 부흥이 없는가? 왜 말씀이 누구에게는 일하는 것 같고, 누구에게는 일하지 않는가?" 라는 생각은 답을 필요로 했습니다.

왜냐하면 분명 하나님의 말씀에 대해 성경은 이렇게 증거하기 때문입니다.

"하나님의 말씀은 살았고 운동력이 있어 좌우에 날선 어떤 검보다도 예리하여 혼과 영과 및 관절과 골수를 찔러 쪼개기까지 하며 또 마음의 생각과 뜻을 감찰하나니." 히 4:12

더 나아가, 왜 재림교회는 이토록 많은 진리들을 품고 있으면서도, 우리의 생활과 우리의 신앙에는 뜨거움이 사라지고, 차갑고 똑 같은 형식적인 신앙을 매일 반복하게 되느냐 입니다.

심지어 "교회에 나온 것 만 해도 다른 사람들에 비해 대단한 것이다" 라고 생각할 때도 있습니다.

성경을 보는 중 이러한 말씀이 그 이유를 설명해 주시고 계셨습니다.

"사무엘이 가로되 여호와께서 번제와 다른 제사를 그 목소리 순종하는 것을 좋아하심 같이 좋아하시겠나이까 순종이 제사보다 낫고 듣는 것이 수양의 기름보다 나으니 이는 거역하는 것은 사술의 죄와 같고 완고한 것은 사신 우상에게 절하는 죄와 같음이라 왕이 여호와의 말씀을 버렸으므로 여호와께서도 왕을 버려 왕이 되지 못하게 하셨나이

다."삼상 15:22~23

순종하지 않는 것은, 말씀을 버리는 것이라 말씀하십니다.
말씀이 버려지면 그 말씀은 우리 안에 역사하지 못합니다.

"이러므로 우리가 하나님께 쉬지 않고 감사함은 너희가 우리에게 들은 바 하나님의 말씀을 받을 때에 사람의 말로 아니하고 하나님의 말씀으로 받음이니 진실로 그러하다 이 말씀이 또한 너희 믿는 자 속에서 역사하느니라."살전 2:13
왜냐하면 말씀은 순종하는 사람, 즉 믿음을 가진 자들에게 역사하기 때문입니다.

우리는, 참 믿음을 가져야 합니다.
순종하지 않을 때 하나님의 말씀은 버려지고, 그 말씀은 우리 안에서 일할 수 없게 되는 것입니다.
우리가 그분의 말씀을 죽는 한이 있어도 그 말씀대로 행할 때, 우리가 순종할 때, 우리는 말씀의 힘으로 변화되고 우리의 신앙에 예수님께서 함께 동행하시는 힘 있는 신앙을 할 수 있기 때문입니다.

하나님을 "믿는 자"란 하나님의 말씀을 듣고 지켜 행하는 자입니다. 그 사람에게 하나님의 말씀은 역사하신다 약속하시는 것입니다.
하루는 제 아들이 교회에 다녀와서, 이렇게 얘기를 합니다.
아빠, 우리 머시멜로 돼지고기 들어서 먹지 말라고 했잖아, 그래서 내가 머시멜로 먹으면 안 된다고 했는데, 교회 집사님이 그럼 율법주의자 되는 거래.
그냥 먹어도 된 대. 그런데 나는 아빠가 먹으면 안 된다고 했다고 하고 안 먹었어. 아빠가 설교할 때, 꼭 이거 얘기해줘.

네. 그래서 저는 믿음에 대해 설교할 때 항상 머시멜로에 대해 설교를 했었습니다.

다시 말씀 드리겠습니다.

라면에 돼지고기가 들어가면 먹어야 할까요? 그런데 먹지 않아야 한다고 하면 많은 분들이 "야! 너 율법주의자야?"라고 얘기한다는 것입니다.

저는 제 아들에게 이렇게 설명했습니다.

아냐, 우리는 우리 행위로 구원받으려 율법을 지키는 것이 아니라, 믿음을 지키기 위해 먹지 않는 거야.

사단이 원하는 것은 바로 우리가 하나님의 말씀에 믿음으로 나아갈 때, 율법주의자라고 하며 믿음의 행위를 방해하는 것입니다.

우리는 물론 "나는 하나님의 말씀에 온전히 순종하지 못한다"라는 생각을 가지고 있습니다.

이 부분에 대해서는 3장에서 설명을 드리고자 합니다.

어쨌든, 저도 여러분도 우리의 행위로 구원을 받으려는 마음은 분명 없습니다.

하지만, 하나님의 말씀이 명령하셨으니, 그분의 양은, 그분의 말씀을 따르는 것입니다.

우리는 우리의 믿음으로 온전케 되지는 못합니다. 이유는 제 2장에서 설명드리도록 하겠습니다.

하지만, 믿음을 통해 은혜에 들어가기 때문에 믿음을 포기하면 안 되는 것입니다.

그렇기에 우리는 하나님의 명령을 지키는데 주저해서는 안 됩니다. 그분의 명령을 준행하기에 구원받는 것은 아니지만, 그것이 곧 우리의

믿음이기 때문입니다.

"듣고 지켜 행하"는 믿음 말입니다.

우리는 우리의 믿음으로 구원받나요? 아님 은혜로 구원을 받나요?

성경은 이렇게 이 관계를 설명합니다.

"또한 그로 말미암아 우리가 믿음으로 서있는 이 은혜에 들어감을 얻었으며 하나님의 영광을 바라고 즐거워하느니라." 롬 5:2

성경은 믿음으로 은혜에 들어간다 말씀하십니다.

네 은혜에 들어가기 위해 믿음은 아주 필수적입니다. 하지만 우리의 믿음이 우리를 구원하는 것이 아니라 그것은 예수님의 은혜입니다.

이에 대해 다음 장에서 아주 쉽게 설명 드리도록 하겠습니다.

그 전에 절대로 이 믿음이 무엇인지 잊으시면 안됩니다.

다시 한번 정의해 드리도록 하겠습니다.

믿음은, 지적인 동의로, 예수님이 계신 것, 그분이 나의 죄를 사하셨음을 믿는 것이 "믿음"의 정의가 아닙니다.

이러한 지적인 동의는, 카톨릭 혹은 거의 대부분 개신교회에서도 이렇게 믿고 있습니다.

성경에서 얘기하는 "믿음"이란 분명 "듣고, 지키고, 행하는 것" 입니다.

성경은 분명 믿음은 "하나"라고 말씀하십니다. 다른 믿음이 없다는 말씀입니다.

하나님의 명령을"듣고", 하나님의 명령을"지켜", 하나님의 명령을 "행하는 것" 그것이 "믿음"입니다.

"내가 오늘날 명하는 모든 명령을 너희는 지켜 행하라 그리하면 너희가 살고 번성하고 여호와께서 너희의 열조에게 맹세하신 땅에 들어가서 그것을 얻으리라." 신 8:1

  구약과 신약에서 "믿음"의 정의를 이해하고 말씀을 보시면 그 의미를 너무도 확실하게 깨달을 수 있습니다.

  이것을 아시면, 왜 예수님께서 진흙을 발라 장님을 고치셨는지, 왜 어떤 장님은 말씀으로 고치셨는지,

  왜 태어날 때 부터 장님이었던 자는 실로암에 가서 씻으라 하셨는지 이해할 수 있습니다.

  다음 장에서 말씀드리겠습니다. ❋

2장

민음과 구원

하나님께서 우리를 바라보시며 가장 기뻐하시는 일은 무엇일까요?
말씀은 이렇게 기록합니다.
"내가 내 자녀들이 진리 안에서 행한다 함을 듣는 것보다 더 즐거움이 없도다." 요삼 1:4
물론 위 말씀에서 "진리"는 예수님의 말씀, 더 나아가 하나님의 계명 시 119:151 일 수 있습니다.
하지만, 우리는 언제 부터인지 "행함"을 좀 멀리하게 됩니다. 사단의 영향으로 율법을 중시하면 서로가 "율법주의자"로 정죄하고 정죄 당하기 싫기 때문입니다.

네 말씀은 이렇게 증거합니다.
"사람이 오직 의롭게 되는 것은 율법의 행위에서 난 것이 아니요 예수 그리스도를 믿음으로 말미암는 줄 아는 고로 우리도 그리스도 예수를 믿나니 이는 우리가 율법의 행위에서 아니고 그리스도를 믿음으로써 의롭다 함을 얻으려 함이라 율법의 행위로서는 의롭다 함을 얻을 육체가 없느니라" 갈 2:16
위 말씀을 한 재림교회에서 말씀의 주제 성구로 선택하고 장로님께 말씀드리자, 그 장로님께서 읽으시고는 한숨을 푹 쉬셨던 기억이 있습니다.

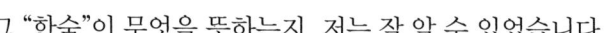

그 "한숨"이 무엇을 뜻하는지, 저는 잘 알 수 있었습니다.

그만큼 믿음과 구원에 대해 정확한 개념이 부족했던 것입니다.

설교가 끝나고 얼마나 좋아하시던지 아직도 그 분을 만나면 뜨겁게 인사하곤 합니다.

진리는 우리의 마음을 뜨겁게 하고, 눈물 흘리게 하며, 말씀에 확신이 있을 때, 우리는 움직일 수 있고, 전할 수 있게 됩니다.

지난 장에서 우리는 믿음의 정의와 계명에 대해 살펴보았습니다.

네 믿음은 들음에서 나고, 또 믿음은 행함으로 온전케 되기에, 믿음의 정의는 "듣고, 지켜, 행하는 것"입니다.

믿음이 무엇인지 몰랐지만, 무조건 하나님의 말씀대로 살기로 결심하고, 교회 문을 닫았기에, 저희 집에서 모여 예배를 드리기 시작했습니다.

사람들이 많이 오기 시작했고, 이제는 전도회를 해야겠다는 생각이 들었습니다.

대부분의 교회는 문을 닫은 곳이 많았지만, 교회는 먹고 잘 수가 없기에, 코로나로 잠시 문을 닫은 한 학교를 빌려서 전도회를 했습니다.

먹고 자는 전도회를 일주일간 모든 직원들 가족을 대상으로 했습니다. 필리핀은 그때, 집에서 나가지 못하게 통행도 막은 때라서 저 보고 잘못 하다간, 경찰서에 끌려갈 수도 있다고 많이들 걱정 했지만, 저는 예수님을 막 만난 때라, 하나도 두렵지 않았습니다.

전도회를 하면서, 저희 집 도우미로 계신 아주머니 한 분과, 또 다른 두 아주머니들과 150명 식사를 대접했습니다.

150명 식사를 아침 점심 저녁만 한 것이 아니라 간식까지 준비해서 대접했습니다.

일주일 간의 전도회 끝에 여러분들이 침례를 받았고, 전도회가 끝나

고 저희 집에서 더 많은 분들이 모이기 시작했습니다.

전도회가 끝나고 저희 집에서 더 많은 사람들이 모이자, 많은 분들이 저를 걱정해 주셨습니다.
잘못하다가는 큰 문제에 직면할 수 있었기 때문입니다.
제 친구 목회자는 "믿음은 그런 것이 아니다"라고 하며 저 때문에 교회들이 욕을 먹을 수 있다며, 저를 혼내기도 했습니다.
저는 반박할 수 없었습니다. 그 때는 믿음이 무엇인지도 모를 때였기 때문입니다.

하지만 제 집에 겁 없이 사람들을 모은 이유는, 하나님의 명령이 있었기 때문입니다.
"날마다 마음을 같이하여 성전에 모이기를 힘쓰고 집에서 떡을 떼며 기쁨과 순전한 마음으로 음식을 먹고" 행 2:46
"모이기를 폐하는 어떤 사람들의 습관과 같이 하지 말고 오직 권하여 그 날이 가까움을 볼수록 더욱 그리하자." 히 10:25
그리고 제가 이 말씀에 순종할 수 있었던 것은, 또한 충분한 약속의 말씀이 주어졌기 때문입니다
"두 세 사람이 내 이름으로 모인 곳에는 나도 그들 중에 있느니라." 마 18:20
우리에게 표준이 되는 것은 오직 말씀이어야 하고, 우리는 그 말씀을 듣고 지켜 행하는 것이 바로 "믿음"인 것입니다.

저는 이 때 믿음이 무엇인지 몰랐지만, "예수님께서 말씀하셨기에 따르면 된다"라는 어쩌면 무식하게 보이는 "믿음"을 가지고 있었는데, 사실 무식해 보이는 행동이 믿음이었던 것입니다.
우리가 믿음을 가지고 전진할 때에는 무엇인가 걸어야 합니다. 배팅

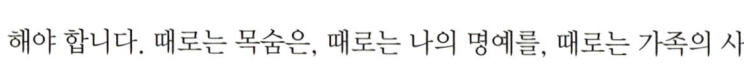

을 해야 합니다. 때로는 목숨을, 때로는 나의 명예를, 때로는 가족의 사랑을 걸어야 합니다.

네 사단도 최선을 다해 우리가 믿음을 가지지 못하게 합니다.
하지만, 하나님께서는 이렇게 말씀하시죠.
"믿음이 없이는 기쁘시게 못하나니 하나님께 나아가는 자는 반드시 그가 계신 것과 또한 그가 자기를 찾는 자들에게 상 주시는 이심을 믿어야 할지니라." 히 11:6
이게 무슨 말씀일까요? 네, 우리가 믿음이 없으면, 은혜를 경험하지 못합니다.
더 쉽게, 우리가 은혜인 그 구원에 들어가기 위해서는 꼭 "믿음"이 필요한데, 자식들이 "믿음"이 없어 죽게 생겼는데, 어찌 하나님께서 기뻐하시겠냐는 것입니다.

네 위에 기록하였지만 다시 보자면, 성경은 분명 이렇게 얘기합니다.
"또한 그로 말미암아 우리가 믿음으로 서있는 이 은혜에 들어감을 얻었으며 하나님의 영광을 바라고 즐거워하느니라." 롬 5:2
우리가 그 자리에 서 있는 은혜에 무엇으로 들어간다구요? 네 "믿음"으로 들어간다고 말씀하고 계시는 것입니다.

2-1. 믿음의 행위와 율법의 행위

처음 믿음이 "듣고 지켜 행하는 것"임을 깨달은 후에, 저는 하나님의 말씀을 잘 들으면 그것으로 구원을 받는다 확신하고, 정말 열심히 하나님의 말씀대로 살려 애썼습니다.
그런데 믿음을 지키려 애를 쓰면서, 말씀을 되짚으면서 기억을 하는

데, 그럼 내가 믿음을 지키기 위해 애쓰는 이 행위와, 율법을 통해 자기의 의를 이루기 위해 애쓰는 그 행위와 무엇이 다른가 하는 생각이 들었습니다.

성경은 분명 이렇게 얘기하기 때문입니다.
"너희가 그 은혜를 인하여 믿음으로 말미암아 구원을 얻었나니 이것이 너희에게서 난 것이 아니요 하나님의 선물이라."엡 2:8
구원은 "너희에게서 난 것이 아니요"라고 하셨는데, 우리가 하나님의 말씀대로 살기 위해 노력하는 것으로 그 믿음으로 구원을 받는다면, 분명 이것은 나에게서 나온 것이기 때문입니다.
이스라엘 백성들, 특별히 많은 바리새인들은 "믿음"에 대해 잘 알고 있었을까요?
네 이들은 "믿음"에 대해서 누구보다 확실한 개념을 가지고 있었습니다.
이에 대한, 대표적인 예수님의 말씀은 이 말씀이 아닐까 싶습니다.
"화 있을진저 외식하는 서기관들과 바리새인들이여 너희가 박하와 회향과 근채의 십일조를 드리되 율법의 더 중한 바 의와 인과 신은 버렸도다 그러나 이것도 행하고 저것도 버리지 말아야 할지니라."마 23:23
마음이 중요하고, "의와 인과 신"이 중요하지만, 십일조를 드리는 "행함"도 버리지 말아야 한다는 말씀입니다.

믿음이 하나님의 말씀을 듣고 지켜 행하는 것임을 너무도 잘 알고 있었기에, 이들은 율법주의자가 된 것입니다.
저도 똑 같은 오류를 가지고 "믿음"에 대해 오해를 하고 있었던 것입니다.
"우리가 그 명하신 대로 이 모든 명령을 우리 하나님 여호와 앞에서 삼가 지키면 그것이 곧 우리의 의로움이니라 할지니라."신 6:25
이들은 분명 "모든 명령을"지키라 하신 하나님의 말씀을 스스로 지킬 수 있다고 생각했고, 바울은 이들의 믿음이 온전치 않다는 것을 이렇게 설명을 하고 있는 것입니다.

(우리가 온전히 율법을 지킬 수 없는데 이 말씀을 주셨는지는 7장에서 설명 드리도록 하겠습니다.)

"무릇 율법 행위에 속한 자들은 저주 아래 있나니 기록된 바 누구든지 율법 책에 기록된 대로 온갖 일을 항상 행하지 아니하는 자는 저주 아래 있는 자라 하였음이라." (갈 3:10)

너희가 율법으로 의를 이루기 위해서, 너희 믿음으로 의를 이루기 위해서는 모든 명령, 온갖 일을 항상 행해야 하는데, 그것은 부족하다고 얘기하고 있는 것입니다.

2-2. 믿음의 행위와 구원의 관계

그럼, 은혜로 주어지는 구원과 믿음은 어떤 관계가 있는 것일까요?

마가복음은 믿음을 이해할 수 있게, 아주 쉽게 풀어 설명하신 책이 아닌가 싶습니다.

그 중에 믿음과 구원에 대해 아주 명확하게 나와있는 말씀이 있습니다.

제가 즐겨 얘기하는 믿음에 대한 아주 자주 쓰는 한 사건이 있습니다.

"열두 해를 혈루증으로 앓는 한 여자가 있어 많은 의원에게 많은 괴로움을 받았고 있던 것도 다 허비하였으되 아무 효험이 없고 도리어 더 중하여졌던 차에 예수의 소문을 듣고 무리 가운데 섞여 뒤로 와서 그의 옷에 손을 대니." 막 5:25~27

이 여자는 예수의 소문을 들었다고 성경은 기록합니다.

네 이 여자가 들은 소문은, 바로 이 소문일 것입니다

"이는 많은 사람을 고치셨으므로 병에 고생하는 자들이 예수를 만지고자 하여 핍근히 함이더라." 막 3:10

"들어봤어? 예수님이라는 분을 가서 만진 사람들이 자기들이 있던 병에서 다 고침을 받았대!" 라는 소문 말입니다.

이 여자의 "믿음"이 시작된 것입니다.
"그러므로 믿음은 들음에서 나며 들음은 그리스도의 말씀으로 말미암았느니라."롬 10:17
이 여자는 분명 이 들은 소문을 마음에 간직했을 것입니다.
간직하지 않고는 지키지 않고는 행동이 나올 수 없기 때문입니다.
그리고 "그의 옷에 손을 댑"니다.
"네가 보거니와 믿음이 그의 행함과 함께 일하고 행함으로 믿음이 온전케 되었느니라."약 2:22

함께 생각해 보시기 바랍니다.
이 여자의 믿음은 그 여자가 병에서 놓이게 했나요?
네.
그럼, 이 여자가 만져서 구원을 얻었나요?
아니면 예수님의 은혜 인가요?
그 능력은 이 여자에게 있었습니까?
아뇨. 다음 성경절은 분명 이렇게 설명합니다.
"예수께서 그 능력이 자기에게서 나간 줄을 곧 스스로 아시고 무리 가운데서 돌이켜 말씀하시되 누가 내 옷에 손을 대었느냐 하시니."막 5:30
능력이 누구에게서 나왔다고 성경은 증거하나요? 예수님입니다.
이 여자의 행위에 "능력"이 있어서 이 여자가 "은혜"를 받은 것이 아니라는 것입니다.
"너희가 그 은혜를 인하여 믿음으로 말미암아 구원을 얻었나니 이것이 너희에게서 난 것이 아니요 하나님의 선물이라."엡 2:8
우리가 "은혜"를 "선물"로 받았는데, "이것이 너희에게서 난 것이 아

니요 하나님의 선물이라"라는 것입니다.

그런데 예수님은 이 여자에게 뭐라 얘기하시냐면, 이렇게 말씀하십니다.

"예수께서 가라사대 딸아 네 믿음이 너를 구원하였으니 평안히 가라 네 병에서 놓여 건강할지어다."_{막 5:34}

무엇이 너를 구원 하였다구요?

그 여자의 믿음이라 말씀하십니다.

그런데 여러분, 정말 이 여자가 만져서 구원을 얻었나요? 아니면 이 여자를 치료한, 이 여인을 구원한 능력은 누구에게서 나왔죠?

우리는 이런 말씀을 보면, 우리 믿음이 나를 구원한 줄 압니다.

내 믿음의 행위가 나를 구원했다 생각하고 우쭐해 하곤 합니다.

그 우쭐한 것을 바울은 마음에 걸렸기 때문에, 바울은 틈만 나면 우리가 행위로 구원 받는 것이 아니라고 지적하고 있는 것입니다.

다시 한번 생각해 보시지요.

이 여인의 행동은 구원을 불러왔습니까?

네 불러왔습니다.

만약 이 여인이 "믿음"을 가지지 못했다면, 이 여자는 그 병에서 놓이는 "은혜"를 받을 수 있었을까요?

아닙니다.

그럼, 이 여인의 행동이, 이 여인이 치료를, 구원을 받은 이유입니까?

아닙니다

다시 말씀드리지만, 이 여인이 구원을 받은 이유는, 예수님의 은혜이

고 그분의 능력입니다. 우리에게서 난 것이 아닙니다.

　하지만, 대부분의 사람은 "내 믿음이 날 구원했구나" 하고 생각합니다. "내가 믿음을 가지길 잘했구나" 라고 말입니다.

2-3. 믿음에 대한 예수님의 시각과 바울의 시각

　이 여인을 구원하신 능력은 누구 것이죠? 네 예수님 것입니다. 그럼, 원래 뭐라고 말씀하셔야 더 정확할 까요?
　"너의 믿음을 통해서 내 능력으로 내 은혜로 구원을 얻었다" 라고 명확하게 말씀하셔야 하는데, 예수님께서는, 네 믿음이 너를 구원 하였다라고 말씀하시는 것입니다.
　왜 그러셨을까요? 하나라도 더 칭찬해 주고 싶은 것이 부모의 마음이기 때문입니다.

　우리가 아기를 보행기에 태우고 나서는 이렇게 얘기합니다.
　"와! 우리 아들 잘 걷네!" "우리 아들 최고"
　여러분, 생각해 보시기 바랍니다.
　보행기를 사준 것은 부모님이고, 보행기에 태워준 것도 부모님이며, 이 아이가 걷는 것을 돕는 것은 보행기입니다.
　하지만 예수님은 이렇게 말씀하시는 것입니다.
　"네 믿음이 너를 구원하였다."
　"너가 나에게 와서 나를 만져 나음을 입었으니 너가 잘 한 것이다."

　바울은 이 점을 지적한 것입니다.
　"사람이 의롭게 되는 것은 율법의 행위에서 난 것이 아니요 오직 예수 그리스도를 믿음으로 말미암는 줄 아는 고로 우리도 그리스도 예수를 믿나니 이는 우리가 율법의 행위에서 아니고 그리스도를 믿음으로써 의롭다 함을 얻으려 함이라 율법의 행위로서는 의롭다 함을 얻을 육체가 없느니라." 갈 2:16

우리의 행위로 구원을 얻은게 아니라는 것입니다.

바울의 입장은 사람의 입장에서 믿음을 설명하면서, 너희 그 행위로 의롭다 함을 얻지 못한다고 얘기하는 것입니다.

이 율법의 행위는 "믿음의 행위"와 똑 같은 것입니다.

왜냐하면 "믿음"도 하나님의 명령을 듣고 지켜 행하는 것이기 때문입니다.

그래서 바울은 계속해서 너희의 "행위"로 구원을 얻는 것이 아니라고 로마서에 계속해서 얘기를 합니다.

너희가 아무리 말씀을 지킨다 해도, 그 믿음의 행위가 너희를 구원한 게 아니니 우쭐하지 말라는 것입니다.

반면에, 예수님께서는 우리를 바라보시는 하나님은 우리의 아버지시기 때문에 아버지의 입장에서 우리의 "믿음의 행위"를 강조하실 수 밖에 없는 것입니다.

네가 나에게 와서 너가 잘해 너의 믿음으로 구원을 받았다 말씀하시는 것입니다.

원래는 "너가 나에게 와서 내 능력으로 내 은혜로 구원을 받았다" 말씀하셔야 하는데, 예수님은 예수님께 나아온 이 여인이 너무도 사랑스러우시고 기쁘신 것입니다. 왜냐면 딸을 무진장 사랑하시는 아버지의 입장이니까 그렇습니다.

그래서 예수님은 이 여자에게 "딸아"라고 말씀하십니다. 이 말씀은

"내가 네 부모다"라고 말씀하시는 것이죠?

그러시면서 "네 믿음이 너를 구원하였다 말씀하십니다."

그래서 예수님은 항상 우리의 행위를 강조하실 수밖에 없는 것입니다. 예수님께서 성경에서 하신 말씀을 살펴보면 항상 행위를 강조하십니다. "선한 일을 행한 자는 생명의 부활로, 악한 일을 행한 자는 심판의 부활로 나오리라." 요 5:29

우리가 "선한 일을 행"해서 구원받는 것이 아니라, 우리가 예수님의 말씀을 듣고 지키는 그 믿음으로 예수님께 나아가고, 예수님을 따랐기에, 예수님의 은혜로 구원을 받는 것임이 너무도 확실한데, 예수님께서는 뭐라 하시냐면, "네 믿음이 너를 구원"하였다 하시는 것입니다.

그래서 예수님께서는 생명에 들어가려면 계명을 지키라 말씀하실 수밖에 없는 것이고, 정말 너희가 내 형제라면 하나님의 뜻대로 행해야 한다고 말씀하시는 것입니다.

"누구든지 하나님의 뜻대로 하는 자는 내 형제요 자매요 모친이니라." 막 3:35

우리의 부모님이신 예수님께는 우리의 "듣고, 지켜, 행하는" 이 믿음이 너무도 소중하신 것입니다.

"그러므로 누구든지 나의 이 말을 듣고 행하는 자는 그 집을 반석 위에 지은 지혜로운 사람 같으리니." 마 7:24

너희가 너희 지혜 말고, 내 말 대로 행하는 믿음을 가져야 지혜롭다고 말씀하시는 것입니다.

그래서 계명을 지켜야 생명에 들어간다 하시는 것입니다.

초기 기독교회서부터 이 "믿음"을 추상적으로 가르치려는 시도가 많이 있었음을 보게 됩니다.

사단이 가장 먼저 무너뜨리고자 했던 성경적 진리가 있다면 바로

"믿음"이었음을 보게 됩니다.

"안식일" 계명을 변경하기 전부터 믿음의 정의를 바꾼 것입니다.

예수님의 형제 야고보는 예수님께서 왜 이렇게 말씀하셨는지, 이 점을 명확하게 이해하였기에, 예수님의 입장에서 우리의 "믿음의 행위"를 강조할 수밖에 없었음을 이해하게 되었습니다.

"혹이 가로되 너는 믿음이 있고 나는 행함이 있으니 행함이 없는 네 믿음을 내게 보이라 나는 행함으로 내 믿음을 네게 보이리라." 약 2:18

믿음은 개념적인 것이 아니며 보일 수 있는 실질적인 것이라는 것입니다. 개념적인 것이고 추상적인 것이면 절대 보일 수 없습니다.

여러분, 특별히 말씀을 나누시는 분들이 "믿음"을 추상적으로 가르친다는 것은 나도 믿음을 모른다는 뜻이고 확실하지 않다는 뜻입니다.

복잡하게 믿음을 소개하시는 것, 특별히 믿음의 의미를 절대로 추상적으로 묘사해서는 안 됩니다.

믿음은 어린 아이도 지킬 수 있게 명확하게 가르쳐야 합니다. 그래야 아이들 때부터 믿음에 대해 확신을 가지고 교회에서도 말씀의 부흥이 일어날 수 있습니다.

저에게 목숨 걸고 지키며 전할 수 있는 확신 있는 기별이 있다면, 분명 이 "믿음"의 기별과 "마태복음 24장"이 아닐까 싶습니다.

한 교회에서 얼마전 믿음에 대해서 6번에 걸쳐서 말씀을 나누었을 때, 많은 장로님들 교인분들께서 확실히 깨달으셨다고 하시면서 너무 좋아하셨습니다.

그동안 힘들었던 말씀들이 이제는 이해가 명확하게 된다 하시면서 너무 좋았다 하셨습니다.

저도 힘들어했던 말씀이고 이해하지 못했던 말씀이기에, 그 심정을

이해하였습니다.

그런데 그 다음주에 한 젊은 목사님께서 오셔서 주말 부흥회를 하시는데 주제가 "믿음 " 이었습니다.
제가 얼마나 가슴이 덜컹 내려 앉으며 깜짝 놀랐는지 모릅니다.
어떻게 되었을까요? 믿음의 개념을 다시금 추상적으로 돌려 놓는 것을 보게 되었습니다.

누군가 저에게 전화해서 그러더군요. "이 목사님은 장로님과 다르게 설교하시는데 왜 그러실까요? 이분은 교단에서 인정하신 목사님이신데 왜 믿음에 대한 말씀을 다르게 하실까요?" 하고 질문하시는 것입니다.
저는 이렇게 답할 수 밖에 없었습니다. "이 목사님께서도 믿음에 대해 깨달으시면 분명 말씀을 통해바뀌실 것입니다"라고 말입니다.

하나님을 믿는 것과 신뢰하는 것은 그 원어도 다르고 개념도 다릅니다.
하나님을 "신뢰"하는 것을, 하나님께 맡기는 것을 "믿음"으로 오해하고 가르치시는 분들이 계시는데, 이것은 사단이 가장 좋아하는 가르침이 아닌가 생각해 보게 됩니다. 이분들의 설교를 들으면 들을 수록, 믿음은 확실해지는 것이 아니라 더 힘들어지고, 어려워집니다.

하나님을 신뢰하는 것과 믿는 것에 대한 차이에 대해서는 4장에서 말씀드리도록 하겠습니다.
왜냐하면 믿음의 개념이 추상적이 될 때, 율법주의자와 믿음의 경계를 오해하게 되며, 은혜와 믿음의 관계를 정확하게 이해하지 못하게 되기 때문입니다. 믿음의 정의가 나와야, 우리 마음에 구원도 확신을 가지게 됩니다.
성경에서는 하나님의 계명, 혹은 명령을 듣고 지켜 행하라는 말씀이

수 백 번 등장합니다.

　표현은 조금씩 달라도, 말씀을 보시면 하나님의 말씀에 순종하라는 말씀입니다. 다시 얘기해 하나님에 대한 믿음을 가지라는 말씀입니다.

　제 아이에게 이층에서 올라가서 뛰어라 하면, 교만한 아이라면 절대 하지 못합니다.

　자기의 목숨이 아빠의 말씀보다 자기의 생각이 아빠의 명령보다 위에 있으면 이것은 절대로 믿음이 될 수 없습니다.

　"믿는데, 안 뛰어요"는 보일 수 없는 믿음이며, 이것은 믿음이 아니라 하시는 것입니다.

　"내가 오늘날 명하는 모든 명령을 너희는 지켜 행하라 그리하면 너희가 살고 번성하고 여호와께서 너희의 열조에게 맹세하신 땅에 들어가서 그것을 얻으리라." 신 8:11

　이것으로 우리가 복을 받는 것은, 우리가 잘 해서가 아니라 우리가 하나님의 법 안에 있을 때에 하나님께서 우리에게 은혜를 주실 수 있기 때문입니다.

　신명기서의 대부분의 주제가 "믿음"을 가져야 한다는 것입니다. 더 나아가 창세기부터 계시록까지의 공통된 주제가 "믿음"임을 보게 됩니다.

　네, 믿음의 개념은 신약에서도 바뀌지 않았습니다

　그래서 예수님께서도 이렇게 말씀하시죠?

　"예수께서 가라사대 어찌하여 선한 일을 내게 묻느냐 선한 이는 오직 한 분이시니라 네가 생명에 들어가려면 계명들을 지키라" 마 19:17

　반면에 "바울"은 대부분 믿음의 주제를 다룰 때, "사람"의 입장에서 우리의 믿음이 우리를 구원하는 것이 아님을 강조함을 보게 됩니다.

 왜냐하면, 우리의 "믿음"이 강조되고, 우리가 우리의 "믿음"을 의지할 때 예수님께서 우리에게 주신 그 "은혜"를 놓치게 되기 때문입니다.
 그래서, 바울은 철저하게 믿음의 행위와 은혜를 분리시키며, 우리가 "은혜"에 들어가는 "행위"가 바로 우리의 "믿음"임을 설명하고 있음을 보게 됩니다.
 "또한 그로 말미암아 우리가 믿음으로 서있는 이 은혜에 들어감을 얻었으며 하나님의 영광을 바라고 즐거워하느니라."롬 5:2
 우리가 또 그 은혜에 들어가는 이유도 "그로 말미암아"라고 얘기하며, 우리의 "믿음"에 의미가 있음도 또한 예수님께서 "반석"되셨기 때문임을 강조하고 있는 것입니다.
 이 성경절 꼭 메모해 놓으시기 바랍니다.
 에베소서 2장 8절과 함께 믿음과 구원을 아주 명확하게 이해시키는 성경 절이기 때문입니다.

 그래서 바울은 우리가 의롭게 되려면 율법을 행해야 한다고 이렇게 증거하기도 합니다.
 "하나님 앞에서는 율법을 듣는 자가 의인이 아니요 오직 율법을 행하는 자라야 의롭다 하심을 얻으리니."롬 2:13
 반면에, 우리의 행위로는 의롭게 되지 못한다 또 얘기할 수 있는 것입니다.
 "그러므로 율법의 행위로 그의 앞에 의롭다 하심을 얻을 육체가 없나니 율법으로는 죄를 깨달음이니라."롬 3:20

 다시 얘기해 많은 성경절에서 바울은 사람의 입장에서 취해야 하는 "우리 믿음"의 한계를 항상 강조함을 보게 됩니다.
 또 서로 배치되는 것 같은 말씀을 보실까요?
 "만일 아브라함이 행위로써 의롭다 하심을 얻었으면 자랑할 것이 있으려니와 하나님 앞에서는 없느니라 성경이 무엇을 말하느뇨 아브라함이 하나님을 믿으매 이것이 저에게 의로 여기신 바 되었느니라."롬 4:2~3

우리의 믿음의 행위는 의롭다 하심을 얻기에 충분하지 않다라는 것입니다.

하지만, 예수님의 형제 야고보는 예수님의 입장에서 우리의 믿음의 행위를 강조해야 하기 때문에 또 이렇게 말 할 수 있는 것입니다.

"우리 조상 아브라함이 그 아들 이삭을 제단에 드릴 때에 행함으로 의롭다 하심을 받은 것이 아니냐."약 2:21

두 성경절 모두 같은 믿음에 대한 얘기를 하지만, 보는 관점에 따라 다르게 얘기할 수밖에 없는 것입니다.

이제 이해하시겠는지요?

야고보의 입장에서는 우리가 믿음으로 예수님께 나아갈 때, 예수님의 의로 우리를 의롭다 하실 수 있기 때문입니다.

혈루병을 앓던 여인이 예수님의 옷에 손을 대지 않았다면, 구원을 얻지 못했기 때문입니다.

2-4. 믿음으로 들어가는 "은혜"

네 우리의 믿음으로 승리한 사람들은 그들의 믿음이 잘나서 구원을 받은 것이 아닙니다.

하나님께서는 모세에게 이렇게 말씀하십니다.

"지팡이를 들고 손을 바다 위로 내밀어 그것으로 갈라지게 하라 이스라엘 자손이 바다 가운데 육지로 행하리라."출 14:16

바다 가르신 건 모세의 믿음인가요? 아니면 하나님의 능력이요 은혜인가요?

"엘리사가 사자를 저에게 보내어 가로되 너는 가서 요단 강에 몸을 일곱 번 씻으라 네 살이 여전하여 깨끗하리라."왕하 5:10

나아만 장군을 낫게 한 것은 그의 믿음이었나요 하나님의 은혜였나요?

만약 나아만 장군이 6번만 씻다가 그만 두었다면, 하나님의 은혜가 주어졌을까요?

성경에서, 특히 예수님께 고침을 받았던 수 많은 사건을 "기적"으로 바라보면 안됩니다.

왜냐하면, 예수님은 우리에게 "믿음"으로 들어가는 "은혜"를 보여주시는 "구원의 방법"을 알 수 있게 기록하셨기 때문입니다.

다니엘의 세 친구를 바라볼까요?

"이 세 사람 사드락과 메삭과 아벳느고는 결박된 채 극렬히 타는 풀무 가운데 떨어졌더라 때에 느부갓네살 왕이 놀라 급히 일어나서 모사들에게 물어 가로되 우리가 결박하여 불가운데 던진 자는 세 사람이 아니었느냐 그들이 왕에게 대답하여 가로되 왕이여 옳소이다."단 3:23~24

다니엘의 세 친구를 구한 것은 하나님의 말씀을 듣고 순종한 그들의 믿음이었나요? 아니면 예수님의 은혜였나요?

여리고 성이 무너지는 이유를 함께 생각해 보실까요?

"제사장 일곱은 일곱 양각나팔을 잡고 언약궤 앞에서 행할 것이요 제칠일에는 성을 일곱 번 돌며 제사장들은 나팔을 불 것이며 제사장들이 양각나팔을 길게 울려 불어서 그 나팔 소리가 너희에게 들릴 때에는 백성은 다 큰 소리로 외쳐 부를 것이라 그리하면 그 성벽이 무너져 내리리니 백성은 각기 앞으로 올라갈지니라 하시매."수 6:4~5

하나님의 말씀을 듣고 지켜 행하며 여리고 성을 일곱 번 돌았기 때문에 여리고 성이 무너졌나요? 아니면 하나님의 능력인가요?

"이르시되 실로암 못에 가서 씻으라 하시니 (실로암은 번역하면 보냄을 받았다는 뜻이라) 이에 가서 씻고 밝은 눈으로 왔더라." 요 9:7

이 장님이 눈으로 볼 수 있었음은, 이 사람의 순종, 즉 믿음이었기 때문인가요? 예수님의 은혜였나요?

반면에 이들의 믿음이 없었으면, 이들은 은혜를 받을 수 있었을까요?

그래서, **구원받은 모든 사람들은 자신의 능력으로 구원받지 않았음을 압니다. 자신의 믿음의 행위로 구원받지 않았음을 잘 압니다.**

그래서 그들은 이렇게 고백할 수밖에 없는 것입니다.

"이 일 후에 내가 들으니 하늘에 허다한 무리의 큰 음성 같은 것이 있어 가로되 할렐루야 구원과 영광과 능력이 우리 하나님께 있도다" 계 19:1

아무도 내가 잘 해서 구원받지 않았음을 아는 것입니다.

오직 예수님의 은혜, 그것이 나를 구원하였음을 고백할 수 밖에 없는 것입니다.

2-5. 소경을 통해 믿음의 공식을 주시는 예수님

네, 예수님께서는 그래서 우리에게 한 공식을 보여주시고자 하시는 일들을 많이 하시는데, 그 공식은, 우리에게 주어진 하나님의 말씀에 대한 "믿음"을 가지고, 그 말씀을 "듣고 지켜 행할 때"에 "은혜"에 들어가야 한다는 공식입니다.

그 공식을 우리에게 또한 가르치시기 위해 하나님은 소경들에게 이렇게 하십니다.

"예수께서 그 사람을 따로 데리고 무리를 떠나사 손가락을 그의 양 귀에 넣고 침뱉아 그의 혀에 손을 대시며." 막 7:33

"예수께서 소경의 손을 붙드시고 마을 밖으로 데리고 나가사 눈에 침을 뱉으시며 그에게 안수하시고 무엇이 보이느냐 물으시니." 막 8:23

왜 이렇게 하셨을까요? 그냥 말씀으로도 잘 고치시던 분이 왜 이들에게는 이렇게 하셨을까요?

왜냐하면, 이들은, "믿음"을 가지고 예수님께 나아온 사람들이 아니기 때문입니다. 위 두 성경절 바로 앞에는 이러한 기록이 미리 기록되어 있습니다. 이들은 믿음이 없이 왔음을 분별할 수 있게 기록하신 것입니다.

"사람들이 귀먹고 어눌한 자를 데리고 예수께 나아와 안수하여 주시기를 간구하거늘." 막 7:32

"벳새다에 이르매 사람들이 소경 하나를 데리고 예수께 나아와 손 대시기를 구하거늘." 막 8:22

이들은 모두 자신들의 믿음으로 예수님께 나아온 사람들이 아님을 보게 됩니다. **다른 사람들이 데리고 예수님께 나아온 사람들입니다.**

예수님께서는 자신의 믿음은 없이 다른 사람이 데려온 이들에게 침 뱉으시고 그들의 믿음을 보일 수 있는 시간을 주십니다.

다른 사람들의 영향 없이 자신만의 믿음을 보이라 하시며 항상 무리를 떠나시거나 밖으로 데리고 나가시는 것을 볼 수 있습니다.

소경은 귀가 밝습니다. 이 소경들은 예수님께서 그들에게 침을 뱉으신 것을 분명 알았을 것입니다

그런데 그들에게 주어진 이 시험을 "믿음"으로 이기지 못했다면 어떻게 되었을까요?

예수님께서 그들을 따로 데리고 무리에서 나가실 때, 어디가요? 저 안 갈래요? 했으면 어떻게 되었을까요?

만약 소경이 "예수님 더러워 죽겠어요, 왜 저에게 침을 뱉으세요? 저

돌아 갈래요" 했다면, 이 소경 눈을 보았을까요?

분명 이들은 "믿음" 없이 "은혜"를 경험하지 못했을 것입니다.

하지만, 모든 소경에게 침을 뱉으시고 진흙을 바르신 것은 아닙니다. 믿음이 있었던 소경인 거지 바디매오의 경우에는 예수님께서 그에게 은혜 주시는 방법이 아주 다릅니다.

"바디매오가 소리쳐 "나사렛 예수시란 말을 듣고 소리질러 가로되 다윗의 자손 예수여 나를 불쌍히 여기소서 하거늘."막 10:47

이렇게 얘기하며 더욱 소리지르며 "다윗의 자손이여 나를 불쌍히 여기소서"라고 했을 때 예수님은 그의 믿음을 보셨기에 그에게 침을 뱉지 않으시고, 이렇게 말씀하시는 것입니다.

"예수께서 이르시되 가라 네 믿음이 너를 구원하였느니라 하시니 저가 곧 보게 되어 예수를 길에서 좇으니라."막 10:52

예수님께서는 이토록 우리에게 말씀을 통해 믿음을 깨달으라 말씀하고 계시는 것입니다.

이제 믿음과 구원의 관계를 이해하시겠는지요?

왜 누구에게는 침을 뱉으시고 누구는 말씀으로 고치셨는지 이해하시죠?

예수님께서는 자신에게 나아오라 우리의 믿음을 독려하시는 것이고 바울은 우리의 행위로 구원을 받는 것이 아니라 예수님의 은혜라고 얘기할 수밖에 없는 것입니다.

그래서 바울은 이렇게 쉽게 설명을 기록한 것을 보게 됩니다.

"하나님이 우리를 구원하사 거룩하신 부르심으로 부르심은 우리의 행위대로 하심이 아니요 오직 자기 뜻과 영원한 때 전부터 그리스도 예수 안에서 우리에게 주신 은혜대로 하심이라."딤후 1:9

2-6. 제자들이 고치지 못한 귀신들린 아이에 대해 설명하시는 예수님

그래서 우리가 믿음의 정의를 꼭 알아야 하고, 또 믿음과 구원의 관계, 즉 은혜에 들어가는 것에 꼭 우리의 믿음이 필요로 한다는 사실을 깨닫는다면, 한 단계 우리의 생각을 하나님께 맡기고 더 겸손하게 생각해 본다면, 이 말씀도 이해할 수 있게 됩니다.

바로 제자들이 쫓아내지 못한 귀신들린 아이 입니다.
예수님께서 변화산에서 내려오셨을 때, 이런 상황이 벌어지고 있었습니다.
"저희가 이에 제자들에게 와서 보니 큰 무리가 둘렀고 서기관들이 더불어 변론하더니." 막 9:14
귀신들린 아이를 데리고 왔는데 제자들이 고치지 못하는 것입니다.
그러자, 사람들은 제자들을 조롱하고 너희들이 하는 것이 속임수였다고 얘기하며 그들과 언쟁하고 있는 상황입니다.

이 상황에 대해 EGW 선지자는 이렇게 얘기합니다.
"그리고 군중 속에는 제자들에게 수치를 주기 위하여 이 기회를 최대한으로 이용한 서기관들이 있었다. 그들은 제자들의 주위에 몰려와 질문을 퍼부으면서 제자들과 그 선생이 사기꾼임을 증명하려고 하였다. 랍비들은 제자들과 그리스도께서 정복할 수 없는 악령이 여기 있다고 의기 양양하게 선언하였다. 백성들은 서기관들 편을 드는 기세였고 경멸과 조롱의 감정이 군중들 가운데 팽배했다." 시대의 소망, 427

저도 참 이해가 되지 않았었습니다.
심지어 믿음의 정의를 이해하고 나서도 한참을 그 의미를 모르고 방황했었습니다.
이미 그 전에 귀신도 쫓아내고, 권능을 받았던 제자들인데, 제자들의 믿음이 약해서 이 일을 하지 못한 거라 생각했기 때문입니다. 예수님은 그들의 능력을 뺏으신 적이 없습니다.

예수님께서 내려오시고, 이 아버지는 예수님께 이렇게 얘기합니다.

"귀신이 어디서든지 저를 잡으면 거꾸러져 거품을 흘리며 이를 갈며 그리고 파리하여 가는지라 내가 선생의 제자들에게 내어쫓아 달라 하였으나 저희가 능히 하지 못하더이다."^{막 9:18}

내가 데리고는 왔는데 이들은 귀신을 쫓아내지 못했다고 얘기하는 것입니다.

예수님은 이 아버지에게 이렇게 말씀하십니다.

"대답하여 가라사대 믿음이 없는 세대여 내가 얼마나 너희와 함께 있으며 얼마나 너희를 참으리요 그를 내게로 데려오라 하시매."^{막 9:19}

예수님께서 데려오라 하실 때에, 이미 귀신은 무슨 일이 벌어질 지 알고, 아이로 경련을 일으키게 함을 봅니다.

다 아는 얘기 같으시죠?

아닙니다. 믿음을 알아야 이 말씀을 깨달을 수 있습니다.

믿음의 정의를 알고, 우리가 믿음과 구원의 관계를 정확하게 깨달아야 이해할 수 있기 때문입니다.

"이에 데리고 오니 귀신이 예수를 보고 곧 그 아이로 심히 경련을 일으키게 하는지라 저가 땅에 엎드러져 굴며 거품을 흘리더라."^{막 9:20}

이 상황은 예수님께 나아오자, 예수님은 명령을 하셨고, 귀신이 아이를 힘들게 하는 상황입니다.

지금 부터의 말씀이 중요함을 보게 됩니다. 여기서 말씀을 놓치면 이 말씀을 이해할 수 없습니다.

"예수께서 그 아비에게 물으시되 언제부터 이렇게 되었느냐 하시니 가로되 어릴 때부터니이다 귀신이 저를 죽이려고 불과 물에 자주 던졌나이다 그러나 무엇을 하실 수 있거든 우리를 불쌍히 여기사 도와 주옵소서."^{막 9:21~22}

이 말씀을 통해 알 수 있는 것, 특별히 "무엇을 하실 수 있거든"이라는 표현이 중요합니다.

이 고백은 서기관들과 이 아버지가 이 아이를 데리고 온 "동기"를 알 수 있게 합니다.

이들은 처음부터 아이를 낫게 하기 위해 "믿음"을 가지고 온 것이 아니라, 사람들로 하여금 예수님께 대한 믿음을 없앨 목적으로, 예수님과 제자들이 사람들을 고치는 것이 단지 "쇼"에 불과한 것을 증명하기 위해 온 것입니다.

하지만, 예수님께서는 이러한 의도를 아셨고, 처음부터 "믿음이 없는 세대"라고 말씀하십니다.

이 "믿음이 없는 세대"라고 하신 것은, 아버지와 서기관들에게 하신 말씀입니다.

이제는 예수님께서 "믿음"을 가져야 한다고 이 아버지에게 호소하시고, 이 아버지는 그 아들이 땅에서 구르며 입에 거품을 무는 것을 보고서야, 자신의 아들이 도움이 필요함을 인정하며, 자신의 "믿음"이 없었음을 고백하며, 이제 예수님을 "믿나이다"라고 고백합니다.

"예수께서 이르시되 할 수 있거든이 무슨 말이냐 믿는 자에게는 능치 못할 일이 없느니라 하시니 곧 그 아이의 아비가 소리를 질러 가로되 내가 믿나이다 나의 믿음 없는 것을 도와주소서 하더라."^{막 9:23~24}

예수님은 "믿는 자에게 능치 못할 일이 없느니라" 말씀하십니다.

반대로 생각하면, "믿음 없는 자에게는 할 수 있는 표적이 없다"라고 말씀하시는 것이죠?

예수님의 은혜는 "믿는 자"에게만 주어진다 말씀하시는 것입니다.

2장 믿음과 구원

이 아이를 고치지 못한 것이 제자들의 잘못만은 아니었습니다.

하나님의 능력은, 하나님의 은혜는 믿는 자에게 주어지는 것이 공식임을 다시금 깨달을 수 있는 것입니다.

"또한 그로 말미암아 우리가 믿음으로 서있는 이 은혜에 들어감을 얻었으며 하나님의 영광을 바라고 즐거워하느니라."롬 5:2

이 귀신들린 아버지에게는 "믿음으로 서 있는 이 은혜에 들어 감을" 얻지 못했음을 볼 수 있습니다.

이 아버지에게는 "믿음"이 없었기에 "은혜"가 주어지지 않은 것입니다.

EGW 선지자도 이렇게 기록함을 보게 됩니다.

"할 수 있거든이 무슨 말이냐 믿는 자에게는 능치 못할 일이 없느니라"고 예수께서 대답하셨다. 그리스도에게 능력이 부족한 것은 아니었다. 아들이 낫는 것은 아버지의 믿음에 달린 것이다. 아버지는 눈물을 쏟으면서 자신의 연약함을 깨닫고 그리스도의 자비에 전적으로 맡기면서 "내가 믿나이다 나의 믿음 없는 것을 도와주소서"라고 부르짖었다." 시대의 소망, 429

위 말씀에 분명 "아들이 낫는 것은 아버지의 믿음에 달린 것이다"라고 기록함을 보게 됩니다.

다시 얘기해, 그 아들이 낫지 못한 것의 책임이 아버지께 있었다는 것입니다.

우리가 은혜에 들어가기 위해서는 "믿음"이 필요한데, 이 아버지는 처음부터 이 "믿음"이 없이 제자들에게 온 것입니다.

그럼 왜 우리는 제자들에게만 문제가 있었다고 생각했을까요?

사실 아이를 고치지 못한 이유는 아버지에게 있었습니다. 예수님께서 제자들에게 주셨던 능력이 어디 간 것이 아니었습니다.

이미 이 "능력" 즉 "은혜"를 나누는 능력은 예수님께서 주셨었고, 이들에게 다시 빼앗지 않으셨습니다.

"예수께서 그 열두 제자를 부르사 더러운 귀신을 쫓아내며 모든 병과 모든 약한 것을 고치는 권능을 주시니라."^{마 10:1}

예수님의 제자들은 분명 예수님의 말씀을 "듣고, 지켜, 행함"에 기초해 믿음을 지켰는데 왜 그럼 귀신을 내쫓지 못했을까요?

2-7. 제자들에게 주어진 시험에 대한 예수님의 설명

그럼 예수님께서 이렇게 말씀하신 것은 어떻게 이해할 수 있을까요?

"집에 들어가시매 제자들이 조용히 묻자오되 우리는 어찌하여 능히 그 귀신을 쫓아내지 못하였나이까 이르시되 기도 외에 다른 것으로는 이런 유가 나갈 수 없느니라 하시니라."^{막 9:28~29}

개역 한글로는 기도만 있지만, 원어로 보면, "기도와 금식"이 함께 있습니다.

"이런 종류는 오직 기도와 금식을 통해서만 나갈 수 있느니라"

예수님은 평소에 기도는 많이 하셨지만, 금식은 하셨었나요?

침례 요한의 제자들이 금식할 때, 예수님도 동참하셨나요? 아니요 예수님께서는 이렇게 말씀하셨습니다.

"예수께서 저희에게 이르시되 혼인집 손님들이 신랑과 함께 있을 때에 금식할 수 있느냐 신랑과 함께 있을 동안에는 금식할 수 없나니."^{막 2:19}

그렇다면, 예수님께서 금식하셨던 장면이 기억나시나요?

이 아버지는 전에 이렇게 제자들에게 얘기했다 합니다.

"내가 선생의 제자들에게 내어쫓아 달라 하였으나 저희가 능히 하지 못하더이다" 이것은 믿음이 아닙니다.

2장 믿음과 구원

이건 무엇이었죠?

네 이 아버지가 제자들에게 한 것은 "시험" 이었습니다.

이것은 서기관들이 예수님께 "선생님이여 우리에게 표적 보여 주시기를 원하나이다"라고 얘기한 것과 차이가 없는 것입니다.

이것은 하나님을 "시험"하는 것이지 절대로 "믿음"의 행보를 보이는 것이 아닙니다.

"바리새인들이 나와서 예수께 힐난하며 그를 시험하여 하늘로서 오는 표적을 구하거늘."마 8:11

이러한 시험은 "멸망"당하기 위한 시험이지 믿음이 아닙니다.

"저희 중에 어떤 이들이 주를 시험하다가 뱀에게 멸망하였나니 우리는 저희와 같이 시험하지 말자."고전 10:9

이 시험하는 일을 이 아버지를 통해 사단은 제자들에게 했던 것입니다.

제자들이 고칠 수 없었던 이유는, "믿는 자에게 능치 못할 일이 없"지만, "믿지 않는 자에게 할 수 있는 일이 없기" 때문이었던 것입니다.

제자들은 그래도 해 보려 애썼을 것입니다. 왜냐하면, 예수님께서 메시야 이심과, 자신들에게 주어진 능력이 가짜가 아님을 증명해야 한다 생각했기 때문입니다.

자신을 증명해 보라는 시험, 예수님께서 광야에서 사단에게 시험받으실 때 사단이 했던 시험 기억하시나요?

"시험하는 자가 예수께 나아가서 가로되 네가 만일 하나님의 아들이어든 명하여 이 돌들이 떡덩이가 되게 하라."마 4:3

이 시험을 사단은 예수님께 던지며, "네가 만일 하나님의 아들이어든" 증명하라 하는 것입니다.

이 똑 같은 시험을 제자들에게 던지며 "너희 주가 정말 메시아라면 이 아이에게 씌운 귀신을 쫓아내라" 얘기한 것입니다.

예수님께서는 돌들을 떡으로 만드셨나요?

사실 이것은 예수님도 하실 수 없는 일입니다. 아니, 또한 하지 않으시는 일입니다.

예수님께서는, 아픈 사람들에게 "기적"을 베푸신게 아닙니다.

예수님께서는 믿음으로 나아온 모든 자들에게 "은혜"를 주신것으로 이해해야 합니다.

그래서 네 믿음이 너를 구원하였다 하십니다.

다시 얘기해 "은혜" 인 "구원"을 주신 것이며, 그들이 그 "은혜"에 들어오기 위해서 "믿음"을 요구하시기 때문입니다.

우리는 이런 것을 "기적"이라 하지만, 예수님께서는 "기적" 혹은 "표적"과 "이적"이 아니라 "은혜"에 들어가는 공식을 계속해서 알려 주고 계신 것입니다

예수님께서 자신의 고향에 가셨을 때, 이러한 기록이 있습니다.

"예수를 배척한지라 예수께서 저희에게 말씀하시되 선지자가 자기 고향과 자기 집 외에서는 존경을 받지 않음이 없느니라 하시고 저희의 믿지 않음을 인하여 거기서 많은 능력을 행치 아니하시니라." 마 13:57~58

"믿지 않음을 인하여"라고 말씀하십니다.

그들 대부분 믿음이 없었을 것입니다. 그렇기에 "많은 능력을 행치 아니하"셨을 것입니다.

죄인을 구원하시는 하나님의 은혜를 "능력"이라고 합니다.

그래서 혈류병 있던 여인에게도 예수께서 능력이 자신에게서 나간 줄 아셨다 하셨죠?

이 능력은 "은혜로 주시는 구원"인데, "믿지 않는 자에게는" 아무것도 주실 수 없는 것입니다.

다시 얘기해, 예수님에 대한 믿음이 없는 자들에게 "능력을 행치 아

니하"셨다 말씀하십니다.

이것은 예수님께서 의도적으로 하지 않으셨음을 얘기하고 있습니다.

하나님께서는 믿지 않는 자들에게 능력을 행치 않으십니다. 우리가 믿음을 보이지 않는데 강제로 우리를 회복시키신다면, 이것은 하나님의 "사랑"의 원칙에 위배되기 때문입니다.

우리가 예수님을 필요로 하고, 그분 앞에 나아가야 하나님께서는 우리를 위해 능력을 행하실 수 있기 때문입니다.

그렇기에 같은 상황을 두고 마가는 이렇게 기록한 것을 볼 수 있습니다. "예수께서 저희에게 이르시되 선지자가 자기 고향과 자기 친척과 자기 집 외에서는 존경을 받지 않음이 없느니라 하시며 거기서는 아무 권능도 행하실 수 없어 다만 소수의 병인에게 안수하여 고치실 뿐이었고." 막 6:4~5

위 성경절에서는 "거기서는 아무 권능도 행하실 수 없어"라고 말씀하십니다.

이것은 예수님께서 하실 수 없기 때문에 하지 못하시는 것이 아니라, 하나님의 사랑의 원칙에 위배되기에 하실 수 없는 것입니다.

같은 의미에서, 우리는 늦은 비 성령이 우리에게 주어지면, 우리의 품성변화가 있고, 우리가 하나님의 품성에 참여할 수 있다고 생각할 때가 있지만, 이것은 사단이 주는 아주 위험한 생각임을 보게 됩니다.

절대로 "늦은 비 성령"은 우리의 품성 변화를 위해 주어지지 않습니다.

우리에게 "늦은 비 성령"을 주실 이유는, 우리가 그분의 "증인"으로 설 때에, 능력을 더하시기 위함입니다.

"오직 성령이 너희에게 임하시면 너희가 권능을 받고 예루살렘과 온 유대와 사마리아와 땅 끝까지 이르러 내 증인이 되리라 하시니라." 행 1:8

이른 비를 주셨던 목적이 "내 증인이 되리라"였다면, 당연히 "늦은

비"도 예수님의 증인으로 세우시기 위함 입니다.

성경은 이렇게 증거합니다.

"저가 또한 우리에게 인치시고 보증으로 성령을 우리 마음에 주셨느니라." 고후 1:22

다시 얘기해 "늦은 비 성령"을 받는 자들은 이미 "하나님의 인"을 받은 사람들 입니다.

그래서 우리는 하나님의 인을 가지고 있는지를 먼저 생각하고 예수님을 찾는 신앙, 참된 믿음의 회복을 가지는 신앙을 해야 하는 것입니다.

2-8. 제자들이 받은 시험

네 제자들이 실패한 것은, 그들이 아이들을 고치지 못한 것에 실패한 것이 아니라, 예수님께서는 광야에서 사단에게 같은 시험을 받으셨음에도 금식과 기도로 이기신 반면에, 이들은 아무 준비가 없었기에, 그 시험에 걸려 넘어진 것을 의미합니다.

"바리새인들이 나와서 예수께 힐난하며 그를 시험하여 하늘로서 오는 표적을 구하거늘 예수께서 마음 속에 깊이 탄식하시며 가라사대 어찌하여 이 세대가 표적을 구하느냐 내가 진실로 너희에게 이르노니 이 세대에게 표적을 주시지 아니하리라 하시고." 막 8:11~12

저도 제 자신을 바라볼 때, 수 많은 "불순종"을 하는 제 자신을 보며 얼마나 부족한 저를 보는지, 나 같은 사람에게 "믿음"이란 큰 주제를 주신 예수님께 참으로 죄송한 마음 뿐입니다.

네, 저도 이 바리새인들과 다를 바가 없음을 보게 됩니다.

저에게 문제가 있을 때, "하나님 이거 해결해 주시면 제가 하나님으로 모시겠습니다. 정말 믿겠습니다"라고 많이도 고백했던 제가 기억납니다.

다시 얘기해 예수님께 믿음으로 나아가지 않고, 계속해서 "표적"만 구하고 있었던 것입니다.

이 제자들은 시험에 빠져 덥석 사단의 미끼를 물어 믿음 없는 사람에게 하나님의 은혜를 전달하려 애썼던 것이고, 저 또한, 사단의 시험에 빠져 사단의 대리자가 되어 하나님께 "표적"을 요구했음을 보게 됩니다.

예수님께서는 사단에게 광야에서 시험 받으시기 전 40일간 "기도와 금식"을 통해 대비하셨으며, "말씀"으로 사단의 시험에서 벗어 나셨음을 알 수 있습니다.

사단은 이러한 기도와 말씀으로 준비되지 않은 제자들을 시험한 것이고 제자들은 이 시험에 기도와 금식으로 하늘에 연결된 지혜를 가지지 못하고 그 시험의 성격에 집중하지 못했던 것입니다.

말세에 약속된 성령이 하나님의 종들에게 주어지면, 이 세대에도 "기적"과 "표적"을 구하는 많은 사람들이 있을 것입니다.

하지만, 하나님의 종들은, 믿지 않는 사람들에게 아무런 "능력"을 행할 수 없음을 기억해야 합니다.

그때, 우리가 하지 못하는 일들을 "사단"이 하면서 자신이 "신"인 것처럼 행할 것입니다.

"거짓 그리스도들과 거짓 선지자들이 일어나서 이적과 기사를 행하여 할 수만 있으면 택하신 백성을 미혹케 하려 하리라." 막 13:22

우리에게 그동안, 성령의 능력이 주어지지 않은 것은, 분명 우리가 말씀으로 무엇이 옳고 틀린 것인지, 하나님께서 주시는 "지혜"를 가지고 준비되지 않았기 때문임을 알게 해주심을 보게 됩니다.

우리는 믿음이 없었던 아버지도, 믿음이 없던 아버지의 아들을 고치려 애썼던 제자들도 되지 말아야 합니다.

다시 말씀드리지만, 우리에게 성령이 주어지는 이유는, 복음을 세상에 전하기 위해서 입니다.

"오직 성령이 너희에게 임하시면 너희가 권능을 받고 예루살렘과 온 유대와 사마리아와 땅 끝까지 이르러 내 증인이 되리라 하시니라." 행 1:8

내 자신을 위해서도 아니고, 내 품성변화를 위해서는 더 아닙니다.

그리고 하나님께서는 먼저 인치시고 그들에게 성령을 주심을 기억하셔야 합니다.

여러분들의 믿음이 헛된 믿음이 아니길 바랍니다.

"너희가 만일 나의 전한 그 말을 굳게 지키고 헛되이 믿지 아니하였으면 이로 말미암아 구원을 얻으리라." 고전 15:2 ✿

3장

믿음은 하나님께서 돕지 않으시면 가질 수 없는가?

"곧 그 아이의 아비가 소리를 질러 가로되 내가 믿나이다 나의 믿음 없는 것을 도와주소서 하더라." 막 9:24

이 장에서 우리는 "믿음"의 주체가 누가 되어야 하는 지 생각해 볼 것입니다.

어쩌면 우리도 이 아버지처럼 "나의 믿음 없는 것을 도와주소서"라고 외치고 있을 수 있기 때문입니다.

우리가 "믿음"을 가지지 못하는 것, 하나님의 말씀대로 살지 않는 것은 예수님께서 성령님께서 돕지 않으시기 때문인가요?

만약 "성령"의 역사가 없었기에, 도움이 없었기에 내가 "믿음"을 지키지 못하고, 하나님의 말씀을 듣고 지켜 행하지 못했다면, 이것은 "나"에게 책임이 있는 것일까요? 아니면 "성령"께 책임이 있는 것일까요?

"저를 믿는 자는 심판을 받지 아니하는 것이요 믿지 아니하는 자는 하나님의 독생자의 이름을 믿지 아니하므로 벌써 심판을 받은 것이니라." 요 3:18

성경은 우리가 심판을 받는 이유는 "믿지 아니하는 자"에게 그 책임이 있다고 얘기하기 때문입니다.

사단은, 하나님의 도움이 없이 너희들은 "선택"할 수 없다고 얘기합니다.

　사단은 하나님께서 우리의 "믿음"을 키워 주시고, "믿음"을 가지게 해 주시니, 그분께 "믿음"을 달라 요청하면 된다 얘기합니다.

　그런데, 모든 것을 성령님의 책임으로 돌리기 전에 한번 잘 생각해 보셔야 합니다.

　왜냐하면 성경은 이렇게 얘기하기 때문입니다.

　"만일 여호와를 섬기는 것이 너희에게 좋지 않게 보이거든 너희 열조가 강 저편에서 섬기던 신이든지 혹 너희의 거하는 땅 아모리 사람의 신이든지 너희 섬길 자를 오늘날 택하라 오직 나와 내 집은 여호와를 섬기겠노라." 수 24:15

　분명 여호수아는 "너희 섬길 자를 오늘날 택하라"라고 얘기합니다.

　다시 얘기해 하나님에 대한 믿음을 가질지 버릴지 너희들이 택하라는 것입니다.

　반면에, 여호수아는 "오직 나와 내 집은 여호와를 섬기겠노라"하며 하나님을 섬길 것을 "택하였다"고 선포합니다.

3-1. 우리에게 지키라 주신 계명

　어느 날 아침 말씀을 보면서, 한 교회의 집사님께서 하신 말씀이 기억이 났습니다.

　어찌 보면 수 많은 재림교회 교인들이 반복하는 얘기이기도 합니다.

　그분의 말씀은 "믿음은 선택인데, 그 선택 조차도 하나님께서 허락하셔야 도와주셔야 가능하다"라는 얘기였습니다.

　네 저도 아주 자주 기도하며 "아버지, 믿음을 지키게 도와주세요" 라고 기도하기도 합니다.

　왜냐하면, 내 자신의 "믿음"에는 아무런 힘이 없고, 그 믿음을 온전케 하시는 분은 예수님이시기 때문입니다.

"믿음의 주요 또 온전케 하시는 이인 예수를 바라보자 저는 그 앞에 있는 즐거움을 위하여 십자가를 참으사 부끄러움을 개의치 아니하시더니 하나님 보좌 우편에 앉으셨느니라." 히 12:2

하지만, 이 분은 계속해서 예수님께서 돕지 않으시면 우리가 "선택" 할 수 없다고 말씀하시는 것입니다.

질문 있습니다.

우리는 내 믿음을 혼자 지킬 수 있을까요?
1. 지킬 수 없다.
2. 지킬 수 있다.

좀 더 명료한 질문을 드리자면 나는 혼자 믿음을 선택할 수 있을까요?
1. 나는 믿음을 혼자 선택할 수 있다.
2. 나는 믿음을 혼자 선택할 수 없다.

믿음의 행위는 내가 "선택"하는 것입니다. 이것이 성경의 진리입니다. 우리가 택하는 것도 하나님의 은혜안에 있기 때문이라고 얘기할 수 있지만, 그 택하는 그 "믿음"의 선택은 전적으로 내게 달려 있으며, 만약 그 "선택"에도 하나님의 은혜로 "믿음"을 지키는 것으로 얘기한다면, 우리는 하나님의 공의를 부정하는 것이 되며, 율법은 내 힘으로 지킬 수 없는 것이 되는 것입니다.

쉽게 얘기하자면, 만약 우리가 믿음을 선택할 수 없다면, 하나님께서는 믿음을 선택하라 말씀하시며 계명을 주신 것이 되고, 그 결과 우리는 "공의"하지 않은 하나님의 "법"과 "믿음"의 요구로 죽을 수 밖에 없도록 만드셨다는 것입니다.

만약 우리의 가 믿음을 선택하는 것에 있어서, 누군가의 간섭을 받아서 믿음을 지키거나 지키지 못하게 된다면, 이것은 우리의 책임인가요?
당연히 우리의 책임이 아닙니다.
우리는 보편적인 은혜인 "생명, 시간, 말씀, 구원"을 이미 가지고 있습니다.
그 안에서 하나님께서는 우리에게 '믿음'인 "듣고, 지켜 행하라"고 명하십니다.
그럼, 이 "명령"을 주신, 믿음을 지키라 하신 하나님께 문제가 있는 것일까요?
태초에 하나님께서는 아담과 하와에게 이런 명령을 주십니다.
"선악을 알게 하는 나무의 실과는 먹지 말라 네가 먹는 날에는 정녕 죽으리라 하시니라." 창 2:17
이 말씀을 하셨을 때, 아담과 하와는 이 명령을 지킬 수 있는 능력이 없어서 명령을 어겼나요?

이들이 하나님의 명령을 어긴 것은, 하나님께서 그들에게 "도움"을 주시지 않아서 하나님의 명령을 어길 수 밖에 없었을까요?
만약 그렇다 한다면, 하나님은 처음부터 인간에게 지킬 수 없는 율법을 주신 분으로, 사람을 죽이기 위해 창조하신 분이 되는 것입니다.
하나님은 사랑이시고, 하나님은 우리에게 그분을 "사랑"하길 "선택"하라 하신 것입니다.
이 "선택"은 나의 고유의 권한이어야 하고, 그 누구도 이 "선택"에는 관여해서도 안됩니다.
아담과 하와가 범죄할 때, 사단은 이들에게 "유혹"은 할 수 있었으나, 그들에게 "선택"을 "강요"할 수는 없었습니다.
그들은 모두 "스스로" 그 길을 택한 것입니다.

하지만, 사단은 사람에게는 "선택"할 힘이 없다는 논리로 그리스도인들이 "죄"를 짓는 것에 대해, 나는 죄인이니 죄를 사랑하는 것이 당연하다고 가르치고 있는 것입니다.

하나님께서는 분명 이렇게 명령하셨습니다.

"하나님이 또 아브라함에게 이르시되 그런즉 너는 내 언약을 지키고 네 후손도 대대로 지키라." 창 17:9

아브라함의 후손의 시대가 더 악해지고, 더 지키기에 힘들게 될 지언정, 내 언약을 지키고 네 후손도 대대로 지키라고 명령하시는 것입니다.

또한 우리가 믿음으로 지키며 자랑스러워 하는 "안식일"에 대해서도 이렇게 말씀하십니다.

"안식일을 기억하여 거룩히 지키라." 출 20:8

우리가 이 안식일을 지킬지 지키지 않을지는 분명 우리의 "선택"인 것입니다.

3-2. 하나님의 명령은 하나님의 약속임

그런데 여러분! 생각해 보셔야 합니다.

하나님께서 이러한 명령을 하신 것은, 우리가 선택한다면 그 믿음을 온전케 해 주시겠다는 약속입니다.

저는 재림교회의 한 목사님의 신앙고백이 기억납니다.

그분이 군대에서 겪었던 일 중에 안식일을 지키기로 하고 주임상사에게 얘기를 했다고 하십니다.

그 주임상사는 아주 엄했고, 당연히 허락하지 않았다 말씀하십니다.

하지만, 하나님께서는 그 목사님께서 하나님의 법을 지키기로 "행하였"을 때에 그 법을 지킬 수 있게 도움을 주셨음을 고백하셨습니다.

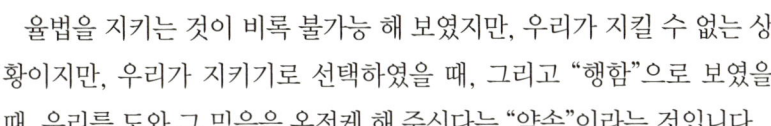

　율법을 지키는 것이 비록 불가능 해 보였지만, 우리가 지킬 수 없는 상황이지만, 우리가 지키기로 선택하였을 때, 그리고 "행함"으로 보였을 때, 우리를 도와 그 믿음을 온전케 해 주신다는 "약속"이라는 것입니다.

　다시 얘기해, 우리의 "순종"이 하나님의 개입을 불러오지만, 우리가 하나님에 대한 "믿음"을 보이기 까지, 그분께 순종하기로 선택하는 것은 우리의 몫이라는 것입니다.
　하나님의 율법에 대해 믿음을 가지는 것, 그분의 말씀을 듣고 지켜 행하는 것은 전적으로 우리의 몫이라는 것입니다.
　그래서, 믿음을 행할 때, 하나님의 도움을 구하는 것은, 내가 "선택"하고 "믿음"대로 행하기 시작하였을 때 의미가 있는 기도가 될 것입니다.

　이러한 "믿음"을 "선택"하기로 결심하는 것은 사단도 우리를 막을 수 없습니다.
　반대로 우리가 하나님의 법을 지키지 않겠다 결심하는 것, 그것은 사단의 도움일까요?
　아닙니다. 우리의 입으로 들어가는 것이 우리를 더럽게 하는 것이 아니라, 우리의 마음에서 나오는 것이 우리를 더럽게 한다고 예수님께서는 말씀하셨습니다.

3-3. 마음에서 나오는 것이 우리를 더럽게 함

　"예수께서 가라사대 너희도 아직까지 깨달음이 없느냐 입으로 들어가는 모든 것은 배로 들어가서 뒤로 내어버려지는 줄을 알지 못하느냐 입에서 나오는 것들은 마음에서 나오나니 이것이야말로 사람을 더럽게 하느니라." 마 15:16~18

이 말씀을 우리는 깨달을 필요가 있습니다.

중동에서의 식사는 보통 손으로 합니다. 요즘 식사를 봐도 그렇습니다.
물론 요즘에는 포크나 숟가락을 두고 먹기는 하지만, 그래도 보시면, 음식을 집는 것은 거의 손으로 합니다.
손으로 먹기에 손을 씻는 것은 중요한 일이 아닐 수 없습니다.

생각해 봐야 하는 문제는 예수님의 반응입니다.
그냥, 제자들에게, 얘들아 밥 먹기 전에 손 씻어야지? 라고 하시면 되는데, 예수님께서는 이렇게 말씀하십니다.
"입에 들어가는 것이 사람을 더럽게 하는 것이 아니라 입에서 나오는 그것이 사람을 더럽게 하는 것이니라." 마 15:11

아니 이게 바리새인들이 기다렸던 답변과 의도는 아니지 않을까요?
예수님은 씻으셨을까요?
아뇨. 예수님도 매 번은 아니시겠지만, 가끔은 손을 씻지 않으신 것 같습니다.
"예수께서 말씀하실 때에 한 바리새인이 자기와 함께 점심 잡수시기를 청하므로 들어가 앉으셨더니 잡수시기 전에 손 씻지 아니하심을 이 바리새인이 보고 이상히 여기는지라." 눅 11:37~38
제가 이 말씀을 얘기하면서, 제 장모님께 농담처럼, 예수님도 씻지 않으셨으니, 뭐 그냥 저도 그 본을 쫓아서 씻지 않겠습니다 했더니, 장모님께서 한숨을 푹 쉬시면서, "아니 예수님은 왜 그러셨을까?" 하시며 푸념을 하시는 것입니다.

여러분 속에도 혹시 이 말씀은 왜 하셨을까 하는 마음이 있으시다면, 이 시간 성령의 은혜로 함께 이해하는 시간이 되면 참 좋겠습니다.

마가복음에는 이러한 말씀이 기록되어 있습니다.

"그의 제자 중 몇 사람의 부정한 손 곧 씻지 아니한 손으로 떡 먹는 것을 보았더라 (바리새인들과 모든 유대인들이 장로들의 유전을 지키어 손을 부지런히 씻지 않으면 먹지 아니하며 또 시장에서 돌아와서는 물을 뿌리지 않으면 먹지 아니하며 그 외에도 여러가지를 지키어 오는 것이 있으니 잔과 주발과 놋그릇을 씻음이러라)"^{막 7:2~4}

여러분, 손을 씻지 않겠다 한 제가 잘 한 것입니까? 아니면 예수님의 제자들이 잘 한 것입니까?

아니 상식적으로는 바리새인이 100번 잘 한 것 아닌가요?

바리새인이 봐서도 정말 이해가 되지 않고, 한 마디 해 주시길 원하시기에, 이렇게 묻는 것입니다.

"이에 바리새인들과 서기관들이 예수께 묻되 어찌하여 당신의 제자들은 장로들의 유전을 준행치 아니하고 부정한 손으로 떡을 먹나이까."^{막 7:5}

사실 예수님의 제자들에게 뭐라 하는 것은, 예수님께 뭐라 하는것입니다.

아이가 엉뚱한 짓을 하고 있는데, 아니 당신 아이는 왜 저렇습니까? 하고 물으면, 누구에게 뭐라 하는거죠? 예, 부모를 욕하고 있는 것입니다.

예수님께서는 그래서 이렇게 말씀하십니다.

"가라사대 이사야가 너희 외식하는 자에 대하여 잘 예언하였도다 기록하였으되 이 백성이 입술로는 나를 존경하되 마음은 내게서 멀도다."^{막 7:6}

예수님께서는 비록 그들이 한 자리에서 예수님을 초대 했어도, 말로는 존경한다 해도, 너희 겉과 속이 다르다고 말씀하시는 것입니다. 그러면서 그들을 질책하십니다.

"너희가 하나님의 계명은 버리고 사람의 유전을 지키느니라 또 가라 사대 너희가 너희 유전을 지키려고 하나님의 계명을 잘 저버리는도다 모세는 네 부모를 공경하라 하고 또 아비나 어미를 훼방하는 자는 반드시 죽으리라 하였거늘 너희는 가로되 사람이 아비에게나 어미에게나 말하기를 내가 드려 유익하게 할 것이 고르반 곧 하나님께 드림이 되었다고 하기만 하면 그만이라 하고 제 아비나 어미에게 다시 아무 것이라도 하여 드리기를 허하지 아니하여 너희의 전한 유전으로 하나님의 말씀을 폐하며 또 이같은 일을 많이 행하느니라 하시고."^{막 7:8~13}

아니 너희가 사람의 계명도 그렇게 잘 지키면서 왜 하나님의 계명은 지키지 않냐 하시는 것입니다.

어쩌면 그렇게 너희 마음대로 하나님의 말씀을 지키냐고 말씀하시는 것입니다.

이런 얘기 들으면, 기분이 좋을까요?

당연히 사람들이 그자리에서 듣고 있을까요? 아니요, 사람들이 듣기 싫으니까 예수님을 떠나는 것입니다.

그 때 예수님께서 이렇게 말씀하십니다.

"무리를 다시 불러 이르시되 너희는 다 내 말을 듣고 깨달으라."^{막 7:14}

여기서 다시 부르셨다는 것은, 이들이 이미 떠나고 있는 상황이라는 것입니다.

사람이, 자기가 듣고 싶은 것은 잘 듣는데, 듣기 싫은 말씀은, 아무리 좋은 말씀이라도 듣지 않으려 하는 것은 예나 지금이나 변한 것이 없나 봅니다.

이들은 심지어 예수님께서 말씀하시는데, 떠나고 있는 것입니다.

참 희한하게도 예수님께서 "다시 불러 이르시되 너희는 다 내 말을 듣고 깨달으라" 하십니다.

우리도 말씀을 듣고 이해를 못할 때는, 무릎으로 하나님께 여쭤보고

꼭 깨달아야 합니다.

예수님께서 우리에게 깨닫게 하시고자 하셨던 말씀은 무엇일까요?
네, 좀 전에 마태복음에서 읽은 말씀인데, 마가복음으로 계속 말씀을 이어가 보도록 하겠습니다.
"무엇이든지 밖에서 사람에게로 들어가는 것은 능히 사람을 더럽게 하지 못하되 사람 안에서 나오는 것이 사람을 더럽게 하는 것이니라 하시고."막 7:15~16
예수님께서는 이 말씀을 우리가 깨닫기를 원하십니다.

여러분, 우리는 사실, 더러운 음식을 먹으면 배탈이 나거나, 구토를 할 수도 있고 설사를 할 수 있습니다.
"입에 들어가는 것이 사람을 더럽게 하는 것이 아니라 입에서 나오는 그것이 사람을 더럽게 하는 것이니라."마 15:11
그런데 예수님께서 마태복음에 말씀하신 것은 음식에 대한 말씀이 아닙니다.

바리새인들, 서기관들, 많은 사람들, 심지어 아담과 하와도 이렇게 생각합니다
"가라사대 누가 너의 벗었음을 네게 고하였느냐 내가 너더러 먹지 말라 명한 그 나무 실과를 네가 먹었느냐 아담이 가로되 하나님이 주셔서 나와 함께 하게 하신 여자 그가 그 나무 실과를 내게 주므로 내가 먹었나이다."창 3:11~12
하나님께서는 누구 때문에 네가 죄를 지었냐고 물으시는 것입니다.

그런데 이 아담은, 내가 죄를 지은 이유가, 하나님이 주셔서 나와 함께 하게 하신 여자 때문이라 얘기하는 것입니다.

내가 죄를 지은 이유가 외부적인 요인이라는 것입니다.

여러분, 아담에게 하와가 억지로 죄를 짓게 하였나요? 하와에게 뱀이 억지로 선악과를 넣었나요?

아닙니다.

"여자가 그 나무를 본즉 먹음직도 하고 보암직도 하고 지혜롭게 할 만큼 탐스럽기도 한 나무인지라 여자가 그 실과를 따먹고 자기와 함께 한 남편에게도 주매 그도 먹은지라." 창 3:6

아담에게 주었을 때, 성경은 분명 "그도 먹은지라 " 라고 하며, 이 선악과를 남편이 스스로 먹었음을 증명합니다.

물론, 이 하와를 하나님께서 주셨고, 그 선악과를 하와가 준 것은 맞습니다.

하지만, 그 선악과를 먹기로 결정하고, 그 죄를 짓는 것은 자신이 결정한 것입니다.

입으로 들어가는 것이 그 사람을 범죄하게 한 것이 아니라, 그 마음에서 나온 결정이 그를 더럽게 한 것입니다.

하나님의 계명보다 사람에 대한 사랑, 계명으로 아담은 죄를 지은 것입니다.

"아담이 가로되 이는 내 뼈 중의 뼈요 살 중의 살이라 이것을 남자에게서 취하였은즉 여자라 칭하리라 하니라." 창 2:23

아담에게 하와는 남이 아니었습니다. 아담은 하와를 포기할 수 없었기에, 아담은 스스로 먹어 범죄한 것입니다.

하와는 어떻게 얘기했지요?

"여호와 하나님이 여자에게 이르시되 네가 어찌하여 이렇게 하였느냐 여자가 가로되 뱀이 나를 꾀므로 내가 먹었나이다." 창 3:13

하와도 똑같이 얘기하고 있는 것입니다.

나를 더럽게 하고, 나를 죄짓게 한 것의 책임을 내가 아니라 "뱀"때문이라고 얘기하고 있는 것입니다.

우리는 정말 자주 "누구 때문에"라고 얘기하기를 좋아합니다.

제 아이들도 가끔 티격태격 하는데, "왜 그랬어?"라고 물으면, 언니 때문에, 동생 때문에, 누나 때문에 라는 답변이 거의 99%는 되는 것 같습니다.

나는 가만 있었는데, 나를 건드려서 싸웠다는 것입니다.

성경에 보면 이러한 율법이 기록되어 있습니다.

"무릇 사람을 부정하게 하는 벌레에 접촉된 자나 무슨 부정이든지 사람을 더럽힐 만한 자에게 접촉된 자 곧 이런 것에 접촉된 자는 저녁까지 부정하니 몸을 물로 씻지 아니하면 성물을 먹지 못할지며."레 22:5~6

바리새인들은, 자신이 부정해지는 이유가, 자신이 죄인이 되는 이유를 자신도 모르게, 부정한 것을 먹으면, 내가 부정해 진다고 생각했던 것이고, 예수님께서는 영적인 의미에서, 네가 네 마음이 악해 지는 것은, 네 속에서 나온 것이지 음식이 너를 악하게 한 것이 아니라고 얘기 하신 것입니다.

죄인은 태어나니 내가 죄인이 되었다 합니다.

내 책임이 아니라는 것입니다.

물론 성경에도 그러한 말씀이 기록되어 있습니다.

"내가 죄악 중에 출생하였음이여 모친이 죄 중에 나를 잉태하였나이다"시 51:5

하지만, 이 말씀에서 말씀하신 것은, 우리가 물론 죄인으로 태어났지만, 여기서 "죄악"은 내가 지은 죄를 뜻하는 것이 아니라, "죄의 책임에 대한 결과"를 의미하는 "아온"awon이라는 단어입니다.

죄의 형벌을 받아야 하는 그래서 죽음을 가지고 태어났음을 뜻하는 것입니다.

하지만, 우리가 의도하여 혹은 실수해서 죄를 짓는 경우, 패역하여 하나님을 대적하는 죄는 "페샤"pesha나 "핫타"chatta라는 단어를 씀으로 그 죄의 성격이 다른 것을 볼 수 있습니다.
성경은 분명 이렇게 얘기합니다.
"모든 사람이 죄를 범하였으매 하나님의 영광에 이르지 못하더니."롬 3:23
모든 사람이 자기가 죄를 지었다는 것입니다.
이것이 예수님께서 오늘 우리에게 깨달아 알라 하시는 말씀입니다.

"베드로가 대답하여 가로되 이 비유를 우리에게 설명하여 주옵소서."마 15:15
저도 오랫동안 이 말씀의 의미를 알지 못했습니다.
손 안 씻고 밥 먹으면 더러워지는데 라는 생각이 앞섰기 때문입니다.

예수님은 이렇게 답하십니다.
"¹⁶예수께서 가라사대 너희도 아직까지 깨달음이 없느냐 ¹⁷입으로 들어가는 모든 것은 배로 들어가서 뒤로 내어버려지는 줄을 알지 못하느냐 ¹⁸입에서 나오는 것들은 마음에서 나오나니 이것이야말로 사람을 더럽게 하느니라 ¹⁹마음에서 나오는 것은 악한 생각과 살인과 간음과 음란과 도적질과 거짓 증거와 훼방이니 ²⁰이런 것들이 사람을 더럽게 하는 것이요 씻지 않은 손으로 먹는 것은 사람을 더럽게 하지 못하느니라"마 15:16~20
입으로 들어가는 것은, 결국 뒤로 나오기에 우리를 죄 되게 하지 못한다는 것입니다.

하지만, 18절에서 입에서 나오는 것들은 "마음에서 나오나니"라고

예수님은 말씀하십니다.

그러시며, 19절에서 마음에서 나오는 것은 악한 생각과 살인과 간음과 음란과 도적질과 거짓 증거와 훼방이니 라고 말씀하시며, 우리가 더러워 지는 이유는, 우리 마음에 달려 있다고 말씀하시는 것입니다.

바리새인들은 몸이 더러워지면 마음도 더러워진다 생각했던 것 같습니다.
하지만 예수님께서는 우리가 더러워지는 이유는 우리 마음 때문이고, 우리 마음에서 죄가 시작되고 결정된다고 말씀하시는 것입니다.
그래서 최종적인 죄의 책임은 개인이 감당해야 하는 것입니다.
내 죄를 누가 지었다구요?
내가 좋아서 지은 것이라는 것입니다.

그래서 성경은 이렇게 얘기합니다.
"무릇 지킬만한 것보다 더욱 네 마음을 지키라 생명의 근원이 이에서 남이니라." 잠 4:23
마음을 지켜야 한다 말씀하시는 것입니다.
"그 정죄는 이것이니 곧 빛이 세상에 왔으되 사람들이 자기 행위가 악하므로 빛보다 어두움을 더 사랑한 것이니라" 요 3:19
사람이 죄를 짓는 이유는 스스로 어두움을 더 사랑한 것이라 예수님은 말씀하시는 것입니다.

3-4. 우리의 믿음에 방해가 되는 보이는 것들

그런데, 여러분, 우리가 또 생각해야 하는 것이 있습니다.
왜 우리는 마음으로 죄를 짓게 되는가 입니다. 왜 그러한 결정을 내게 되는지 고민해 봐야 합니다.

예수님께서는 이렇게 설명하십니다.

선한 사람은 마음의 쌓은 선에서 선을 내고 악한 자는 그 쌓은 악에서 악을 내나니 이는 마음에 가득한 것을 입으로 말함이니라."눅 6:45

우리가 악한 마음이 드러나게 되는 이유는, 내가 평소에 마음에 악한 것을 쌓았기 때문이라 말씀하시는 것입니다.

그럼 우리는 마음에 어떻게 선을 쌓을 수 있을까요?

"네 몸의 등불은 눈이라 네 눈이 성하면 온 몸이 밝을 것이요 만일 나쁘면 네 몸도 어두우리라 그러므로 네 속에 있는 빛이 어둡지 아니한가 보라."눅 11:34~35

우리가 무엇을 바라보느냐가 매우 중요하다는 것입니다.

우리가 바라보는 것이 예수님이면, 우리는 누구를 닮을까요? 예수님입니다.

제가 두려워하는 말이 있는데, 제 아들을 보면서 꼭 지 아빠 같다고 하면 참 마음이 뜨끔합니다.

왜냐하면, 자식은 부모의 거울이기 때문입니다.

여러분, 우리의 매일의 생활을 돌아본다면, 말씀과 설교를 많이 보셨습니까? 아니면 뉴스나 드라마를 더 많이 보셨는지요?

우리가 몸을 좀 쉰다는 핑계로, 스스로 정당화 시키며 바라보는 영상들은 우리의 몸을 밝히지 못합니다.

예수님께서는 말씀하십니다.

"네 속에 있는 빛이 어둡지 아니한가 보라"고 말씀하십니다.

우리 안에 있는 예수님께서 밝게 빛나고 계신가요?

여러분 마음을 지키기 위해서는, 여러분, 눈을 지키셔야 합니다.

우리가 무엇을 보는지가 매우 중요합니다.

"여자가 그 나무를 본즉 먹음직도 하고 보암직도 하고 지혜롭게 할 만큼 탐스럽기도 한 나무인지라 여자가 그 실과를 따먹고 자기와 함께 한 남편에게도 주매 그도 먹은지라." 창 3:6

수많은 범죄가 "보는 것"과 연관이 있음을 여러분 기억하시길 바랍니다.

사단은 우리에게 수많은 영상매체를 무기로 우리에게 "보라" 하며 유혹합니다.

여러분 하루 종일 유튜브나, 뉴스, 티브이, 영화를 보시다가 잘 시간이 되면, 아 참 하루를 알차게 잘 보냈다 하는 마음이 드시던가요?

사단은 우리에게 계속해서 볼 것을 주며, 보라 권합니다.
성경은 우리에게 이렇게 경고합니다.
"뱀이 그 간계로 이와를 미혹케 한 것 같이 너희 마음이 그리스도를 향하는 진실함과 깨끗함에서 떠나 부패할까 두려워하노라." 고후 11:3
네 압니다. 세상 많은 사람들은 보는 것에 집중하지요.

심지어 재림교회 안에서도 성경을 읽지 않아도, 말씀을 읽지 않아도 된다고, 그래도 구원받을 수 있다고 많은 사람들이 그렇게 편하게 믿고 있음을 보게 됩니다.

네 물론 우리의 노력이 아니라, 예수님의 은혜로 구원을 받지만, 우리는 예수님을 바라보는 눈을 멈춰서는 안 됩니다.

문제는 우리가 무엇을 신뢰하고 있는 것이 중요한 것이 아니라, 말씀에서 무엇을 증거하는지가 중요하기 때문입니다.

우리는 어쩔 수 없이 세상을 바라볼 때가 있습니다.
하지만, 이 때마다 우리에게는 기도와 말씀으로 다시금 우리를 깨끗케 할 수 있는 방법이 있습니다.

"저희를 진리로 거룩하게 하옵소서 아버지의 말씀은 진리니이다" 요 17:17

우리가 말씀을 보고 기도를 하는 것은, 거룩함을 가져야 하기 때문입니다.

우리 마음을 다시금 지키기 위해서 입니다.

하나님의 말씀 없이 여러분을 스스로 거룩함을 지킬 수 있다고 착각하지 마시기 바랍니다.

우리가 걸어야 하는 길은 모든 사람이 걷는 그런 길이 아닙니다.

우리가 걸어야 하는 길은, 예수님께서 걸으셨던 그 좁은 길입니다.

그 곳에는 가난이 있고, 멸시가 있으며, 핍박이 있고, 죽음이 있는 길이며, 십자가의 길이고, 조롱의 길입니다.

우리가 어떤 길을 걸을 지는 우리가 오늘 나도 모르게 보는 것으로 결정하고 있는 것입니다.

3-5. 우리가 믿음을 보인 후에 관여하셔서 온전케 하시는 예수님

"나는 심었고 아볼로는 물을 주었으되 오직 하나님은 자라나게 하셨나니." 고전 3:6

우리의 믿음은 자라나야 합니다.

이 "믿음"은 분명 자라야 하는데, 자라게 하시는 분은 분명 하나님이시라 바울은 얘기하고 있는 것입니다.

"형제들아 우리가 너희를 위하여 항상 하나님께 감사할지니 이것이 당연함은 너희 믿음이 더욱 자라고 너희가 다 각기 서로 사랑함이 풍성함이며." 살후 1:3

그럼, 우리가 우리 믿음인 "듣고, 지켜, 행함을 하는 것과, 또 우리의 믿음이 자라는 것에는 어떠한 관계가 있을까요?

하나님께서는 언제 우리의 믿음에 관여하셔서 우리의 믿음이 자라게 하실 까요?

그것은 분명, 우리가 우리의 "믿음"을 가지기로 선택하고, 행하였을 때 입니다.

"너희 하나님 여호와께서 너희에게 말씀하신 대로 너희 밟는 모든 땅 사람들로 너희를 두려워하고 무서워하게 하시리니 너희를 능히 당할 사람이 없으리라." 신 11:25

그들이 믿음으로 새로운 땅을 발로 밟을 때, 하나님께서 일하신다 말씀하셨습니다.

그들이 승리할 때, 그들의 마음에는 하나님에 대한 "신뢰"가 자라게 됩니다.

물론, 그 승리를 하게 도우신 것은 분명 하나님이시니, 이들의 "신뢰"가 자라는 것 또한 하나님께서 하신 일입니다.

반면에 내가 두려워 그 말씀대로 행하지 않으면서, "하나님 저의 믿음을 자라게 해 주세요"라고 하는 기도는 응답을 받을 수 있을까요?

"베드로가 힘있게 말하되 내가 주와 함께 죽을지언정 주를 부인하지 않겠나이다 하고 모든 제자도 이와 같이 말하니라." 마 26:35

베드로가 이 말을 하였을 때, 거짓말로 한 것일까요?

아닙니다. 베드로도 진심으로 이렇게 얘기했을 것입니다.

하지만, 그가 그의 믿음을 지키지 못했던 이유 중 하나는, 그가 믿음으로 시험을 이긴 경험이 거의 없었기 때문일 것입니다.

그의 믿음은 "평화"속에서 볼 때에는 큰 믿음인 것 같고, 준비된 것 보였지만, 막상 "환난"이 닥쳐오자 맥없이 쓰러질 수 밖에 없었던 "공

갈 믿음"이었던 것입니다.

우리는 지금 어떠한 믿음의 분량을 가지고 있는지 점검해 봐야 합니다. "너희가 믿음에 있는가 너희 자신을 시험하고 너희 자신을 확증하라 예수 그리스도께서 너희 안에 계신 줄을 너희가 스스로 알지 못하느냐 그렇지 않으면 너희가 버리운 자니라." 고후 13:5 ❀

4장

믿음과 신뢰의 차이

믿음과 신뢰는 각각 다른 말입니다.

그 단어도 다르고 어원도 다릅니다.

분명한 차이점이 있습니다. 이 차이를 모르면, 사단에게 속을 수 밖에 없습니다.

이 차이를 몰라, 죽어가는 영혼이 얼마나 세상에 많은 지, 하나님께서 보실 때에 얼마나 마음 아파하실 지 마음이 무겁기만 합니다.

저는 이 장에서 우리가 잘못 알고 있었던, 저 또한 여러 번 고민을 하고 생각을 하며 말씀으로 확인된 믿음과 신뢰의 차이에 대해 말씀을 나누고자 합니다.

4-1. 예수님의 이름을 부른다는 것

"누구든지 주의 이름을 부르는 자는 구원을 얻으리라." 롬 10:13

주의 이름을 부르면 구원을 얻는다니, 참 얼마나 감사한 말씀인지 모릅니다.

한국 재림교회에서 잘 알려진 한 장로님께서 요즘 유튜브를 올리시는데. 예수님 이름만 부르면 구원을 얻는다고 말씀하십니다.

이 말씀은 성경에서 반복되는 말씀이기에 진리가 분명합니다.

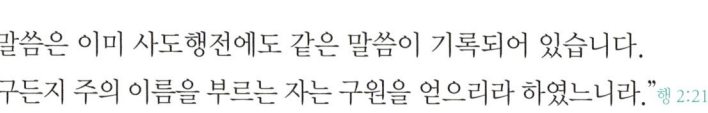

이 말씀은 이미 사도행전에도 같은 말씀이 기록되어 있습니다.
"누구든지 주의 이름을 부르는 자는 구원을 얻으리라 하였느니라."^{행 2:21}
정말 주의 이름을 부르는 자는 구원을 얻을까요?

다시 말씀드리지만, 이 말씀은 진리가 분명합니다.
이 말씀은 이미 구약성경에도 기록되어 있습니다.
"누구든지 여호와의 이름을 부르는 자는 구원을 얻으리니 이는 나 여호와의 말대로 시온 산과 예루살렘에서 피할 자가 있을 것임이요 남은 자 중에 나 여호와의 부름을 받을 자가 있을 것임이니라."^{욜 2:32}
그런데 우리는 여호와의 이름을 부르는 것이 정확히 무슨 의미인지 말씀을 통해서 잘 찾아봐야 합니다.

그냥 그분의 이름을 염불 외우듯이 외치기만 하면, 구원을 얻는 것일까요?
이 장로님은, 누구든지 주의 이름을 부르는 자는 구원을 얻으니 기쁜 소식이라 말씀하십니다.
장로님이 예수님의 이름을 불러도, 초신자가 불러도, 교회 안 다니는 사람이 불러도 구원을 얻는다 하십니다.
누구든지 부르면 구원을 얻는다 하십니다.
강도가 예수님 이름 불러도, 예수 이름은 구원이라고 말씀하십니다.
마지막에는 예수님 이름을 부르는 것이 "믿음"이라 말씀하심을 보고 참 속상했습니다.
저는 그분의 이런 설교 아래 "아멘"이라고 달린 댓글들을 보고 참 마음이 무거웠습니다.

예수님은 분명 이렇게 말씀하셨습니다.
"나더러 주여 주여 하는 자마다 천국에 다 들어갈 것이 아니요 다만

하늘에 계신 내 아버지의 뜻대로 행하는 자라야 들어가리라."마 7:21

그럼 왜 요엘 선지자나, 바울이나, 누가는 "주의 이름을 부르는 자는 구원을 얻으리라 "라고 기록하였을까요?

예수님의 말씀은 그럼, 뭔가 잘못된 것 아닐까요?

예수님은 분명 "하늘에 계신 내 아버지의 뜻대로 행하는 자라야 들어"간다 말씀하십니다.

다시 얘기해서 예수님은 그냥 "주여 주여" 하는 것이 믿음이 아니라 말씀하시며, "믿음" 에는 행함이 있어야 한다고 말씀하시며, 바른 믿음을 말씀하시는 것입니다.

그럼, 바울은 "믿음" 에 대해 깨닫지 못해서 이런 글을 썼을까요? 요엘은요? 누가는요?

아닙니다. 우리가 그 뜻을 바로 이해하지 못한 것입니다.

바울은 로마서에서 바로 다음 절에 분명 이렇게 기록합니다.

"누구든지 주의 이름을 부르는 자는 구원을 얻으리라 그런즉 저희가 믿지 아니하는 이를 어찌 부르리요 듣지도 못한 이를 어찌 믿으리요 전파하는 자가 없이 어찌 들으리요"롬 10:13~14

바울도 바로 다음 성경절에 "믿지 아니하는 이를 어찌 부르리요"하며 예수님의 이름을 부른다는 것은 예수님을 믿는 것이라 얘기합니다.

그래서 "믿음"에 대한 정의가 모호하거나, 추상적일 때, 그 믿음의 뜻을 알지 못하면 절대로 이러한 말씀을 이해할 수 없게 되며, 서로 충돌이 생기게 되는 것입니다.

일반 개신교회에서는, "예수님"을 울면서 부르며 구원해 달라고 하는 사람들이 참 많습니다.

저희들이 그런 영상을 보면 참 한심하다 하지요?

　그런데, 그런 사상이 재림 교회에도 들어와 사람들이 구분을 못하게 된 상황을 보면서 얼마나 깜짝 놀랐는지 모릅니다.

　예수님은, 분명 구원을 얻으려 한다면, 내 아버지의 뜻대로 행하라 하십니다.
　그것이 "믿음"이기 때문입니다.
　재림교회에 왜 이런 오류에 빠지는가 생각해 보면, 이 장로님도 분명 믿음과 신뢰의 차이를 모르시기 때문입니다.

　성경은 너무나도 확실하게 말씀하시는데, 이분은 그 다음 성경절을 제발 읽으셨으면 좋겠는데, 읽어도 믿음에 대한 정의가 나오지 않으면 말씀이 서로 충돌할 수밖에 없습니다.
　믿음의 정의가 나오지 않으면 말씀을 이해하는데, 큰 문제가 생기는 것입니다.
　이 "예수님의 이름을 부른"다는 뜻은 아래 성경절을 봐도 이해할 수 있습니다.

　바울이 예수님을 만나기 전에 성도들을 핍박했을 때 예수님을 믿는 자들에 대해 이렇게 얘기하는 것을 보게 됩니다.
　"여기서도 주의 이름을 부르는 모든 자를 결박할 권세를 대제사장들에게 받았나이다 하거늘."^{행 9:14}
　바울이 예수님의 이름을 부르는 모든 자를 핍박하고 결박할 권세를 받은 이유는, "주의 이름을 부르는 모든 자"는 예수님을 믿는 믿음을 가진 자들이기 때문입니다.

　다시 얘기해, 자신들은 사람으로 취급도 하지 않는 "사마리아"와 땅 끝까지 복음을 전하는 자들이기 때문입니다.

그래서 성경에서 표현된 말씀들을 이해할 때는, 그 표현이 정말 무슨 의미를 가지는지 "성경"으로 해석되어야 하고 가르쳐야 합니다.

재림교회는 원래 "성경" 외에는 그 어떤 권위도 인정하지 않았습니다.

그런데, 단순히 "주의 이름을 부르면 구원"을 얻으니, 화나도 그분의 이름을 부르고, 속상해도 그분의 이름을 부르고, 아파도 그분의 이름을 부르면 구원을 얻는다고 가르치는 것은 성경의 진리에서 한참 벗어나기 때문입니다.

예수님께서는 씨 뿌리는 자의 비유를 통해 이런 말씀을 하셨음을 보게 됩니다.

"아무나 천국 말씀을 듣고 깨닫지 못할 때는 악한 자가 와서 그 마음에 뿌리는 것을 빼앗나니 이는 곧 길가에 뿌리운 자요." 마 13:19

말씀을 빼앗기지 않기 위해서 우리는 말씀을 이해할 필요가 있습니다.

그리고 깨달음을 주시는 그 은혜를 받으면 나누게 되는 것이 아닌가 싶습니다.

그래서 차라리, 말씀에 대해 정확한 이해를 하지 못했을 때에는, 무릎으로 그 말씀을 주실 때까지 "간구"하는 것이 재림교인의 삶이어야 합니다.

성경을 공부한다는 것은 무슨 뜻일까요?

연도를 외우고, 지명들을 살피고, 왕들의 업적을 외우는 것일까요?

물론 그것도 말씀을 공부하는 것에 일부분일 수는 있지만, 전부는 아닙니다.

성경을 공부한다는 것은, 말씀의 뜻을 이해하는 것, 말씀을 말씀으로 해석하는 것, 개인의 생각과, 교단의 해석보다 말씀이 우선되는 것, 더 나아가 그 말씀이 옳게 해석되었는지, 다른 말씀과 조화가 되는지를 확인하는 것이 바로 성경을 공부하는 것이라 생각합니다.

4-2. 오직 성경으로 그 의미를 해석해야 함

참 죄송한 얘기지만, 재림교회도 말씀으로 증거되지 않는 말씀을 진리처럼 얘기할 때가 많이 있습니다.

"저가 모든 자 곧 작은 자나 큰 자나 부자나 빈궁한 자나 자유한 자나 종들로 그 오른손에나 이마에 표를 받게 하고."히 4:12

우리는 짐승의 표를 받는 사람들이 오른손에나 이마를 설명하며, 행동과 생각, 특히 이마는 전두엽이 있어서, 그곳에 표를 받는 것이라 얘기합니다.

이것은 교단의 생각인가요? 아니면 상식의 생각인가요? 아니면 성경의 가르침인가요?

우리의 모든 해석은 "오직 성경"이 원칙이 아니었던 가요?

저는 이 해석이 어디서 나왔는지 한번 찾아보았습니다.

혹시나 싶어 EGW 선지자의 글들을 다 확인했습니다. 우선 [각시대의 대쟁투 445쪽, 578쪽, 가려뽑은 기별 3권 393쪽, 교회증언 8권 117쪽, 마지막날 사건들 224쪽, 살아남는 이들 382쪽]에 오른손이나 이마에 표를 받는 이 성경절이 나오지만, EGW선지자는 이러한 해석을 한 적이 없습니다.

만약 손이 행동을 의미한다면, 그럼 왜 오른손일까요? 왼손은 행동에 들어가지 않을까요?

다시 얘기해 모두가 생각했던 이러한 해석 조차도, 개인의 의견이 들어가고, 우리가 일반적으로 가진 "상식"적인 해석이 앞서 나갈 때, 진리를 바라보지 못하게 하는 것을 보게 됩니다.

오른손에 대한 성경의 해석은 이렇습니다.

성경에서 "오른손"은 "구원"을 의미합니다.시 17:7, 시 60:5

그리고 성경에는 이러한 오른손이 등장합니다.

"그는 재를 먹고 미혹한 마음에 미혹되어서 스스로 그 영혼을 구원하지 못하며 나의 오른손에 거짓 것이 있지 아니하냐 하지도 못하느니라." 사 44:20

"저희 입은 궤사를 말하며 그 오른손은 거짓의 오른손이니이다." 시 144:11

"이방인의 손에서 나를 구하여 건지소서 저희 입은 궤사를 말하며 그 오른손은 거짓의 오른손이니이다." 시 144:11

사단은 거짓의 아비입니다.
그렇기에 많은 사람들에게 잘못된 신앙의 표준을 제시함으로, 그들을 속이고, 많은 사람들이 구원이라고 굳게 알고 있는 교리들이 사실은 거짓임을 알지도 못한다고 말씀은 증거합니다.
그래서 오른손에 짐승의 표를 받는 것은, 내가 거짓된 것을 잡고 있음도 알지 못하는 한 신앙의 무리를 의미하는 것입니다.

그럼 이마는 무엇을 뜻할까요?
이마는 "완고한 마음"을 의미합니다. 사 48:4, 겔 3:7
"손을 주머니에 넣어 돌을 취하여 물매로 던져 블레셋 사람의 이마를 치매 돌이 그 이마에 박히니 땅에 엎드러지니라." 삼상 17:49
"저가 강성하여지매 그 마음이 교만하여 악을 행하여 그 하나님 여호와께 범죄하되 곧 여호와의 전에 들어가서 향단에 분향하려 한지라 웃시야가 손으로 향로를 잡고 분향하려 하다가 노를 발하니 저가 제사장에게 노할 때에 여호와의 전 안 향단 곁 제사장 앞에서 그 이마에 문둥병이 발한지라." 대하 26:16, 19

우리는 골리앗이 하나님 앞에서 하나님을 훼방하고 자신감이 넘쳐 이스라엘을 깔봤던 것을 기억할 수 있습니다. 또한 웃시아 왕은 그가

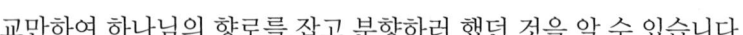

교만하여 하나님의 향로를 잡고 분향하러 했던 것을 알 수 있습니다.

그래서, "오른손에나 이마"에 짐승의 표를 받는다는 것은, 행동과 생각에 짐승의 표를 받는 것을 뜻함이 아님을 보게 됩니다.

위 말씀에서 "에나"는 영어로 보면 "or"이라는 단어입니다.

다시 얘기해 이마 혹은 오른손에 짐승의 표를 받는다는 뜻으로, 둘 중 한 곳에 받게 되는 것을 의미합니다.

위 말씀은 멸망을 받는 사람들에게 두 집단이 있음을 뜻합니다.

오른손에 받는 사람들은, 거짓 것이 있는지 알지도 못하여 사단에게 속은 사람들입니다.

이마는 하나님을 대적하여 알면서 짐승의 표를 받는 사람들입니다.

이마는 하나님을 대적한 사람들 특별히 하나님 앞에 교만한 사람들에게 하나님의 심판이 시작되는 곳입니다.

그래서 교만하여 져서 하나님의 성전에 들어가 향을 피우려 했던 웃시아 왕은 이마에서 문둥병이 발병되었고, 이스라엘의 하나님을 모욕한 골리앗도 이마에 돌을 맞고 쓰러졌음을 우리는 알고 있습니다.

이들은 무엇을 속았기에 "거짓을 오른손"에 쥐고 있으면서도 이것이 거짓인지 모르고 있었을까요?

사실, 저도 이 사람들 중 하나였습니다.

저는 하나님을 사랑한다 했지만, 말씀은 "너희가 나를 사랑하면 나의 계명을 지키리라"라고 말씀하셨고, 말씀을 깨닫고 나서 매일 계명을 어겼던 저를 보며 아, 나는 하나님을 사랑하고 있지 않구나 하고 알게 되었습니다.

사단은 참 안식일을 가리기 위해 일요일에 경배하게 하였고, 또 참

침례의 의미를 없애기 위해 세례를 만들었으며, 재림을 필요치 않게 하기 위해 사후 하늘에 간다는 교리를 만들었고, 회개의 의미를 없애기 위해 "죄를 자백" 하는 것이 회개라 가르쳤고, 믿음의 의미를 감추기 위해 사용한 개념이 바로 "신뢰"입니다.

특별히 "믿음"은 재림교회 안에서도 많은 분들이 또한 잘못 알고 있음을 알게 되었습니다.

그런 이유로, "믿음"의 정의는 점점 미궁에 빠져 들게 되었고, 수많은 사람들이 참 "믿음"의 정의를 모른 채 단순히 예수님을 부르면 구원을 얻는다고 하며 거짓을 오른손에 쥐고 있으며, 이것이 거짓인지도 모른다 하나님은 말씀하고 계신 것입니다.

4-3. 행함이 있는 믿음

예수님은 이렇게 말씀하십니다.

"내 양은 내 음성을 들으며 나는 저희를 알며 저희는 나를 따르느니라."요 10:27

우리가 하나님의 자녀라 고백하는 것은 아무런 도움이 되지 않습니다.

예수님께서는 너가 정말 내 양이라면, 내 음성을 듣고 따라야 한다고 말씀입니다.

그래서 성경에서 얘기하는 참된 믿음은 듣고 지켜 행하는 것이 믿음의 정의여야 합니다.

그럼 우리는 이렇게 생각해 볼 수 있습니다.

그럼, 믿음과 신뢰의 의미는 똑 같은 것 아닌가? 아닙니다.

작은 차이가 있지만, 이 작은 차이는 매우 큰 차이를 만들어 내고 있습니다.

특별히 이 둘의 차이가 있다면, 믿음은 "행함"이 있지만, "신뢰"는 아직은 드러나지 않은 믿음의 행위 전 단계라는 것입니다.

"뭐 그럼 그게 그것이 아닌가?"라고 하실 수 있지만, 말씀을 보면서 하나님께서 이 두 단어의 차이를 명확하게 두셨음을 알게 되었습니다.

믿음에 행위가 빠지면 그것은 "죽은 믿음"이라고까지 성경은 얘기합니다.

"이와 같이 행함이 없는 믿음은 그 자체가 죽은 것이라."^{약 2:17}

그렇기에 믿음에는 꼭 "행위"가 있어야 합니다.

믿음은 분명 보이는 것이기에, 야고보는 다음 절에서 이렇게 얘기했지요?

"혹이 가로되 너는 믿음이 있고 나는 행함이 있으니 행함이 없는 네 믿음을 내게 보이라 나는 행함으로 내 믿음을 네게 보이리라."^{약 2:18}

그래서 믿음과 행함은 절대로 분리해서는 안됩니다.

4-4. 신뢰의 정의

반면에 "신뢰"는 행함이 아닙니다. 내 마음의 확신을 의미합니다.

그럼 성경과 함께 믿음과 신뢰 혹은 의뢰가 나오는 말씀으로 그 말씀의 차이를 이해하면 좋겠습니다.

"이스라엘아 듣고 삼가 그것을 행하라 그리하면 네가 복을 얻고 네 열조의 하나님 여호와께서 네게 허락하심 같이 젖과 꿀이 흐르는 땅에서 너의 수효가 심히 번성하리라."^{신 6:3}

네 "듣고, 삼가, 행하라"는 히브리어로 "샤마, 샤말, 아사" 입니다. 다시 말씀드리지만, 하나님의 말씀을 "듣고 지켜 행하는 것"이 곧 믿음인 것입니다.

믿음은, 어린 아이들에게도 가르칠 수 있어야 합니다.

이스라엘은 각 집 대문 옆, 심지어는 호텔 방 문틀에도 옆에 "메주자"가 붙어 있습니다. 메주자는 문설주란 뜻입니다.

메주자에 들어있는 말씀은 신명기 6장 4~9절이 들어있다 합니다.

"이스라엘아 들으라 우리 하나님 여호와는 오직 하나인 여호와시니 너는 마음을 다하고 성품을 다하고 힘을 다하여 네 하나님 여호와를 사랑하라 오늘날 내가 네게 명하는 이 말씀을 너는 마음에 새기고 네 자녀에게 부지런히 가르치며 집에 앉았을 때에든지 길에 행할 때에든지 누웠을 때에든지 일어날 때에든지 이 말씀을 강론할 것이며 너는 또 그것을 네 손목에 매어 기호를 삼으며 네 미간에 붙여 표를 삼고 또 네 집 문설주와 바깥 문에 기록할지니라." 신 6:4~9

네, 하나님께서는 하나님의 명령을 말씀을 마음에 새기고 네 자녀에게 부지런히 가르치라 말씀하십니다.

쉽게는 "믿음"을 네 자녀에게 부지런히 가르치라 말씀하신 것입니다.

그냥 생각만 해도 된다고 가르쳤을까요? 네, 손목에 매고, 미간에 붙이고, 문설주와 바깥 문에 기록해서, 그 말씀을 잊지 말고 행하라 하신 것입니다.

하나님께서는 아브라함이 가진 믿음에 대해 하나님께서는 이렇게 말씀하십니다.

"아브람이 여호와를 믿으니 여호와께서 이를 그의 의로 여기시고." 창 15:6

여기서 "믿으니"는 "aman"이라는 단어로, 이 어근의 기본적인 개념은 '확고함'firmness이나 '확실성'certainty의 뜻을 가지고 있습니다.

그래서 많은 분들이 이 아만, 즉 움직이지 않기에, 마음속의 상태나 추상적인 개념으로만 이해하고 있음을 보게 됩니다.

움직이지 않는 예수님의 크신 믿음에 내 자신을 붙들어 묶는 것으로 말씀하시기도 합니다.

이 단어는 우리가 예배를 드릴 때, 혹은 기도를 할 때, 나도 동의하고, 똑같이 지지하고 확인하고 믿을 때, "아멘"이라고 얘기할 때의 그 단어입니다.

목사님들께서 말씀하실 때, 우리가 "아멘"하거나 기도할 때 "아멘"이라고 얘기하는 것은, 내가 그 말씀에 동의하고, 확고히 믿고 따를 것을 고백하는 단어라고 알 수 있으시겠죠?

그럼 신뢰라는 단어를 한번 볼까요?
"악인에게는 많은 슬픔이 있으나 여호와를 신뢰하는 자에게는 인자하심이 두르리로다."시 32:10
이 "신뢰"라는 단어는 "바타흐"batach라는 단어로 "믿다, 신뢰하다, 의지하다, 의뢰하다, 안심하다, 안전하다"등으로 번역되고 있습니다.
영어는 trust라고 번역됩니다.
어찌 생각하면 "믿음"이라는 단어의 "아멘"과 "신뢰"의 단어인 "바타흐"와 큰 차이가 없어 보이지 않나요?

그래서 대부분 기독교회에서 예수님께서 나의 구세주 이심을 알고 그것을 신뢰하면 구원을 얻는다고, 그것이 "믿음"이라고 잘못 가르치고 있음을 보게 됩니다.

뭐 이런 가르침은, 재림교회 안에서도 종종 이렇게 설교하시는 분들을 많이 보게 됩니다.

어찌 생각해 보면, 이런 가르침은 맞는 것 같기도 하지만, 반대로 매우 잘못된 가르침이며, 사단은 우리가 여호와를 신뢰하는 것으로 구원을 얻는다고, 곧 이것이 믿음이라고 가르치길 좋아하지만, 전혀 그렇지 않음을 보게 됩니다.

이 "바타흐" 곧 "신뢰"라는 단어에 대해서 성구 사전은 이렇게 설명합니다.

"70인역본이 "바타흐"를 결코 피스튜오 (~을 믿다 believe in)로 번역하지 않고 엘피조 (소망하다, 기대하다, 긍정적인 의미에서 하나님을 의지하다), 엘피스 소망, 기대, 아스팔레이아 (견고함, 안전함, 확실성)으로 번역한다는 것은 의미심장하다. 이것은 바타흐가 "믿음"에 포함된 계시에 대한 완전히 지적이고 의지적인 반응을 의미하는 것이 아니라 안전하거나 확실하다고 느끼는 감정을 강조하는 것임을 나타내는 것 같다. 따라서 바타흐 어군은 '안정감'이나 '염려 없는 평온'과 같은 의미를 지닌다." 히브리어 성구사전

쉽게 풀이하자면, 70인이 히브리어 성경을 헬라어로 번역할 때, 믿음의 "아만"이라는 단어와 "바타흐"라는 "신뢰"의 단어를 절대로 똑같이 해석하지 않았다는 것입니다.

다시 얘기해, 믿음은 "듣고 지켜 행함" 이 있고, 또 이 단어를 신약에서는 피스티스 명사, 피스토스 형용사, 피스튜오 동사라는 단어로 표기하지만, 신뢰 trust라는 단어는 절대로 피스티스라고 번역하지 않고, 차라리 "소망, 견고함, 안전함, 확실성, 기대함, 하나님을 의지하다" 같은 우리 마음의 상태를 표현한다고 얘기하고 있습니다.

사단은 이 점으로 하나님을 "신뢰" 하는 것이 곧 "믿음"이라고 가르치며, 우리에게 믿음에 대한 잘못된 개념을 넣어준 것입니다.

신약 성경은 우리가 하나님에 대한 "신뢰"를 가지고 있는 상태에 대해 "소망"을 품고 있는 것으로 얘기합니다.

우리가 절대적으로 항상 기억해야 할 구원에 대한 중요한 진리는, 은혜는 믿음을 요구한다는 것입니다. 우리의 선택을 요구한다는 것입니다.

"너희가 그 은혜를 인하여 믿음으로 말미암아 구원을 얻었나니 이것이 너희에게서 난 것이 아니요 하나님의 선물이라." 엡 2:8

또 한 성경절 보시겠습니다.

"또한 그로 말미암아 우리가 믿음으로 서있는 이 은혜에 들어감을 얻었으며 하나님의 영광을 바라고 즐거워하느니라." 롬 5:2

다시 얘기해서 우리가 오직 믿음으로 서 있는 "은혜"에 들어가고, 또한 하나님의 영광의 소망 안에서 즐거워한다는 뜻입니다.

4-5. 믿음과 신뢰의 관계

그럼 믿음과 신뢰는 어떻게 다를까요? 이 둘은 어떤 관계가 있을까요?

사실, 신뢰는 믿는 자들이 가지고 있지만, 믿음이 신뢰는 아닙니다.

한번 잘 생각해 보시기 바랍니다.

그럼 우리가 하나님을 신뢰하지 않고, 믿음을 가질 수 있을까요? 이것도 불가능 합니다.

그래서 "신뢰" 라는 단어가 신약에서는 "소망"으로 계속해서 표기되는 이유가, 신뢰는 마음의 상태이기 때문입니다.

사실, 믿음도 소망도 시작되는 시점은, 하나님의 말씀을 들을 때 시작됩니다.

그리고 하나님을 온전히 신뢰할 때, 그 소망을 놓지 않을 때에만, 우리는 온전한 믿음을 가질 수 있는 것입니다.

하지만, 믿음이 없으면 어떻게 될까요? 그럼, 신뢰함이 없으면 믿음이 생길 수 있을까요?

이번에도 마가복음에 있는 이 성경절을 보면서 그 해답을 함께 찾아보겠습니다.

"예수의 소문을 듣고 무리 가운데 섞여 뒤로 와서 그의 옷에 손을 대니." 막 5:27

열 두 해를 혈루병을 앓던 여자가, 예수님에 대한 소문을 들었을 때, 그의 "믿음"도 시작되고, 그의 "소망"도 시작됩니다.

왜냐하면, 하나님을 신뢰한다는 것은, 믿음의 행위를 보이기 바로 전 단계를 의미하기 때문입니다.

이 여자가 예수님에 대해 언제 소망을 가지게 되었을까요? 네 예수님의 소문을 들었을 때입니다.

마가복음 3장에는 이러한 말씀이 기록되어 있습니다.

"이는 많은 사람을 고치셨으므로 병에 고생하는 자들이 예수를 만지고자 하여 핍근히 함이더라." 막 3:10

이들이 예수님을 만지고 회복되었다는 소문을 들었을 때, 이 여자는 그 마음에 소망을 가지게 된 것입니다.

예수님께 대한 "신뢰"를 가지게 된 것입니다.

그리고 성경은 이 상태를 "신뢰" 혹은 "의뢰"라고 얘기하며, 신약에서는 "소망"을 품었다고 표현하는 것입니다.

그런데, 만약 이 여자가 이 "소망"을 잃어버렸더라면, 그래서 이 "소망"을 포기했다면, 그가 "듣고, 지켜, 행할"수 있었을까요?

절대 그는 예수님의 옷자락을 만지지 않았을 것이고, 이 상태는 믿음의 단계로는 들었지만 "지키지" 못한 상태며, 이 상태를 신약에서는 "소망"을 잃은 상태라 얘기하는 것입니다. 이 상태에서는 "은혜"를 절대로 경험하지 못하는 것입니다.

그래서 우리가 하나님의 말씀을 듣고 마음에 지키는 믿음 첫 두 단계가, 바로 하나님을 신뢰하는 것이고, 신약에서는 하나님에 대한 소망을 품는 것입니다.

하지만, 믿음에는 행함이 더 있는 것입니다.

이 여자는 말씀을 지켰는데, 이 지키는 것이 무엇일까요? 그래 이것이 바로 신뢰이고, 영어로는 trust입니다.

이것을 신약에서는 이런 이유로 "hope" 즉 소망이라고 말씀하십니다.

그렇다면, 우리는 이 "신뢰"가 "믿음"의 단계이긴 하지만, "믿음" 자체는 될 수 없음을 알 수 있지 않으신가요?

초대 교회에서도 이 "믿음"에 대해 예수님을 부르면 구원을 얻는 것처럼 흘러가자, 야고보는 작정을 하고 야고보서 2장을 쓰게 된 것 같습니다.

야고보는 너무도 명확하게 이렇게 설명합니다.

"내 형제들아 만일 사람이 믿음이 있노라 하고 행함이 없으면 무슨 이익이 있으리요 그 믿음이 능히 자기를 구원하겠느냐." 약 2:14

예수님을 믿노라 하며, 예수님의 말씀을 따르지 않는 것, 예수님을 사랑한다 얘기하면서 그분의 계명을 지키지 않는 것, 예수님께서 나를 질병으로부터 구원하실 수 있다 얘기하면서, 그분에게 나아가지 않는 것이 모든 것은 절대로 믿음이 아니라는 것입니다.

이 말씀은, 행함이 없다면, 그것은 믿음이 될 수 없으며, 온전한 믿음이란 "신뢰"가 아닌 "듣고 지켜 행함"이 온전히 이루어지는 것이 "믿음"이라고 설명하시는 것입니다.

죄인에게 필요한 것은 돌아서서 예수님께 나아가는 것입니다.

그런데, 예수님께 나아가지 않으면서 그분을 믿는다 생각하면 올바른 생각일까요?

　사도 시대에도 많은 사람들이 "믿음"이 곧 하나님을 "신뢰"하는 것으로 잘못 생각할 때가 많았던것 같습니다.
　사실 사단의 입장에서는 이 "믿음"만 무너뜨릴 수 있다면, 신앙을 무너뜨릴 수 있기에, 이러한 시도가 계속되었던 것입니다.
　다시 얘기해, 믿음은 "듣고 지켜 행함"이 있고, 또 이 단어를 신약에서는 피스튜오라는 단어로 표기하지만, 신뢰trust라는 단어는 절대로 피스튜오라고 표기하지 않고, 차라리 hope, expect, rely on God in a positive sense 같은 우리 마음의 상태를 표현함을 보게 됩니다.
　사단은 이 점으로 하나님을 "신뢰"하는 것이 곧 "믿음"이라고 가르치며, 우리에게 믿음에 대한 잘못된 개념을 넣어준 것입니다.
　그래서 신뢰라는 단어는 소망을 품고 있는 상태와 가깝습니다.
　그리고 가장 중요한 것은, 은혜는 믿음을 요구한다는 것입니다.

4-6. 헛된 믿음

　그래서, 바울은 고린도 사람들에게 이렇게 얘기합니다.
　"너희가 만일 나의 전한 그 말을 굳게 지키고 헛되이 믿지 아니하였으면 이로 말미암아 구원을 얻으리라." 고전 15:2
　헛되이 믿는 다는 것은, 내가 예수님께서 나를 위해 돌아가셨다는 사실에 동의하고 마음에 그것을 굳게 지키기만 하면 이것이 곧 "믿음"이라고 생각하는 것이 헛되이 믿는 것입니다.
　속으로만 생각하면, 계명을 지키지 않아도 되고, 속으로만 동의하면 이것이 곧 믿음이라 생각하는 것 말입니다.
　행위가 없어도, 행위로 구원받지 못하니 행위는 필요 없다고 생각하며, 어려운 사람들이 주위에 있어도 나만 믿음을 지키며 살면 된다는 마음이 있는지 저도 돌아보게 됩니다.

그래서 바울은 "나의 전한 말을 굳게 지키고"라고 얘기합니다.

여기서 "지키고"라는 뜻은, 그 말씀에 "순종"한다는 의미로, 온전한 "믿음" 즉 행함이 있는 믿음을 요구하며, 행함이 없는 "헛되이 믿지"말라 말씀하고 계시는 것입니다.

이런 믿음에 대한 잘못된 개념, 즉 '마음'으로만 믿으면 그것이 곧 "믿음"이라 착각하고 있었던 신자들이 그 당시에도 많았던 것 같습니다.

그래서 야고보는 계속해서 이렇게 얘기한 것입니다.

"아아 허탄한 사람아 행함이 없는 믿음이 헛것인 줄 알고자 하느냐."
약 2:20

만약, 내가 구원받을 것이라 "소망"한다고 한다면, 그 "소망"만 가지고 구원을 받을 수 있을까요?

나아만 장군이 목욕을 하지 않았다면, 혈루병 앓던 여인이 예수님을 "신뢰"하는 마음은 있다고 얘기하면서 예수님의 옷을 만지지 않았다면, 구원받을 수 있을까요?

그런데 안타까운 사실은, 많은 그리스도인이라 생각하는 사람들이 하나님의 말씀대로 살지 않아도, 순종하지 않아도 예수님만 신뢰하면 그것이 믿음이고 구원받을 수 있다고 이렇게 생각한다는 것입니다.

성경은 이렇게 잘못된 "믿음"을 가지고 있는 사람들에 대해 "미혹되"었다고 말씀하시는 것입니다.

"그러므로 내가 이 세대를 노하여 가로되 저희가 항상 마음이 미혹되어 내 길을 알지 못하는도다 하였고." 히 3:10

그래서 하나님을 신뢰, 의뢰하는 것과 하나님을 믿는 믿음의 가장 큰 차이는 **"행위"**입니다.

이 의뢰는 마음의 상태이기 때문에 얼마든지 추상적으로 얘기할 수 있습니다.

하지만, 절대 믿음을 추상적으로 가르쳐서는 안됩니다.

믿음이 추상적이 될 때, 율법주의자와 참된 믿음을 가진 사람들을 나눌 수 없게 되고, 율법을 세워야 하는 재림교회의 신학은 무너지며, 행위를 중요하게 말씀하시는 예수님의 말씀은 이해할 수 없게 되고, 우리는 믿음 없으면서 믿음이 있다고 헛되이 믿게 되는 것입니다.

이것이 사단이 우리가 걸려 들기를 원하는 올무이며 함정인 것입니다.

시편 기자는 이렇게 고백합니다.

"악인이 나를 해하려고 올무를 놓았사오나 나는 주의 법도에서 떠나지 아니하였나이다."시 119:110

법도에서 떠나지 않았다는 것은, 하나님의 말씀을 듣고 그대로 행했다는 것입니다.

여러분, 사단과 여러분 사이에 누가 더 똑똑한가요? 네 사단이 똑똑합니다.

하지만, 말씀은, 우리가 사단보다 똑똑할 수 있는 방법을 제시합니다.

"주의 계명이 항상 나와 함께 하므로 그것이 나로 원수보다 지혜롭게 하나이다."시 119:98

신뢰와 다르게 믿음은, 예수님의 계명을 지킴으로 그분과 동행할 수 있게 하기 때문입니다.

"우리가 소망으로 구원을 얻었으매 보이는 소망이 소망이 아니니 보는 것을 누가 바라리요."롬 8:24

보이지는 않지만, 믿음을 가지고 그 보이지 않는 소망을 가졌다는 것입니다.

위 말씀은 믿음에 대한 말씀과 너무도 흡사하지 않으신가요?

"믿음은 바라는 것들의 실상이요 보지 못하는 것들의 증거니."히 11:1

위에서 언급했지만, 많은 그리스도인들이 하나님의 말씀을 듣는 첫 믿음의 단계는 가지고 있습니다.

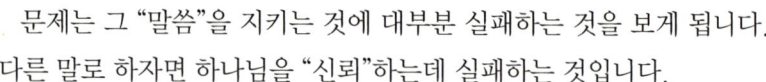

　문제는 그 "말씀"을 지키는 것에 대부분 실패하는 것을 보게 됩니다. 다른 말로 하자면 하나님을 "신뢰"하는데 실패하는 것입니다.

　특별히 그 말씀을 우리 마음에 지키지 못하고 보통은 말씀을 들을 때, "지식"으로 "정보"로 우리 머리에 집어넣고, 내가 하는 지적인 동의를 내 마음에 하나님의 말씀을 보관했다고 착각하며 나는 믿음을 가지고 있다고 착각하고 있는 것이 대부분 입니다.

4-7. 마음으로 지키는 믿음

　하나님께서는 이렇게 명하십니다.
　"오늘날 내가 네게 명하는 이 말씀을 너는 마음에 새기고." 신 6:6
　하나님은 하나님의 말씀을 우리 마음에 새기라 말씀하십니다.
　여러분! 왜 마음에 새기라고 하셨는지 아시나요?
　남녀가 만나 데이트를 할 때, 이 둘의 행동은 생각과 이성을 따르는 것인가요?
　아니면 마음을 따르는 것인가요?
　상대에게 사랑함을 나타낼 때, "내 온 마음을 다해 사랑해"라고 얘기하나요? 아니면 "내 온 지식을 다해 사랑해"라고 얘기하나요?

　우리는 상식과 원칙을 따르던가요? 아니면 마음을 따르던가요?
　결혼 전, 저는 제 처와 단 하루도 빠지지 않고 데이트를 했습니다. 하루 세 직업을 가지고 18시간정도를 일하던 때였는데, 어떻게 데이트를 했는지 지금 생각해 보면 아찔 합니다. 내일 일을 위해서는 정말 자야 하는 상황이었죠.
　그런데 제 처가 보고 싶은 것입니다.
　뭐 서울에 있으니 매일 보면 되는 상황이었지만, 그 날은 제 처가 목

회자 수양회를 위해 "양양"에 간 것입니다.

제가 그 때 타고 다니던 차는 제 가장 친한 친구가 그냥 줬던 프라이드였습니다.

그런데 이 프라이드가 워낙 오래된 차라 이 차를 타고 일 끝나고 양양에 가서 제 처를 만나고 온다는 것은 머리로 생각하기에 미친 계획이었습니다.

제 머리는 계속해서 "야 … 차도 그렇고 시간도 그렇고 미치지 않고서야 양양에 간다는 생각은 버려라"고 얘기했습니다.

갔을까요? 안 갔을까요? 저는 마음으로 제 처를 사랑했습니다.

만약, 우리가 하나님의 말씀을 하나님의 말씀대로 우리 마음에 새길 수 있다면, 우리 마음은 우리를 움직이기에, 그 말씀과 명령에 따라 "행함"에 아무런 문제가 없을 것입니다.

그럼 우리는 이 말씀을 이해할 수 있게 됩니다.

"네가 만일 네 입으로 예수를 주로 시인하며 또 하나님께서 그를 죽은 자 가운데서 살리신 것을 네 마음에 믿으면 구원을 얻으리니 사람이 마음으로 믿어 의에 이르고 입으로 시인하여 구원에 이르느니라." 롬 10:9~10

위 말씀은 우리가 마음 속으로 그냥 동의하면 된다는 뜻이 아닙니다. **마음으로 믿는다는 것은, 내가 그 말씀을 마음에 집어넣어 움직일 준비가 되었다는 것입니다. 성경은 분명 이렇게 얘기합니다.**

"오직 그 말씀이 네게 심히 가까워서 네 입에 있으며 네 마음에 있은즉 네가 이를 행할 수 있느니라." 신 30:14

마음으로 믿는 다는 것은, 행함이 따른다 말씀하시는 것입니다.

그래서 "네 마음에 믿으면"이라는 말씀을 원어로 보면, "네 마음과 함께 믿으면"이 뜻임을 알 수 있습니다.

마음에 하나님의 말씀이 들어가면 분명 움직이게 되어 있기 때문입니다.

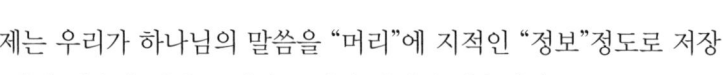

　문제는 우리가 하나님의 말씀을 "머리"에 지적인 "정보"정도로 저장하고 내게 믿음이 있다고 여기는 것이 아닐까 싶습니다.

　좀 전에 본 말씀을 다시 보시겠습니다.
　"혹이 가로되 너는 믿음이 있고 나는 행함이 있으니 행함이 없는 네 믿음을 내게 보이라 나는 행함으로 내 믿음을 네게 보이리라." 약 2:18
　나는 이웃을 사랑하라는 말씀을 듣고, 그 말씀대로 살지도 않으면서, 나는 예수님을 믿고 있다고 생각하는 것입니다.
　나는 마음을 지키라 라는 명령을 듣고도 세상 것들에 눈을 돌리며 살고 있음에도, 믿음을 가지고 있다고 생각하는 것입니다.
　우리는 어떻게 하나님의 말씀을 지킬 수 있을까요? 더 정확하게 얘기하면, 우리는 어떻게 하나님의 말씀을 들을 때, 그 말씀을 머리로 보내지 않고 마음에 새길 수 있을까요?
　결심하셔야 합니다.
　하나님의 말씀을 듣기 전, 겸손한 마음으로 내가 무슨 하나님의 말씀을 오늘 듣던지 그대로 행할 것이라 결심해야 합니다.
　그 말씀대로 살겠다고 마음을 단단히 먹고 그 말씀을 들으셔야 합니다.
　죽어도 그 말씀대로 살아보겠다, 내게 주신 은혜, 내가 십자가에 못박은 예수님을 기억하셔야 합니다.
　그래서 그분의 명령이라면 내가 죽더라도 지켜보겠다 결심하셔야 합니다.
　이것이 "믿음의 싸움"인 것입니다.
　속으로 예수님을 신뢰한다 하면서 아무것도 하지 않으며 움직이지 않는 것은 "믿음"이 아닌 것입니다.

　바울은 우리에게 이렇게 권면합니다.
　"믿음의 선한 싸움을 싸우라 영생을 취하라 이를 위하여 네가 부르

심을 입었고 많은 증인 앞에서 선한 증거를 증거하였도다."딤전 6:12

하나님의 말씀을 듣고 지켜 행하는 것이 쉽지 않다는 것입니다.

이것은 믿음의 싸움이라 말씀하시는 것입니다.

만약 믿음이 마음속에 이루어지는 어떠한 추상적인 것이라면, 마음으로만 지키면 되는 것이라면, 하나님은 공의 롭게 "믿음"을 가지고 심판하실 수 없습니다. 본인이 아니라고 하면 끝이니까요.

다니엘의 세 친구가 우상에게 절하지 말라라는 계명을 지키기 위해 그들은 목숨을 건 싸움을 했음을 우리는 잘 알고 있습니다. 그것이 믿음인 것입니다.

나는 하나님의 말씀을 지키기 위해 싸우고 계신 가요? 그렇다면 여러분은 선한 싸움을 싸우고 계신 것입니다.

4-8. 신뢰로 끝내야 할 때

그럼 신뢰는 어떨 때 하는 것일까요?

"군대가 나를 대적하여 진 칠지라도 내 마음이 두렵지 아니하며 전쟁이 일어나 나를 치려 할지라도 내가 오히려 안연하리로다."시 27:3

여기서 "안연하리로다"가 바로 "바타흐"라는 단어입니다

또 하나 더 볼까요?

"그가 명령을 듣지 아니하며 교훈을 받지 아니하며 여호와를 의뢰하지 아니하며 자기 하나님에게 가까이 나아가지 아니하였도다."습 3:2

그래서 우리는 하나님을 의뢰하지 못할 때 믿음의 행위인 그분께 나아가지 못함을 알 수 있습니다.

의뢰는 마음의 상태 입니다.

믿음은 그 마음을 확고히 하는 행위 입니다.

우리가 가지고 있는 하나님에 대한 "신뢰"가 가치가 있는지 아닌지는 불 가운데서 가려질 것입니다.

바울은 이렇게 얘기합니다.

"각각 공력이 나타날 터인데 그 날이 공력을 밝히리니 이는 불로 나타내고 그 불이 각 사람의 공력이 어떠한 것을 시험할 것임이라 만일 누구든지 그 위에 세운 공력이 그대로 있으면 상을 받고 누구든지 공력이 불타면 해를 받으리니 그러나 자기는 구원을 얻되 불 가운데서 얻은 것 같으리라." 고전 3:13~15

곧 우리는 우리가 마음으로 하나님을 신뢰하는 것을 행동으로 나타내 보여야 할 것입니다.

예수님의 재림이 가까운 이 때에, "믿음의 싸움"을 시작하시기 바랍니다.

우리 모두 예수님의 재림을 "믿음"으로 준비하시길 바랍니다.

"베뢰아 사람은 데살로니가에 있는 사람보다 더 신사적이어서 간절한 마음으로 말씀을 받고 이것이 그러한가 하여 날마다 성경을 상고하므로."(행 17:11)

이 말씀대로, 이미, "믿음과 신뢰"에 대한 정의를 드렸으니, "이것이 그러한가"하여 성경으로 확인해 주시기 바랍니다.

우리가 하나님의 말씀대로 살 수 있을까요?

네! 아주 간단합니다. 결정하고 예수님을 모시면 됩니다.

문을 열어드리면 됩니다.

예수님께서 내 안에 계시면 가능합니다.

예수님께서 내 안에 계시지 않으면 불가능합니다.

그래서 믿음의 주 되시는, 예수님을 꼭 지키시길 바랍니다. ✿

5장

믿음으로 말미암는 의

"주는 영이시니 주의 영이 계신 곳에는 자유함이 있느니라." 고후 3:17

사람이 죄를 짓자 우리의 영의 눈은 더 이상 영의 세계에 주목하지 못하게 되었습니다.

우리는 영을 볼 수 없습니다.

하지만, 하나님께서 영의 세계를 볼 수 있게 하셨는데, 영의 눈 대신 우리에게 믿음을 주셨습니다.

"믿음은 바라는 것들의 실상이요 보지 못하는 것들의 증거니." 히 11:1

그러나, 예수님께서 이 땅에 오셨을 때, 제자들은 두 눈으로 "예수님"을 바라보았고, 그분을 두 손으로 만졌습니다.

"태초부터 있는 생명의 말씀에 관하여는 우리가 들은 바요 눈으로 본 바요 주목하고 우리 손으로 만진 바라." 요일 1:1

5-1. 내 믿음인가? 예수님을 통해서인가?

사람이 의롭다 하심을 받는 것은 내 "믿음"인가요?

"사람이 의롭게 되는 것은 율법의 행위에서 난 것이 아니요 오직 예수 그리스도를 믿음으로 말미암는 줄 아는 고로 우리도 그리스도 예수를 믿나니 이는 우리가 율법의 행위에서 아니고 그리스도를 믿음으로

써 의롭다 함을 얻으려 함이라 율법의 행위로서는 의롭다 함을 얻을 육체가 없느니라."갈 2:16

이 말씀을 생각해 보면, 우리가 아무리 율법을 지킨다 해도 그것으로는 "의"를 가지지 못하며, 오직 예수님을 믿음으로써 의롭다 함을 받는다 하십니다.

이 말씀을 잘 생각해 보면, 믿음으로 우리는 예수님께 나아가게 되고, 그 "믿음"을 통해 "은혜"에 들어가 "의롭다 하심"을 받는 것으로 이해해야 합니다.

왜냐하면, 성경은 우리가 의롭다 한 것은 "예수님"을 통해서라고 분명 증거하기 때문입니다.

"그런즉 한 범죄로 많은 사람이 정죄에 이른 것 같이 의의 한 행동으로 말미암아 많은 사람이 의롭다 하심을 받아 생명에 이르렀느니라"롬 5:18

그래서 믿음으로 말미암는 의에서 우리는 "예수님"을 빼고는 절대로 "의롭다 하심"을 얻을 수 없습니다.

물론 우리의 믿음을 가지는 것도 중요하지만, 구원은 우리의 믿음으로 얻어지는 것이 아니라, 은혜로 얻어지고, 우리의 믿음은 그 은혜에 들어가는 고백인 것입니다.

그래서 그 고백의 "믿음" 가지고는 예수님께서 응답지 않으신다면 우리의 구원에 아무런 유익을 주지 못합니다.

우리의 믿음 자체로는 은혜 없이 온전해질 수 없습니다.

광야에서 이스라엘 민족이 하나님에 대한 원망이 시작되자, 하나님께서는 불 뱀이 그들에게 접근하도록 허락하셨고, 많은 사람들이 죽게 됩니다.

그때, 하나님께서는 이렇게 모세에게 말씀하십니다.

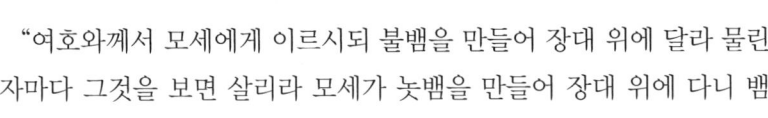

"여호와께서 모세에게 이르시되 불뱀을 만들어 장대 위에 달라 물린 자마다 그것을 보면 살리라 모세가 놋뱀을 만들어 장대 위에 다니 뱀에게 물린 자마다 놋뱀을 쳐다본즉 살더라."_{골 1:6}

이것은 "은혜"가 우리의 "믿음" 위에 있음을 증명하는 사건입니다.

그들은 그 무엇을 바라봐도 죽었지만, 오직 놋 뱀을 쳐다볼 때 살았습니다.

믿음은, 듣고 지켜 행하는 것이지만, 그 믿음을 바라보시고 우리에게 은혜를 주시는 그 은혜가 우리가 구원받는 이유입니다.

사람이 의롭게 되는 것을 증거하는 성경절은 다음과 같았죠?
"아브람이 여호와를 믿으니 여호와께서 이를 그의 의로 여기시고."_{창 15:6}
"우리가 그 명하신 대로 이 모든 명령을 우리 하나님 여호와 앞에서 삼가 지키면 그것이 곧 우리의 의로움이니라 할지니라."_{신 6:25}
이 두 성경절에서 얘기하는 "의"는 둘 다 같은 "체다카" tsedaqah 입니다.
신명기에서는 그냥 의로움이니라 라고 말씀하시지만, 창세기에서는 "여기시고 " 라고 말씀하십니다.
왜 여기실까요?

창세기 15장 6절에서 "여기시고"라는 말씀은 우리가 깊이 생각해 봐야 합니다.
이 단어는 "여겨주다"라는 뜻도 있지만, "계산하다"라는 뜻도 있습니다.
믿음에 대해 우리가 확실히 알 수 있게 하신 성경절은 아래 성경절로, 다들 기억하시리라 생각합니다.
"이스라엘아 듣고 삼가 그것을 행하라 그리하면 네가 복을 얻고 네 열조의 하나님 여호와께서 네게 허락하심 같이 젖과 꿀이 흐르는 땅에서 너의 수효가 심히 번성하리라."_{신 6:3}

"듣고, 지켜, 행하라"는 말씀이 곧 믿음임을 우리는 알 수 있습니다.

우리는 위 두 성경절을 통해, 믿음이 "듣고 지켜 행하는 것"임을 지난번 말씀들을 통해 알 수 있었고, 그렇기에, 믿음에 대해 성경은 이렇게 얘기한 것을 보게 됩니다.

"그러므로 믿음은 들음에서 나며 들음은 그리스도의 말씀으로 말미암았느니라." 롬 10:17

"네가 보거니와 믿음이 그의 행함과 함께 일하고 행함으로 믿음이 온전케 되었느니라." 약 2:22

그렇기에, 예수님께서는 영생을 물어보는 젊은 관원에게 이렇게 얘기하십니다.

"예수께서 가라사대 어찌하여 선한 일을 내게 묻느냐 선한 이는 오직 한 분이시니라 네가 생명에 들어가려면 계명들을 지키라." 마 19:17

꼭 율법을 지켜야 하는 것으로 들리지만, 사실은, 계명을 지키는 것이 "믿음"의 본질이기에 예수님께서는 "믿음"을 가지라 말씀하시는 것입니다.

또한, 우리는 지난 장에서 구원에 대해 생각하며, 이 믿음과 구원의 관계를 확인하며 "믿음위에 은혜"가 있음을 말씀으로 확인하였습니다.

"너희가 그 은혜를 인하여 믿음으로 말미암아 구원을 얻었나니 이것이 너희에게서 난 것이 아니요 하나님의 선물이라." 엡 2:8

구원은 우리에게서 난 것이 아니라 말씀하십니다.

우리가 의롭게 되는 것은 그럼 우리에게서 난 것일까요?

5-2. 은혜로 받는 구원, 은혜로 받은 의로움

아무리 우리가 "듣고 지켜 행하는" 믿음을 가진다 한들, 우리의 믿음을 온전케 해 주시고, 그 믿음에 반응하시는 것은, 예수님의 은혜이기 때문입니다.

우리는 어쩔 수 없이 본성으로 "믿음"을 매우 중요하게 생각합니다. 그것이 우리가 가질 수 있는 모든 것이기 때문입니다.
그래서 우리도 모르게 참된 믿음인 "듣고 지켜 행하는" 믿음의 "행위"로 예수님을 따라가기 위해, 예수님의 계명을 따르고, 그분의 인도하심을 따르기 위한 "행위"로 내 "믿음"을 보이기도 합니다.
이것이 나쁜 것은 절대 아닙니다.
"혹이 가로되 너는 믿음이 있고 나는 행함이 있으니 행함이 없는 네 믿음을 내게 보이라 나는 행함으로 내 믿음을 네게 보이리라." 약 2:18

네, 우리가 믿음을 가져야 하는 것, 행함이 있는 믿음을 가지는 것은 매우 중요합니다.
하지만, 이러한 "믿음"으로 우리는 구원을 받는 것인가요? 아니면 "은혜"로 구원을 받는 것인가요?
그래서, 우리는 "믿음으로 말미암는 의"에 대해 꼭 한 번 생각해봐야 합니다.

우리는, "믿음" 없이 하나님의 은혜인 "구원"을 받을 수가 있습니까?
1. 없다
2. 있다

분명한 것은, 하나님의 은혜는 우리의 믿음 때문에 주어지는 것은 아니라, 믿음이 없어도 주어지지만, 구원이 속한 은혜는 우리에게 "믿음"을 요구하는 것을 보게 됩니다.

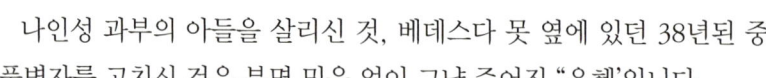

나인성 과부의 아들을 살리신 것, 베데스다 못 옆에 있던 38년된 중풍병자를 고치신 것은 분명 믿음 없이 그냥 주어진 "은혜"입니다.

하지만 이것은 그들을 영생으로 이끄는 구원을 주신 것은 아닙니다.

성경은 믿음에 대해 이렇게 얘기합니다.

"믿음이 없이는 기쁘시게 못하나니 하나님께 나아가는 자는 반드시 그가 계신 것과 또한 그가 자기를 찾는 자들에게 상 주시는 이심을 믿어야 할지니라." 히 11:6

하나님을 기쁘게 못하는 이유는, 믿음을 통해 은혜로 우리가 구원을 받게 되는데, 이 믿음 없을 때는 우리가 죽을 것이기에, 하나님께서는 기쁘시지 못한다고 말씀하시는 것입니다.

"믿음"이 우리의 구원에 분명 아주 중요한 의미와 역할을 가지고 있음은 분명합니다.

곰곰히 생각해 보면, 이스라엘 백성들이 율법과 계명을 중시한 것은, 그것이 하나님을 믿는 믿음이라고 생각했기 때문입니다.

그리고 그것이 곧 행함으로 얻는 구원으로 인식되었던 것입니다.

또한, 재림교인도, 계명에서 자유 하지 않습니다. 이유는 몰랐지만, 계명을 지켜야 한다고 생각하고 또 명하셨기에 우리 또한 계명을 지키고 있음을 보게 됩니다.

다른 교회에서 계명이 폐했다고 하면, 우리는 이 두 성경절로 바로 반박하곤 합니다.

"내가 율법이나 선지자나 폐하러 온 줄로 생각지 말라 폐하러 온 것이 아니요 완전케 하려 함이로다." 마 5:17

"그런즉 우리가 믿음으로 말미암아 율법을 폐하느뇨 그럴 수 없느니라 도리어 율법을 굳게 세우느니라." 롬 3:31

5-3. 의심하는 믿음

질문 있습니다.
우리가 "의심"하면서도 "믿음"을 "믿음"이라 얘기할 수 있을까요?
1. 의심을 해도 믿음을 가질 수 있다
2. 의심을 한다는 것은 믿음이 없다는 것이다.

네 말씀으로 답을 찾으면 이렇습니다.
"시몬이 대답하여 가로되 선생이여 우리들이 밤이 맞도록 수고를 하였으되 얻은 것이 없지마는 말씀에 의지하여 내가 그물을 내리리이다 하고."눅 5:5

베드로는 밤 새도록 자신의 경험과 힘과 지식을 동원해서 고기를 잡으려 했으나 소용없었다고 얘기하며, "우리들이 밤이 맞도록 수고를 하였으되"라고 얘기하는 것입니다.

이미 내 상식과 경험으로는 불가능 한 것을 안다는 것입니다.

하지만, 예수님께서 말씀하셨으니, 한번 해 보겠다고 얘기하는 것입니다.

그는 예수님의 말씀을 듣고 행하기로 하였으나, 아직 그 마음에 "의심"은 사라지지 않았음을 볼 수 있는 대목입니다.

하지만, 그것을 예수님께서는 "의"로 여기시고, 그에게 많은 물고기를 주신 것을 우리는 볼 수 있습니다.

"그리한즉 고기를 에운 것이 심히 많아 그물이 찢어지는지라."눅 5:6

사실 우리는 의심 없는 "믿음"을 가지는 것은 사실상 불가능합니다.
항상 마음 어느 구석에는 "혹시"라는 마음이 들기 마련인 것 같습니다.

5-4. 구원을 나누는 표 "믿음"

전에 드렸던 질문입니다. "계명"을 지키지 않으면 죽나요?
1. 죽는다.
2. 안 죽는다.
3. 죽을 수도 있고, 살 수도 있다.
4. 모르겠다.

원래 답은 하나입니다. 근데 이 답이 우리가 설명하고 이해할 만큼 알기 쉬운 답은 아닙니다.

안 죽는다고 하신다면, 계명을 어기고 아담과 하와가 죽게 된 것을 기억하셔야 합니다.

또한 예수님께서 "생명에 들어가려면 계명을 지키라"라고 말씀하신 것을 내 의도대로 해석해야 합니다.

그래서 보통 개신교회에서는 율법보다는 믿음을 더 중요하게 생각합니다.

율법과 상관없이 우리가 죽지 않을 수 있다면, 예수님께서 우리를 대신해서 돌아가실 필요도 없었을 것입니다.

"죄의 삯은 사망"이라는 이 율법의 원칙이 무너졌다면, 예수님께서 우리를 위해 대속하실 필요가 없었던 것입니다.

그래서 율법을 지키지 않는 불순종은 우리를 "죽음"으로 이끄는 것이 틀림없습니다.

그러한 관점에서 본다면, 지금도 계명을 지키지 않는 자들은 "죽음"을 자초하는 것입니다.

반면에, 만약 "죽는다"라고 하신다면, 우리 모두 구원받지 못하게 됩니다.

예수님의 죽으심은, 세상 모든 사람들에게 주시는 "구원"을 주셨다고 성경은 증거합니다.

"모든 사람에게 구원을 주시는 하나님의 은혜가 나타나."딛 2:11

계명을 어기면 원래 죽어야 하지만, 예수님께서 대신 죽으심으로, 우리는 은혜로 구원을 받고, 죽지 않은 몸을 입기 때문에, "죽는다"라는 답변도 문제가 있음을 보게 됩니다.

그래서 답은, "죽을 수도 있고, 살 수도 있다"로 봐야 하지만, 그럼 그 기준은 무엇인가요?

그 기준을 우리는 "믿음"이라고 답해야 합니다.

"저를 믿는 자는 심판을 받지 아니하는 것이요 믿지 아니하는 자는 하나님의 독생자의 이름을 믿지 아니하므로 벌써 심판을 받은 것이니라."요 3:18

위 성경에서 눈여겨 봐야 할 것은, 믿음의 대상이 "내 믿음"이 아니라 "예수님"이라는 것입니다.

"믿음으로 말미암는 의"와 "칭의"에 대해 우리는 생각해 봐야 합니다.

우리가 "의"롭게 되는 것은 "믿음"으로 말미암는다고 성경은 분명 이야기합니다.

"성경이 무엇을 말하느뇨 아브라함이 하나님을 믿으매 이것이 저에게 의로 여기신 바 되었느니라."롬 4:3

누가 하나님을 믿었나요? 네 "아브라함이 하나님을 믿었다"라고 성경은 얘기하고 있습니다.

그리고 아브라함은 이렇게 하나님을 믿었음을 성경은 기록하고 있습니다.

"이는 아브라함이 내 말을 순종하고 내 명령과 내 계명과 내 율례와 내 법도를 지켰음이니라 하시니라."창 26:5

네 아브라함은, 하나님에 대한 바른 믿음을 가지고 있었습니다.
"듣고 지켜 행하는" 믿음 말입니다.
그런데,
아브라함은 온전한 믿음을 가진 사람이었습니까?
그럼, 노아는 온전한 믿음을 가진 사람이었나요?
야곱은 온전한 믿음을 가진 사람이었나요?
"모세가 와서 여호와의 모든 말씀과 그 모든 율례를 백성에게 고하매 그들이 한 소리로 응답하여 가로되 여호와의 명하신 모든 말씀을 우리가 준행하리이다." 출 24:3
이렇게 답하였던 이스라엘 백성들은 온전한 믿음을 가진 사람들이었습니까?
우리는 이스라엘 백성이 얼마나 "믿음"이 적은 사람들인지, 얼마나 자주 의심하고 불순종하던 민족인지를 확인하였습니다.

그럼 "믿음으로 말미암는 의"에서 "믿음"의 역할이 있는 것이 확실한데, 우리는 믿음이 있는 사람들입니까?
1. 나는 모든 말씀을 지키고 있다
2. 나는 모든 말씀을 지킬 것이다
3. 나는 모든 말씀을 지키고 싶다

큰일났습니다.
그럼, 우리는 믿음도 없는 사람들입니까? 그럼 우리는 어떻게 "의롭다 함"을 받을 수 있을까요?
그럼 우리의 어머니 아버지는 온전한 믿음이 있는 분들이셨나요?
함께 교회에 출석하는 우리 교우님들은 다 온전한 믿음을 가지고 계신가요?

예수님은 분명히 이렇게 선언하셨습니다.

"예수께서 가라사대 내가 곧 길이요 진리요 생명이니 나로 말미암지 않고는 아버지께로 올 자가 없느니라." 요 14:6

우리가 구원 받는 것은, 누구를 통해서 입니까?
네 예수님을 통해서 구원을 받을 수 있습니다.
그런데 왜 성경은 "믿음으로 말미암아 우리가 의롭게 된다"고 가르칠까요?

그럼 우리는 어떻게 의롭다 하심을 얻을 수 있습니까?
1. 내 믿음
2. 온전한 믿음을 보이신 예수님

너무 쉬운 질문이지요?
말씀은 구약 시대부터, 우리를 의롭게 하는 것은, 오직 예수님 이심을 증거합니다.

"가라사대 그가 자기 영혼의 수고한 것을 보고 만족히 여길 것이라 나의 의로운 종이 자기 지식으로 많은 사람을 의롭게 하며 또 그들의 죄악을 친히 담당하리라." 사 53:11

"나의 의로운 종이 많은 사람을 의롭게 하"신다 하셨습니다.

그래서 성경은 우리가 의롭게 되는 것이 값없이 되었다고 계속해서 얘기합니다.

"그리스도 예수 안에 있는 구속으로 말미암아 하나님의 은혜로 값없이 의롭다 하심을 얻은 자 되었느니라." 롬 3:24

만약 우리가 우리의 믿음으로, 듣고 지켜 행함으로 의롭다 하심을 얻었다면, 이것은 절대로 "값없이 의롭다 하심을" 얻은 것이 아닙니다.

5장 믿음으로 말미암는 의

왜냐하면 내 "믿음"에는 내 "행위"가 있기 때문입니다.

그럼, "믿음으로 말미암는 의"에서 이 "믿음"은 "내 믿음"입니까? 아니면 "예수님 자신"입니까?

"믿음"은 "듣고 지켜 행하는 것"인데, 우리는 이러한 믿음을 가지고 있습니까?

성경은 이렇게 얘기합니다.

"누구든지 온 율법을 지키다가 그 하나에 거치면 모두 범한 자가 되나니." 약 2:10

그럼, 우리는 모두 범한 자가 아닐 수 없습니다.

다시 얘기해 우리의 믿음으로는, 절대로 의롭다 하심을 입을 수 있을 "믿음"이 되지 못한다는 것입니다.

우리 중에 믿음이 없다면, 우리가 기억할 수 있는 단 한 분, 온전한 믿음을 가지셨던 단 한 분을 우리는 기억해야 합니다.

"우리가 그 명하신 대로 이 모든 명령을 우리 하나님 여호와 앞에서 삼가 지키면 그것이 곧 우리의 의로움이니라 할지니라." 신 6:25

모든 명령을 하나님 앞에서 온전히 지키신 분이 누구시죠?

율법으로 의로움을 이룬 사람이 있습니까? 네 오직 예수님 밖에는 없습니다.

5-5. 온전한 믿음을 보이신 예수님

모든 계명을 지키는 것도 믿음인데, 이 믿음을 이룬 분은 예수님 밖에는 없고, 이 방법으로 의를 가지신 분도 예수님께서 유일합니다.

바울은 이렇게 설명합니다.

"또 이 선물은 범죄한 한 사람으로 말미암은 것과 같지 아니하니 심판은 한 사람을 인하여 정죄에 이르렀으나 은사는 많은 범죄를 인하여 의롭다 하심에 이름이니라 한 사람의 범죄를 인하여 사망이 그 한 사람으로 말미암아 왕 노릇 하였은즉 더욱 은혜와 의의 선물을 넘치게 받는 자들이 한 분 예수 그리스도로 말미암아 생명 안에서 왕 노릇 하리로다."롬 5:16~17

쉽게 얘기해, 우리의 믿음을 통해 우리가 의롭게 되는 것이 아니라, 예수님의 믿음을 통해, 우리가 의롭게 되었다는 것입니다.

바울은 계속해서 이 문제에 대해 이렇게 증거하고 있습니다.

"그리스도는 모든 믿는 자에게 의를 이루기 위하여 율법의 마침이 되시니라 모세가 기록하되 율법으로 말미암는 의를 행하는 사람은 그 의로 살리라 하였거니와 믿음으로 말미암는 의는 이같이 말하되 네 마음에 누가 하늘에 올라가겠느냐 하지 말라 하니 올라가겠느냐 함은 그리스도를 모셔 내리려는 것이요."롬 10:4~6

예수님께서 예수님을 믿는 자에게 "믿음으로 말미암는 의"를 이루기 위하여, 모든 율법을 준행하시고, 율법의 마침이 되셨다고 얘기하십니다.

율법의 마침이라는 뜻은, 율법을 끝냈다는 것이 아니라, 율법의 요구를 다 이루셨다는 뜻입니다.

이 "믿음으로 말미암는 의"의 "믿음"은 우리의 믿음이 아니라는 것입니다.

다시 얘기해, "듣고 지켜 행함"의 온전한 믿음을 이루신 분이 예수님이시라는 것입니다.

"율법으로 말미암는 의를 행하는 사람"에 대해, 예수님의 믿음으로 말미암는 의는 그리스도를 모셔 내리려는 것, 즉, 이미 그 일을 이루시고 올라가신 예수님을 다시 이 땅에 내리려 한다는 것입니다.

EGW 선지자는 다음과 같이 기록하였습니다.

"믿음에 공로를 둘 때 믿음으로 말미암는 칭의에 위험이 생긴다. 그대가 그리스도의 의를 값없는 선물로 받아들일 때 그대는 그리스도의 구속을 통하여 값없이 의로워진다. … 사람들이 그들 자신의 행함의 공로로 의를 얻을 수 없다는 것을 배우고, 그들의 유일한 소망으로 예수 그리스도를 확고하고 완전한 신뢰로 바라볼 때 자아는 매우 작아지고 예수님은 매우 크게 될 것이다. 영혼과 육신이 죄로 얼룩지고 더럽혀져 마음이 하나님과 멀어져 있음에도 불구하고 많은 사람들은 그들의 선한 행위로 구원을 얻고자 스스로의 제한된 힘으로 투쟁하고 있다. 그들은 예수님께서 구원의 어떤 부분을 담당해 주실 것이므로 그들이 나머지 부분을 해야 한다고 생각한다. 그들은 현실과 영원을 위한 유일한 소망으로 그리스도의 의를 믿음으로 바라볼 필요가 있다." 믿음과 행함, 25

쉽게 얘기해 "믿음으로 말미암는 의"에서 얘기하고 있는 "믿음"을 "내 믿음"이라 생각하고, 스스로의 제한된 힘으로 투쟁하는 사람들이 많다는 것입니다.

저도 이런 사람 중 하나였습니다.

그러니, 제 의를 이루기 위해 얼마나 속상해하며, 내 한계에 울고, 실망하고, 아파했는지, 제 마음이 그슬린 나무가 되었었는지 모릅니다.

이 말씀은, 의롭게 되는 것은 "칭의"라는 것이지 스스로 될 수 없다는 뜻입니다.

EGW 선지자는 계속해서 이렇게 기록하였습니다.

"여호와의 영광이 우리 뒤에 호위하려면 그리스도의 의가 우리 앞에 가야 한다. 만일 우리가 하나님의 뜻을 행하면, 우리는 아무런 효력이 없는 우리에게 있는 어떤 공로 때문에서가 아니고 하나님의 값없는 선물로서 큰 축복을 받게 될 것이다." 믿음과 행함, 28

5-6. "믿음"으로 불리시는 예수님

물론, 예수님을 믿기에, 우리가 그분을 따르는 것은 당연한 것입니다.

하지만, 믿음으로 말미암는 의에서 "믿음"은 절대로 우리 "믿음"이 홀로 서는 것이 아니라는 것입니다.

성경은, 예수님을 "믿음" 그 자체로 얘기하기도 합니다.

요한일서 4장 16절에서 하나님을 "사랑"이시라고 얘기하시고, 로마서 5장 5절에서 성령 하나님을 소망이라 얘기하는 것과 마찬가지입니다.

"믿음, 소망, 사랑" 이 세가지는 각각의 하나님의 성품을 표상합니다.

그 중에 "믿음의 주"되신 예수님에 대해서는 이렇게 말씀하십니다.

"믿음이 오기 전에 우리가 율법 아래 매인 바 되고 계시될 믿음의 때까지 갇혔느니라." _{갈 3:23}

여기서 "믿음"은 내 믿음입니까? 아니면 예수님 자신이십니까?

우리가 믿음이 예수님을 의미함을 알 수 있다면, 이 말씀도 이해할 수 있게 됩니다.

"복음에는 하나님의 의가 나타나서 믿음으로 믿음에 이르게 하나니 기록된 바 오직 의인은 믿음으로 말미암아 살리라 함과 같으니라." _{롬 1:17}

믿음으로 믿음에 이른다는 뜻은, 내 "믿음"으로 "믿음의 주" 되신 "예수님"께 이른다는 뜻입니다.

이스라엘 백성들은, 율법을 지키므로 스스로 의롭게 되기를 원하였습니다. 그것이 그들의 믿음이었고, 그들에게는 자기의 믿음이 구원의 척도가 되었습니다.

여러분들의 구원의 척도는 "나의 믿음"입니까? 아니면 "예수님의 믿음"입니까?

여러분들의 구원을 이루는 것은 여러분의 "듣고 지켜 행하"는 믿음

입니까? 아니면 그 율법의 요구를 한 번에 이루신 예수님의 "믿음"입니까?

그럼 어떻게 예수님을 "믿음"으로 표현할 수 있을까요?

에녹이 하나님과 함께 동행할 때 하늘에 갈 수 있었고, 그가 가진 증거는 믿음이 있었다는 증거입니다.

우리도 믿음이 없을 때 하나님을 기쁘시게 할 수 없습니다.

하나님께서 화내시는 이유는 우리가 믿음이 없을 때입니다.

5-7. 우리가 "믿음"을 지킬 때에 함께 동행하실 수 있는 예수님

우리는 예수님과 "믿음"을 통해 동행하게 됩니다.

그래서 우리가 "믿음"이 있다는 것은 "그리스도"가 있다는 것입니다.

그래서 "믿음"은 그리스도 자신으로 불려지실 수 있는 것입니다.

우리가 "믿음"이 있을 때, 나의 주인은 그리스도이시기에, "믿음의 주"는 그리스도가 되시는 것입니다.

하지만, 우리를 온전히 구원하는 것은, 내 믿음이 아니라, "그리스도"이시기에 "믿음으로 말미암는 의"에서 "믿음"은 내 믿음이 아니라 "그리스도"로 볼 수 있는 것입니다.

믿음이 없다는 것은, 하나님의 뜻을 쫓고 있지 않다는 것입니다.

하나님을 쫓고 있지 않다는 것은, 우리 혼자 살고 있다는 증거입니다.

그리스도인은 예수님의 영이 없으면 그리스도의 사람이 아닙니다.

"만일 너희 속에 하나님의 영이 거하시면 너희가 육신에 있지 아니하고 영에 있나니 누구든지 그리스도의 영이 없으면 그리스도의 사람이 아니라." 롬 8:9

그리스도를 잃어버려 재림교회에서는 뜨거운 신앙도 잊어버린 게 아닌가 싶습니다.
우리가 어찌 그리스도 없이 혼자서 이 세상에서 살 수 있으며, 우리가 어찌 그리스도 없이 신앙 한다 얘기할 수 있는지요?

믿음은 그리스도 이십니다.
그래서 우리가 믿음이 있다는 것은 그리스도가 있다는 것입니다.

하나님께서 이쪽으로 가자 하시는데, 우리가 "저는 저 쪽으로 가겠습니다"라고 한다면, 어찌 우리가 하나님과 동행할 수 있겠는지요?
에녹이 하나님과 동행했다는 것은, 그가 믿음을 가지고 하나님의 명령을 쫓았다는 것을 의미합니다.
우리가 믿음을 잃는다는 것은 예수님을 잃는다는 것과 동일하다는 것을 기억하셔야 합니다.
"성도들의 인내가 여기 있나니 저희는 하나님의 계명과 예수 믿음을 지키는 자니라." 계 14:12
여기서 예수 믿음은 둘 다 명사입니다.

그래서 많은 학자들이 예수님의 믿음이라고 해석도 하고, 아니면 예수님을 믿는 믿음이라고 해석하기도 했지만, 이것은 예수 믿음, 즉 믿음 되신 예수님을 가진 사람들로 해석하는 것이 가장 성경적입니다.
그래서 이들은, "믿음으로 말미암는 의"에서 그 "믿음"은 "예수님 자신인 그분의 믿음"을 을 통해 내 "믿음"을 의로 여겨주시는 것을 뜻하는 것입니다.
"그러므로 사람이 의롭다 하심을 얻는 것은 율법의 행위에 있지 않고 믿음으로 되는 줄 우리가 인정하노라." 롬 3:28
여기서 율법의 행위는 믿음의 행위이고, 믿음은 예수님 자신입니다.

5장 믿음으로 말미암는 의

"그리스도 예수 안에 있는 구속으로 말미암아 하나님의 은혜로 값없이 의롭다 하심을 얻은 자 되었느니라." 롬 3:24

그래서 구원에 필요한 믿음은 예수님께서 온전케 하셨음을 보게 됩니다.

그럼 우리의 믿음은 무엇일까요? 우리가 가져야 하는 믿음 또한 다르지 않습니다.

똑같이 "듣고 지켜 행하는 믿음"입니다.

하지만, 우리의 믿음 중 가장 중요한 믿음은 바로, 예수님을 믿는 믿음입니다.

"내 형제들아 영광의 주 곧 우리 주 예수 그리스도를 믿는 믿음을 너희가 받았으니 사람을 외모로 취하지 말라." 약 2:1

우리의 믿음은, 의를 이루는 믿음이 아니라, 예수 그리스도를 믿는 믿음이라고 분명 증거하십니다.

그럼 우리가 가져야 하는 믿음은 무엇일까요? 바로 예수님께 나아가는 믿음입니다.

왜 우리는 더 나아가 계명을 지켜야 할까요?

우리가 계명을 지킬 때, 나의 부족함이 더 뚜렷하게 보이고, 우리는 나의 죽어 마땅함을 알게 되며, 그런 이유로 예수님을 찾을 수밖에 없는 내가 되는 것입니다.

내 부족을 알고, 내 믿음으로 안되는 줄 알기에, 예수님을 붙잡는 순간, 믿음으로 말미암는 의는 완성이 됩니다.

"이같이 율법이 우리를 그리스도에게로 인도하는 몽학선생이 되어 우리로 하여금 믿음으로 말미암아 의롭다 함을 얻게 하려 함이니라 믿음이 온 후로는 우리가 몽학선생 아래 있지 아니하도다." 갈 3:24~25

여기서 믿음은 모두 예수님을 의미합니다.

우리가 계명을 지키고 나아갈 때에, 비록 연약하긴 하지만, 예수님에 대한, 예수님께서 나의 구원자이심을 믿는 믿음을 가질 수 있기 때문입니다.

그분의 의를 나에게 주셨다는 그 믿음, 내가 예수님을 따라갈 때에, 나에게 닥치는 이러한 문제들이, 나의 죄로 인한 문제가 아니라, 하나님께서 나를 인도하고 계시다는 그 믿음을 가지기 위해서는, 분명 하나님의 계명을 따라야 가능한 것입니다.

그래서 구약에서도, 율법의 역할이 인도자의 역할임을 보게 됩니다.
"그들에게 율례와 법도를 가르쳐서 마땅히 갈 길과 할 일을 그들에게 보이고." 출 18:20

EGW 선지자는 이렇게 기록하였습니다.
"우리들은 하나님의 율법을 범하였으며 율법의 행위로는 어떤 육체도 의롭다함을 얻을 수 없다. 인간이 자신이 범한 거룩하고 공의로운 율법의 요구에 응하기 위하여 자기 자신의 능력으로 최선의 노력을 다 기울일지라도 그것은 전혀 무가치한 것이다. 그러나 그리스도를 믿는 믿음으로 말미암아 그는 모든 것이 충만하신 하나님의 아들의 의를 주장할 수 있다. 그리스도께서는 당신의 인성으로 율법의 요구를 충족시키셨다." 믿음과 행함, 94

우리가 의를 이룰 수 있는 것은, "그리스도의 피" 외에는 아무것도 없는 것입니다.

아브라함을 택하시며 하나님께서는 이렇게 말씀하십니다.
"내가 그로 그 자식과 권속에게 명하여 여호와의 도를 지켜 의와 공도를 행하게 하려고 그를 택하였나니 이는 나 여호와가 아브라함에게 대하여 말한 일을 이루려 함이니라." 창 18:19

위 성경절에서 그 "자식과 권속"은 여러 사람들 같지만, 원어로 보면, 모두 3인 남성 단수입니다.

그래서 "자식과 권속"은 오직 한 분이신 "예수 그리스도"이심을 알 수 있습니다.

이 말씀에 대해 바울은 확인은 하며 이렇게 기록합니다.

"이 약속들은 아브라함과 그 자손에게 말씀하신 것인데 여럿을 가리켜 그 자손들이라 하지 아니하시고 오직 하나를 가리켜 네 자손이라 하셨으니 곧 그리스도라." 갈 3:16

쉽게 얘기해, "자식과 권속에게 명하여 여호와의 도를 지켜 의와 공도를 행하게 하려고"에서 "자식과 권속"이 바로 예수님이라는 것입니다.

이 "자식과 권속"이 예수님이심을 또한 더 확실하게 말씀하시는 성경절은 다음과 같습니다.

"아브라함이나 그 후손에게 세상의 후사가 되리라고 하신 언약은 율법으로 말미암은 것이 아니요 오직 믿음의 의로 말미암은 것이니라 만일 율법에 속한 자들이 후사이면 믿음은 헛것이 되고 약속은 폐하여졌느니라." 롬 4:13~14

여기서 "믿음의 의"는 분명 예수님이십니다.

그래서 믿음의 의가 뜻하는 바는 "듣고 지켜 행함"으로 "의"를 이루신 분은 분명 "예수님"을 의미합니다.

그래서 "믿음으로 말미암는 의"는 단순히 내가 예수님께서 내 구원자이심을 알고 믿을 때 주어지는 것이 아니고, 내가 하나님의 율법을 믿음을 가지고 듣고 지켜 행할 때 받는 "의"도 아니며, 오직 "예수 믿음" 즉 "그리스도께서 믿음으로 통해 이루신 의"를 내가 받음으로 이루는 "의"를 의미할 수밖에 없습니다.

우리가 그 의를 받을 때, 우리는 순종하게 되고, 의롭게 되는 것입니다.

그래서 우리의 믿음에 대해 EGW 선지자는 다음과 같이 설명합니다.
"믿음은 하나님께서 죄인들에게 사유하심을 약속할 만한지를 다루어 보시는 조건이다. 그것은 믿음 안에 구원을 얻을 수 있는 어떤 공덕이 있어서가 아니라 죄의 치유제로 마련된 그리스도의 공로를 그의 믿음이 붙잡을 수 있기 때문이다. 믿음은 죄인의 범죄와 결함 대신에 그리스도의 완전하신 순종을 제시할 수 있다. 죄인이 그리스도가 자신의 개인적인 구주이심을 믿을 때에 하나님께서는 당신의 변함이 없으신 약속을 따라서 그의 죄를 용서하시고 그를 값없이 의롭게 하신다."믿음과 행함, 101

성경은 이렇게 기록하고 있습니다.
"하나님 아버지와 주 예수 그리스도로부터 은혜와 평강이 너희에게 있을지어다 형제들아 우리가 너희를 위하여 항상 하나님께 감사할지니 이것이 당연함은 너희 믿음이 더욱 자라고 너희가 다 각기 서로 사랑함이 풍성함이며."살후 1:2~3
여기서 믿음은, 우리의 믿음도, 내 안에 계신 예수님이 더 많이 나와 함께 하심으로도 볼 수 있을 것입니다.

믿음으로 말미암는 의라면, 여기서 믿음은 예수님을 뜻합니다.
그래서 예수님으로 말미암는 의이며, 우리 자신의 믿음으로는 의롭게 될 수 없습니다.
스스로 의롭게 되는 것은 성경적이지도 않고, 사람의 영역으로는 할 수 없는 것이 성경의 진리입니다.

이 "믿음으로 말미암는 의"에 대해 이해하고 나서, 이해해야 할 수 있는 주제가 "정죄"입니다.

우리는 이 "믿음으로 말미암는 의"에 대한 주제를, "죄로부터 자유"라는 주제와 함께 생각할 수 있습니다.

처음 "믿음"의 정의를 깨닫고 나서, 스스로 의로워지려고 애썼던 경험이 있습니다.

이것은, 순수하게 내 "믿음"으로 구원을 받는다 생각한 오류에서 시작된 오해였습니다.

하나님께서는 "은혜"로 구원을 얻게 해 주심을 깨닫게 해 주셨고, 그로 인해 내 보잘 것 없는 "믿음"이라도 귀히 봐 주시는 하나님의 마음을 보게 해 주셨습니다.

우리의 믿음인 행위로는 구원받는 것이 아닙니다.

아무리 우리가 예수님의 말씀을 듣고 지켜 행한다 해도 이것은 "죄인"의 영역으로 스스로는 절대로 "의"의 영역에 들어갈 수 없습니다.

우리가 의의 영역에 들어갈 수 있는 것은 오직 예수님의 의와 예수님의 믿음을 통해서 입니다.

"복음에는 하나님의 의가 나타나서 믿음으로 믿음에 이르게 하나니 기록된 바 오직 의인은 믿음으로 말미암아 살리라 함과 같으니라."롬 1:17

우리가 이 믿음으로 말미암는 의를 이해하면 할 수록, 우리에게 주신 은혜가 얼마나 큰 것인지 이해하게 됩니다.

우리 모두 그분의 의를 믿음을 통해 받게 되길 바랍니다.

5-8. 정직한 자

"여호와는 선하시고 정직하시니 그러므로 그 도로 죄인을 교훈하시리로다"시 25:8

여호와 하나님은 정직하신 분이심을 알 수 있습니다.
그래서 죄인들도 그 정직한 길을 걷기를 원하십니다.
그럼, 이 정직한 길은 무엇인가요? 이 '정직'을 원어로 보면 '야샤르'Yashar라는 단어로 그 뜻은 '곧은, 정직한, 올바른'이란 의미를 가지고 있습니다.

아버지께서 정직하시다면 우리 또한 정직해야 하지 않을까요?
"너희 의인들아 여호와를 기뻐하며 즐거워 할지어다 마음이 정직한 너희들아 다 즐거이 외칠지어다."시 32:11
그래서 하나님의 자식들을 보면 똑같이 마음이 정직하다고 말씀은 증거하고 있습니다.

말씀을 보면, 정직한 자에 대해 이렇게 정의하고 있습니다.
"정직한 자에게는 흑암 중에 빛이 일어나나니 그는 어질고 자비하고 의로운 자로다."시 112:4
저는 이 "어질고 자비하고 의로운 자"를 보며 설마 하는 마음이 들었습니다.
왜냐하면 이 "어질고 자비하고 의로운 자"에 대해 미리 말씀하신 성경절이 있기 때문입니다.
"여호와께서 그의 앞으로 지나시며 반포하시되 여호와로라 여호와로라 자비롭고 은혜롭고 노하기를 더디하고 인자와 진실이 많은 하나님이로라."출 34:6
위 말씀을 보면 "자비롭고 은혜롭고 노하기를 더디하고 인자와 진실이 많은"분은 하나님이시기 때문입니다.

시편에서 "어질고"라는 단어는 출애굽기에서 "은혜롭고"와 같은 단어인 "한눈channun"이라는 단어고, 시편에서 "자비하고"는 출애굽기에서

"자비롭고"와 같은 단어인 "라훔"rachum이라는 단어이기 때문입니다.

다시 얘기해 하나님께서 우리를 태초에 창조하셨을 때 하나님의 형상을 따라 만드셨는데, 그 형상 안에는 그분의 마음도 닮도록 창조하셨다는 것입니다.

"나의 깨달은 것이 이것이라 곧 하나님이 사람을 정직하게 지으셨으나 사람은 많은 꾀를 낸 것이니라." 전 7:29

솔로몬을 통해 하나님께서는 우리를 지으셨을 때, '정직'하게 지으셨다고 말씀하십니다.

물론, 우리가 죄를 택할 때, 죄의 종이 되고, 어두움을 더 사랑하게 되었지만, "정직한 자"는 하나님의 마음, 그분의 품성을 가지고 있는 사람이라 말씀하십니다.

그래서 여호와 하나님에 대해서 시편 기자는 다시금 이렇게 기록합니다.

"여호와는 은혜로우시며 의로우시며 우리 하나님은 자비하시도다." 시 116:5

위 말씀에서 "은혜로우시며 의로우시며 자비하시도다"라는 단어는 시편 112편 4절에 기록한 "정직한 자"의 특성인 "어질고 자비하고 의로운"이라는 단어와 또한 온전히 일치합니다.

다시 얘기해 우리가 정직하다는 것은, 하나님의 성품을 가지고 있다는 뜻임을 알 수 있습니다.

우리가 하나님의 자녀로 살면서, 그분의 성품을 닮아가는 것, 어쩌면 너무나 당연한데 갈 길은 너무나 멀어보이고, 제 자신을 바라보면 그 끝이 보이지 않아 단념하게 될 때가 많은 것 같습니다.

하지만, 성경의 수많은 말씀은 하나님께서 우리에게 힘든 시간을 가지게 하시고, 피곤케 하심으로 우리를 단련하시고자 한다고 또한 약속하심을 보게 됩니다.

"모든 은혜의 하나님 곧 그리스도 안에서 너희를 부르사 자기의 영원한 영광에 들어가게 하신 이가 잠간 고난을 받은 너희를 친히 온전케 하시며 굳게 하시며 강하게 하시며 터를 견고케 하시리라."^{벧전 5:10}

이 말씀을 나누기 전 베드로는 이러한 말씀을 먼저 기록합니다.

"그러므로 하나님의 능하신 손 아래서 겸손하라 때가 되면 너희를 높이시리라."^{벧전 5:6}

네, 우리가 우리의 연약함을 깨닫고, 내가 아무것도 할 수 없음을 알 때, 그래서 예수님께 너 나아가야 함을 알고 또 나아갈 때, 그분 앞에 엎드려 내 힘으로는 아무런 "성화"가 이루어질 수 없음을 실토할 때, 하나님께서는 우리를 "친히 온전케 하시며" 또한 "높이시리라" 약속하심을 보게 됩니다.

그래서인지, 말씀을 보면 볼수록 나의 죄가 적나라하게 보이고, 나의 부족함과, 나에게는 어떠한 "의"도 없음을 또 깨닫고 알게 됩니다. 내 자신에게는 아무런 소망이 없어 보이고, 나를 낮출 수 밖애 없게 됨을 경험하게 됩니다.

예수님은 이렇게 말씀하십니다.

"소경이 보며 앉은뱅이가 걸으며 문둥이가 깨끗함을 받으며 귀머거리가 들으며 죽은 자가 살아나며 가난한 자에게 복음이 전파된다 하라."^{마 11:5}

이 말씀을 보니, 나는 소경이어도 괜찮고, 죄에 쌓여 죽어가던 문둥이어도 괜찮으며, 듣지 못해도 괜찮고, 심지어 죽어 있어도 괜찮은 것입니다.

왜냐하면 예수님의 복음을 들을 수 있는 "가난한 마음"이 내게 있을 때 복음 되시는 예수님께서 나를 변화시킬 수 있기 때문입니다.

성경은 이렇게 하나님을 찬양하라 얘기합니다.
"할렐루야, 여호와의 종들아 찬양하라 여호와의 이름을 찬양하라 이제부터 영원까지 여호와의 이름을 찬송할지로다 해 돋는 데서부터 해 지는 데까지 여호와의 이름이 찬양을 받으시리로다 여호와는 모든 나라 위에 높으시며 그 영광은 하늘 위에 높으시도다"시 113:1~4
물론 우리는 하나님을 찬양해야 합니다. 그분은 온 우주를 다스리시는 하나님이시며 우리의 아버지시며, 우리의 피난처시고, 은혜를 주시는 분이시기 때문입니다.

그런데, 이렇게 찬양하라 하며 시편 기자는 그 이유를 다음 절에 기록함을 보게 됩니다.
"여호와 우리 하나님과 같은 자 누구리요 높은 위에 앉으셨으나 스스로 낮추사 천지를 살피시고."시 113:5~6
위 말씀을 잘 생각해 보면 이렇습니다.
우리가 하나님을 찬양해야 하는 이유가 쓰였는데, "위에 앉으셨으나 스스로 낮추사 천지를 살피시고"가 이유라는 것입니다.

하나님은 원래 하늘에 계시기에 '땅'만 바라보시면 되는 분이십니다.
세상을 물로 심판하실 때에도 하나님께서는 "땅"을 바라보셨지 "하늘"을 바라보지 않으셨습니다.
"하나님이 보신즉 땅이 패괴하였으니 이는 땅에서 모든 혈육 있는자의 행위가 패괴함이었더라."창 6:12
분명 하나님께서 바라보신 것은 "땅"입니다. 하늘에 계셨기 때문입니다.

    그런데 그 "높은 보좌에 앉으셨던" 하나님께서 "스스로 낮추"셨다고 말씀은 증거하고 있습니다.
    이 스스로 낮추다라는 단어는 "샤펠"shaphel인데 "낮다, 낮추다, 떨어뜨리다, 내려앉다"라는 뜻을 가지고 있습니다.
    다시 얘기해 높은 보좌에 계신 그 하나님께서 스스로 이 땅에 내려오셨다는 것입니다.
    자신을 "낮추셨다"고 말씀은 증거하고 있는 것입니다.

    그래서, 그 하나님이 이제는 '천지', 즉 하늘과 땅을 살피셨다 말씀은 기록하고 있는 것입니다.
    원어로 보면 "샤마임"shamayim 즉 "하늘들"과 "에레츠"erets 즉 "땅, 지구, 대지, 육지, 영토"를 "라아"raah 즉 "보다, 자세히 바라보"셨다고 얘기하고 있는 것입니다.
    땅에 내려오지 않고는, 하늘을 바라보지 못하는데, 자신을 낮추셨기에 하늘을 바라보신 것입니다.
    "예수께서 이 말씀을 하시고 눈을 들어 하늘을 우러러 가라사대 아버지여 때가 이르렀사오니 아들을 영화롭게 하사 아들로 아버지를 영화롭게 하게 하옵소서." 요 17:1
    예수님의 기록을 보면, '하늘을 우러러'라는 기록이 자주 나옵니다.

    원래는 위에서 땅을 보셔야 하는 분께서, 이 땅에 내려오셨으니, 하늘도 보게 되신 것입니다.
    그래서 '정직한 자'가 하나님의 품성을 가진 자라면, 이들은 분명 자신을 '낮추는 사람'일 것입니다.
    "서로 마음을 같이 하며 높은 데 마음을 두지 말고 도리어 낮은 데 처하며 스스로 지혜 있는 체 말라." 롬 12:16
    왜 우리는 이래야 할까요?

우리가 가진 모든 것은 하나님께서 주셨으며, 그 모든 것을 주신 하나님께서도 "스스로 낮추셨"기 때문입니다.

그분의 자식이라면, 그분의 마음을 가져야 하지 않을까요?

이 마음은, 화가 막 나는데, 나는 화가 나지 않은 것 처럼 '거룩한 척' 하는 것이 아닙니다.

나는 막 교만한 마음이 올라오는데, 교만하지 않은 척하는 마음이 아닙니다.

이런 마음은 바리새인이 가지고 있던 마음에 불과합니다.

하나님의 역사로, 정말 마음이 변하여 겸손하게 되고, 자비하고 긍휼함이 많은 사람이 되는 것, 그래서 하나님의 마음과 일치되는 사람이 되는 것, 이것은 하늘에 가서 이렇게 되는 것이 아니라, 이 땅에서 하나님께서 하시겠다 약속하신 일입니다.

"평강의 하나님이 친히 너희로 온전히 거룩하게 하시고 또 너희 온 영과 혼과 몸이 우리 주 예수 그리스도 강림하실 때에 흠 없게 보전되기를 원하노라." 살전 5:23

그래서 우리는 간구하고 또 간구해야만 합니다.

5-9. 흠이 없는 자들

아가서를 꼭 공부해 보셔야 합니다. 이 말씀은 단순히 솔로몬과 술람미 여인의 사랑에 대한 얘기가 아닙니다.

그 안에는 엄청난 진리들이 성경에 나오는 의미들이 있는 단어들을 통해 기록되어 있음을 보게 됩니다.

물론, 저도 아직은 아가서의 많은 부분을 연구하고 있고 기도하고 있습니다.

"구하라 그러면 너희에게 주실 것이요 찾으라 그러면 찾을 것이요 문을 두드리라 그러면 너희에게 열릴 것이니 구하는 이마다 얻을 것이요 찾는 이가 찾을 것이요 두드리는 이에게 열릴 것이니라." 마 7:7~8

우리가 구하지 않고, 찾지 않고, 두드리지 않는다면 말씀속에 있는 진리들이 주어질까요?

아가서에는 이러한 말씀이 있습니다.
"내 사랑아 너는 어여쁘고 어여쁘다 네 눈이 비둘기 같구나." 아 1:15

이 '어여쁘다'라는 표현이 두 번 반복되었는데 '야페'yapheh라는 단어로 '아름다운 beautiful'의 뜻을 가지고 있고, 언뜻 보면 외모적으로 '아름답다'라는 뜻으로 보이기도 합니다.

이 '어여쁘다' 혹은 '아름답다'라는 의미의 '야페'라는 단어를 확인하면 아브라함의 아내에 대해서도 기록이 되어 있습니다.

"아브람이 애굽에 이르렀을 때에 애굽 사람들이 그 여인의 심히 아리따움을 보았고." 창 12:14

네, 그래서 이 '야페'라는 단어를 살펴보면, 라헬을 얘기할 때도, 나발의 아내 아비가일에 대해서도, 압살롬의 여동생 다말에 대해서도, 수넴 여자 아비삭에 대해서도 이 '야페'라는 단어를 사용했음을 볼 수 있습니다.

그런데 이 '야페'는 다만 여자에게만 쓰인 것이 아니라, '요셉, 다윗, 압살롬' 또한 이 '야페'라는 단어로 그들의 준수함을 얘기했음을 보게 됩니다.

"주인이 그 소유를 다 요셉의 손에 위임하고 자기 식료 외에는 간섭하지 아니하였더라 요셉은 용모가 준수하고 아담하였더라." 창 39:6

위 말씀에서 '준수하고 아담하였더라'라고 번역되었지만, 원어는 '야페'라는 단어가 두 번 똑같이 반복됨을 볼 수 있습니다.

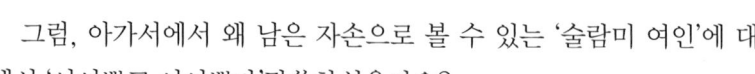

　그럼, 아가서에서 왜 남은 자손으로 볼 수 있는 '술람미 여인'에 대해서 '어여쁘고 어여쁘다'말씀하셨을까요?

　이 '야페'의 영적인 뜻은 말씀을 확인하니 똑 같은 아가서에서는 '흠이 없다'라고 정의함을 보게 되었습니다.

　"나의 사랑 너는 순전히 어여뻐서 아무 흠이 없구나."아 4:7

　다시 얘기해 흠이 없는 자가 '술람미 여인'이라고 얘기하고 있는 것입니다.

　네. 우리가 잘 알듯이 하나님의 남은 백성 또한 '흠이 없는'자들 입니다.
　"이 사람들은 여자로 더불어 더럽히지 아니하고 정절이 있는 자라 어린 양이 어디로 인도하든지 따라가는 자며 사람 가운데서 구속을 받아 처음 익은 열매로 하나님과 어린 양에게 속한 자들이니 그 입에 거짓말이 없고 흠이 없는 자들이더라."계 14:4~5

　우리는 이 흠이 없는 자의 반열에 들어가야 하지 않나요?

　그런데 여러분.
　우리가 알듯이 남은 자손으로 대표된 이들은 예수님과 사랑하는 '관계'에 있는 사람들이지만, 이들도 우리도, 그 누구도 스스로 온전해질 수 없는 것이 성경의 진리 입니다.

　아무리 계명을 잘 지킨다 하고, 지금으로부터 계속해서 하나님의 은혜로 의롭게 산다 얘기하여도, 우리의 행위로서는 절대로 '의'를 이룰 수 없는 것이 성경의 진리 입니다.

　그래서 성경은 계속해서 이러한 말씀을 반복합니다.

　"찬송하리로다 하나님 곧 우리 주 예수 그리스도의 아버지께서 그리스도 안에서 하늘에 속한 모든 신령한 복으로 우리에게 복 주시되 곧 창세 전에 그리스도 안에서 우리를 택하사 우리로 사랑 안에서 그 앞에 거룩하고 흠이 없게 하시려고 그 기쁘신 뜻대로 우리를 예정하사

예수 그리스도로 말미암아 자기의 아들들이 되게 하셨으니." 엡 1:3~5

하나님의 신령한 복을 우리에게 주셔서, 우리가 그리스도 안에 있을 때에 우리를 거룩하고 흠이 없게 하시려, 그분의 아들들을 삼아 주셨다고 말입니다.

그래서, 하늘에 가는 사람들은, 분명 '흠이 없는'자들이 확실합니다.
하지만, 이들은 예수님 안에서 그분의 '의'로, 그분의 '피'로 흠 없게 되는 것이지, 내가 내 노력으로, 혹은 예수님의 힘을 힘입어 온전하게 죄 없이 살아서 '의'를 이루는 것이 절대 아닙니다.
이전에 '견고한 토대' 지금은 '생애의 빛'에서 주장하는, 우리가 예수님의 힘을 입어서 죄와 싸워 이길 수 있다고 얘기하는 것은, '죄'에 대한 승리이지, 절대로 그 방법 자체가 우리의 '의'를 이룬다 생각해서는 안되기에, 그들이 주장하는 144,000이 가지는 '완전'에 대한 이해는 매우 잘못된 오해에서 시작된 것이라 생각합니다.

성경에서 바울도 계속해서 이렇게 얘기합니다.
"이는 너희가 흠이 없고 순전하여 어그러지고 거스리는 세대 가운데서 하나님의 흠 없는 자녀로 세상에서 그들 가운데 빛들로 나타내며." 빌 2:15
여러분, 우리는 '흠이 없는'사람인가요?
저는 제 자신이, 또한 제가 바라봤던 주위의 재림교회 교인 분들을 바라보면, 그 어떤 사람들도 '흠이 많은'사람들이었습니다. 여러분은 '흠이 없는'사람들을 보신적이 있으신가요?
그런데 어찌 흠이 없다'고 하실 까요?

우리는 어떻게 '흠이 없게'되어야 할까요? 매일 말씀과 기도로 거룩해지면 흠이 없이 될까요?
저는 지난 5년간 매일 말씀을 2시간 이상 봤었고, 첫 3년 정도는 하

루 5시간 이상 말씀을 묵상하고 읽고 나눴습니다.

빠짐없이 하루 세번 기도시간을 정해놓고 기도를 하며 바뀌지 않는 제 모습을 보며 통탄한 마음을 가지고 울며 하나님께 매달리기를 반복해 보았습니다.

물론, 많은 점에서 변화를 보았기에 주위 분들이 좋게 얘기를 해 주시지만, 그럼에도 제 자신을 제가 잘 알기에, 제가 얼마나 큰 죄인인지, 저의 본성이 얼마나 악한지를 바라보며 참 힘들 때가 많이 있음을 고백하지 않을 수 없습니다.

성경에서는 '흠이 없다'라는 말씀을 하실 때, 또 '의롭다'라는 말씀을 하실 때, 우리의 의로움으로 우리가 의롭게 되는 것은 찾을 수 없습니다.

반면에 계속되는 진리, 우리가 흠이 없이 설 수 있는 이유에 대해 이렇게 성경은 설명하고 있습니다.

"이제는 그의 육체의 죽음으로 말미암아 화목케 하사 너희를 거룩하고 흠 없고 책망할 것이 없는 자로 그 앞에 세우고자 하셨으니." 골 1:22

우리가 '거룩하고 흠 없고 책망할 것이 없는 자'로 되는 것은 예수님의 희생이라고 성경은 얘기하고 있는 것입니다.

다시 얘기해 이 남은 자손들은 절대로 스스로 흠이 없는 자가 된 것이 아니라, 그들의 흠이 없음은, 예수님의 대속으로 말미암아 이루어진 것이라는 것이라 말씀은 증거하고 있는 것입니다.

베드로는 그래서 이렇게 얘기합니다.

"너희가 알거니와 너희 조상의 유전한 망령된 행실에서 구속된 것은 은이나 금 같이 없어질 것으로 한 것이 아니요 오직 흠 없고 점 없는 어린 양 같은 그리스도의 보배로운 피로 한 것이니라." 벧전 1:18~19

우리가 흠이 없이 된 것은, 흠이 없으신 어린양 같은 그리스도의 피로 된 것이라고 말입니다.

그래서 아가서에서는 이렇게 예수님에 대해 소개합니다.

"나의 사랑하는 자는 내게 엔게디 포도원의 고벨화 송이로구나."아 1:14

여기서 '나의 사랑하는 자'는 'dod'라는 단어로 이 명칭은 술람이 여인이 솔로몬 왕을 칭할 때, 즉 이 단어는 항상 '예수님'을 뜻함을 볼 수 있습니다.

그리고 '엔게디 포도원'은 유다 지파를 의미할 수 있습니다.

"대저 만군의 여호와의 포도원은 이스라엘 족속이요 그의 기뻐하시는 나무는 유다 사람이라 그들에게 공평을 바라셨더니 도리어 포학이요 그들에게 의로움을 바라셨더니 도리어 부르짖음이었도다."사 5:7

특별히 이 '엔게디'는 여호수아 15장 62절을 보면 '유다'지파에 할당된 땅입니다.

다시 얘기해 이스라엘 족속이 포도원이면, '엔게디 포도원'은 유다 족속을 의미할 수 있습니다.

그럼 '고벨화 송이'는 무슨 뜻일까요?

우선 고벨화를 원어로 확인하면 '코페르'kopher라는 단어로 '몸값, 속전, 마을, 삼실나무, 역청'이라는 뜻을 가지고 있습니다.

그리고 송이는 '열매'라는 뜻입니다.

그래서 위 아가서에서는 예수님에 대해 "유다 지파에서 나온 속전 열매"라고 말씀하고 있는 것으로 이해할 수 있었습니다.

더하여 예수님에 대해서도, 술람미 여인은 이렇게 얘기합니다.

"나의 사랑하는 자야 너는 어여쁘고 화창하다 우리의 침상은 푸르고."아 1:16

예수님에 대해서도 '어여쁘고' 라고 하며 '야페'라는 단어를 쓰는 것을 보게 됩니다.

예수님께서도 흠이 없으시다는 뜻이겠죠?

베드로도 베드로전서 1장 19절에서 예수님에 대해 '흠 없고 점 없는 어린 양'이라고 얘기 했었습니다.

다시 얘기해, 우리가 스스로 '흠이 없는'사람이 되는 것이 아니라, 예수님을 따르며 그분의 '피'로 흠이 없게 된다는 것 아닌가요?

예수님의 형제 유다도 이렇게 얘기합니다.

"능히 너희를 보호하사 거침이 없게 하시고 너희로 그 영광 앞에 흠이 없이 즐거움으로 서게 하실 자 곧 우리 구주 홀로 하나이신 하나님께 우리 주 예수 그리스도로 말미암아 영광과 위엄과 권력과 권세가 만고 전부터 이제와 세세에 있을지어다 아멘" 유 1:24~25

우리가 '흠이 없는 자'가 되는 것은 오직 예수님 외에는 아무런 답이 없다고 말입니다.

그래서 바울도 이렇게 얘기합니다.

"이제는 그의 육체의 죽음으로 말미암아 화목케 하사 너희를 거룩하고 흠 없고 책망할 것이 없는 자로 그 앞에 세우고자 하셨으니." 골 1:22

이것이 성경에서 얘기하는 144,000인 것입니다.

예수님의 피로 흠이 없이 된 사람들 말입니다.

"내가 가로되 내 주여 당신이 알리이다 하니 그가 나더러 이르되 이는 큰 환난에서 나오는 자들인데 어린 양의 피에 그 옷을 씻어 희게 하였느니라." 계 7:14

6장

여겨주시는 의

"아브람이 여호와를 믿으니 여호와께서 이를 그의 의로 여기시고."창 15:6
"성경이 무엇을 말하느뇨 아브라함이 하나님을 믿으매 이것이 저에게 의로 여기신 바 되었느니라."롬 4:3
"그런즉 이 행복이 할례자에게뇨 혹 무할례자에게도뇨 대저 우리가 말하기를 아브라함에게는 그 믿음을 의로 여기셨다 하노라." (롬 4:9)
"그러므로 이것을 저에게 의로 여기셨느니라 저에게 의로 여기셨다 기록된 것은 아브라함만 위한 것이 아니요 의로 여기심을 받을 우리도 위함이니 곧 예수 우리 주를 죽은 자 가운데서 살리신 이를 믿는 자니라."롬 4:22~24

성경은 "믿음으로 말미암는 의"를 "여겨주시는 의"로 표현하기도 합니다.
네 우리는 모두 "여겨주시는 의"를 받아야 합니다.

위 창세기 말씀에서 "여기시고"라는 단어는 "하샤브" [chashab]라는 단어로 "생각하다, 계획하다, 간주하다, 판단을 내리다, 계산하다"라는 뜻인데, 어떻게 "간주하다"라는 뜻과 "계산하다"라는 뜻이 공존할 수 있을까요?

재림교회에서는 사실 계명을 지키는 이유에 대해 이렇게 설명합니다.

"모세가 레위 제사장들로 더불어 온 이스라엘에게 고하여 가로되 이스라엘아 잠잠히 들으라 오늘날 네가 네 하나님 여호와의 백성이 되었으니 그런즉 네 하나님 여호와의 말씀을 복종하여 내가 오늘날 네게 명하는 그 명령과 규례를 행할지니라." 신 27:9~10

재림교회에서는 우리가 하나님의 계명을 지키는 이유에 대해 "구원"을 받아서, 계명을 지킨다라고 얘기하고 있고, 이 말씀이 또한 말씀에 기초한 말씀임이 틀림없습니다.

위 말씀에서 "복종"하여는 "듣고"라는 의미의 "샤마"입니다.

또한 "행할지니라"는 "아사"라는 단어로 위 말씀은 분명 우리가 가져야 하는 "믿음"에 대해 설명하시는 것입니다.

우리가 하나님의 백성이라면, 그분의 명령대로 듣고 움직여야 한다는 말씀이며 그것이 곧 참 믿음이라는 것입니다.

이 말씀은 우리가 왜 하나님의 말씀에 근거해서 살아야 하는지를 아주 평안하게 보여주시는 말씀이기도 합니다.

6-1. "이 율법의 모든 말씀을 실행치 아니하는 자는 저주를 받을 것이라"

하나님께서는 이런 말씀을 주신 후에, 여러 말씀으로 이스라엘 백성들에게 명하심을 보게 됩니다.

저는 이 신명기 27장 마지막 절을 보며 다시금 믿음으로 말미암는 의를 생각해 보게 되었습니다.

"이 율법의 모든 말씀을 실행치 아니 하는 자는 저주를 받을 것이라 할 것이요 모든 백성은 아멘 할지니라." 신 27:26

저 또한 이 말씀을 처음 봤을 때에는 잠시 고민에 빠졌었습니다..

어찌 "모든 말씀을 실행"해야 한다 하시며, 그렇지 않으면 "저주"를 받아야 한다 하시는지 말입니다.

하나님께서 우리에게 명령을 주신 이유는 우리의 행복을 위해서 주셨다고 하지 않으셨나요?
"내가 오늘날 네 행복을 위하여 네게 명하는 여호와의 명령과 규례를 지킬 것이 아니냐." 신 10:13
이런 하나님께서 "모든 말씀을 실행치 아니하는 자는 저주를 받을 것이라"고 말씀하시니 참으로 혼동스러웠습니다.

"우리가 그 명하신 대로 이 모든 명령을 우리 하나님 여호와 앞에서 삼가 지키면 그것이 곧 우리의 의로움이니라 할지니라." 신 6:25
위에서 얘기했지만, 오직 모든 명령을 지키신 분은 예수님 밖에 않기에 우리는 예수님의 "의"를 의지해야 하고, 믿음으로 말미암는 의는 예수님의 의로 하늘에 들어가는 것을 의미한다고 말씀드렸습니다.

그럼에도 위 신명기 27장 26절에서는 분명 우리에게 모든 명령을 실행하라 말씀하시며 그렇지 않으면 "저주"를 받을 것이라 말씀하십니다.
이 말씀은 예수님께서 돌아가시고 나서도 유효한가요?
아니면 우리는 이 말씀은 그냥 이제는 넘기고 별 가치를 두지 않고 생각 안 해도 될까요?
바울은 분명 이렇게 얘기합니다.
"모든 사람이 죄를 범하였으매 하나님의 영광에 이르지 못하더니." 롬 3:23
참고로 저는 영광의 뜻을 공부한 적이 있었고, 하나님의 영광은 하나님의 의임을 알게 되었습니다.
아니 모든 사람이 죄를 범했으니 예수님이 필요한 것인데, 어째서 하나님께서는 "모든 말씀을 실행치 아니하는 자는 저주를 받을 것이라"

말씀하셨을까요?

성경은 분명 아무도 의롭지 않다 말씀하십니다.

"기록한 바 의인은 없나니 하나도 없으며."롬 3:10

6-2. 온전하라 말씀하시는 예수님

"그러므로 하늘에 계신 너희 아버지의 온전하심과 같이 너희도 온전하라."마 5:48

산상수훈에서 예수님께서는 우리에게 온전하라 말씀하십니다.

심지어 하나님과 같이 온전하라 말씀하십니다.

생애의 빛, 전에 견고한 토대라고 불렸던 곳에서는 예수님의 힘을 힘입어, 우리가 죄를 짓지 않고 살 수 있다고 얘기하였고, 아주 틀린 얘기는 아니지만, 우리가 "의"에 대해서 말씀으로 정립된다면, 어느정도의 숙제가 해결 될 것입니다.

이러한 비슷한 신앙은 지금도 재림교회 안에서 정리되지 않은 숙제처럼 남겨져 있기도 합니다.

예수님께서 "아버지의 온전하심과 같이 너희도 온전하라"고 말씀하셨으면, 예수님께서 책임 지시겠다는 말씀입니다.

그래서 하나님의 명령은 "언약"으로 불려지는 것입니다.

교회 안에서 꽤 많은 사람들이 우리는 의인으로 살 수 있다고 합니다.

네 우리는 의인으로 살아야 합니다.

개인적으로는 우리가 완전할 수 있는가에 대한 고민을 오랫동안 하였습니다.

예수님의 힘을 입으면, 분명 죄와 싸워 이길 수 있다는 것이 성경의

진리이기도 하기 때문입니다.

그런데 우리가 하나님처럼 온전할 수 있나요? 확실한 것은 우리의 힘으로는 절대로 하나님께서 온전하심과 같이 우리는 온전할 수 없단 사실입니다.

예수님께서는 산상설교에서 더하여 이렇게 말씀하셨습니다.

너희는 먼저 그의 나라와 그의 의를 구하라 그리하면 이 모든 것을 너희에게 더하시리라." 마 6:33

네, 우리는 스스로 의가 없기에, 하나님께서 주시는 "의"를 구해야 하고, 그 "의"를 받아야 합니다.

그래서 산상수훈에서 예수님께서는 설교가 끝나기 얼마전 이런 말씀을 하십니다.

"구하라 그러면 너희에게 주실 것이요 찾으라 그러면 찾을 것이요 문을 두드리라 그러면 너희에게 열릴 것이니." 마 7:7

우리가 구하면 주시겠다는 것입니다.

우리는 원래 "의"가 없지만, 하나님께 구하라 하십니다.

가끔 저는 이런 질문을 합니다.

"하나님과 예수님, 두 분 중에 누가 더 의로우신가?"하는 질문입니다. 가끔은 하나님이 더 의롭다 하시는 분들이 계셔서 가끔 당혹케 합니다. "나와 아버지는 하나이니라 하신대." 요 10:30

네 두 분다 똑같이 온전하시고, 똑같이 의로우십니다.

그럼, 우리는 "너희 아버지의 온전하심과 같이 너희도 온전하라"라는 말씀을 이루기 위해서는, 오직 예수님의 온전하심을 가지는 수 밖에 없음을 인정해야 합니다.

우리가 아무리 계명을 온전하게 지키려고 해도 할 수 없음을 기억해야 합니다.

만약 나는 그렇게 할 수 있다고 생각한다면, 그 순간부터, 나와 하나님의 의를 동등하게 생각하는 교만의 죄를 범하는 것과 다름없습니다.

성경은 의인이 있다고 얘기하나요?
"선을 행하고 죄를 범치 아니하는 의인은 세상에 아주 없느니라."전 7:20

그럼 죄를 범하는 의인은 있다는 말씀 아닌가요? 네 의인이 있는데, 의인도 죄를 범한다는 것입니다.

헷갈리시죠? 곧 이 말씀을 이해하실 수 있습니다.

성경에서 의인은 어떤 사람인가요?
죄를 짓지 않으면 의인인가요?

1. 죄를 짓지 않는 자
2. 온전히 율법을 지키는 자
3. 죄를 지었지만, 용서함을 받은 자

이 중에 의인은 누구인가요?
네 1~3번 모두가 의인으로 볼 수 있습니다.

그럼 세상에 존재하는 의인은 몇 번 일까요? 한가지면 쉽죠? 그런데 답은 두 가지 입니다.

우리는 말씀을 통해 명확한 답을 가지게 될 것입니다.
네, 죄를 짓지 않으면 의인이라는 개념에서 "의인"을 찾자면, 성경은 분명 이렇게 얘기합니다.
"기록한 바 의인은 없나니 하나도 없으며."롬 3:10

그런데 분명 성경은 또한 이렇게 얘기합니다.

"우스 땅에 욥이라 이름하는 사람이 있었는데 그 사람은 순전하고 정직하여 하나님을 경외하며 악에서 떠난 자더라." 욥 1:1

여기서 순전은 "탐"이라는 단어로 "완전한"이라는 뜻입니다.

정직하여 라는 단어 또한 "야샤르"라는 단어로 올바르다 라는 뜻입니다.

아니 이 욥은 어찌하여 의롭게 되었을까요?

6-3. 성경에서 의인이라 불리운 자들

성경은 수 많은 곳에서 의롭다 하는 사람들이 등장합니다.

하지만, 하나님의 모든 명령을 지킨 사람은 아무도 없습니다.

그렇기에 모든 사람에게 예수님의 피가 필요합니다.

역설적이긴 하지만, 그렇다고 성경에서 의인이라 불린 사람이 없는 것은 아닙니다.

"유대 왕 헤롯 때에 아비야 반열에 제사장 하나가 있으니 이름은 사가랴요 그 아내는 아론의 자손이니 이름은 엘리사벳이라 이 두 사람이 하나님 앞에 의인이니 주의 모든 계명과 규례대로 흠이 없이 행하더라." 눅 1:5~6

생각해 보시기 바랍니다. 그럼 어떻게 이 두 사람은 하나님 앞에 의인이며, 모든 계명과 규례대로 흠 없이 행할 수 있었을까요?

이 두 사람이 하나님 앞에 흠이 없다는 것은 무슨 뜻일까요?

이 사가랴와 엘리사벳은 죄를 범하지 않았을까요?

이들도 분명 죄를 범했을 것입니다. 왜냐하면, 로마서 3장 23절에는 "모든 사람이 죄를 범하였으매"라고 이미 결론이 나지 않았나요?

"의심하고 먹는 자는 정죄되었나니 이는 믿음으로 좇아 하지 아니한 연고라 믿음으로 좇아 하지 아니하는 모든 것이 죄니라." 롬 14:23

사가랴에게 천사 가브리엘이 엘리사벳이 아들을 가지게 될 것이라 얘기하자 사가랴는 믿지 않았습니다.

천사는 이렇게 얘기합니다.

"천사가 대답하여 가로되 나는 하나님 앞에 섰는 가브리엘이라 이 좋은 소식을 전하여 네게 말하라고 보내심을 입었노라 보라 이 일의 되는 날까지 네가 벙어리가 되어 능히 말을 못하리니 이는 내 말을 네가 믿지 아니함이어니와 때가 이르면 내 말이 이루리라 하더라." 눅 1:18~19

다시 얘기해, 사가랴도 믿음이 없어 죄를 짓는 장면을 보여주신 것입니다.

그런데 왜 성경은 사가랴와 에리사벳이 의인이라고 얘기할까요?

성경에서의 "의인"은 사실 아주 자주 등장합니다.

같은 누가복음에서만 봐도 2장에서 또 다른 의로운 사람이 등장합니다.

"예루살렘에 시므온이라 하는 사람이 있으니 이 사람이 의롭고 경건하여 이스라엘의 위로를 기다리는 자라 성령이 그 위에 계시더라." 눅 2:25

그럼 이들이 "모든 계명과 규례대로 흠 없이 행하더라"라는 말씀은 우리가 어떻게 받아들여야 할까요?

사실, 성경에서 등장하는 수 많은 의인이 있지만, 이 모든 의인은 "여겨주시는 의인"입니다.

6-4. 여겨주심의 뜻

"아브람이 여호와를 믿으니 여호와께서 이를 그의 의로 여기시고." 창 15:6

믿음으로 말미암는 의에 대해서 얘기하고자 하는 것이냐고 물으신다

면, 예수님의 명령을 따름으로 받는 "여겨주시는 의"에 대해 말씀드리고자 하는 것입니다.

이 여겨주시는 것, 우리가 생각해 봐야 합니다.
이 단어는 하샤브chashab라는 단어입니다.
번역은 간주하다, 판단을 내리다, 계산하다라는 뜻이 있는데
간주하는 것은 원래는 그렇지 않은데 그렇다고 간주하는 것이고,
계산하는 것은 정확하게 계산하여 그 값을 지불하는 것입니다.

그런데 어떻게 이 두 가지 뜻을 동시에 가지고 있을 수 있을까요?
여러분, 누구에게 돈을 빌려줬는데, 그냥 그 사람이 딱하면, "아니 그냥 갚은 것으로 해"라고 하면서 빚을 덜어줄 수 있을까요?
네, 그런데 그것을 "돈 다 갚아서 계산이 끝났다"라고 할 수는 없는 것 아닌가요?

성경에서 말씀하시는 죄인은 두 가지 죄인이 존재합니다.
죄인은 두 분류의 죄인이 있습니다.
일반적으로 "악인"이라고 불리우는 죄인들은 예수님을 거절한 죄인들을 "악인"이라고 부릅니다.
의인으로 불리우는 죄인들은 예수님의 피로 자신의 죄가 계산된 사람들을 "의인"이라고 부릅니다.

아브라함은 소돔을 심판하시는 하나님께 이렇게 얘기합니다.
"주께서 이같이 하사 의인을 악인과 함께 죽이심은 불가하오며 의인과 악인을 균등히 하심도 불가하니이다 세상을 심판하시는 이가 공의를 행하실 것이 아니니이까." 창 18:25
그래서 심판의 기준은 "믿음"이고, 그 믿음으로 예수님의 은혜를 받

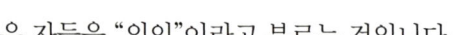

은 자들을 "의인"이라고 부르는 것입니다.

  그래서 죄인에게 불러주시는 "의인"이라는 호칭은, 예수님의 피로 계산이 되었으며, 우리가 믿음을 가지고 예수님께 나아갔을때, 예수님께서 이미 죄 값을 계산 하셨기에, 우리를 "의인"으로 여겨주시는 것입니다.
  성경에서 나오는 모든 의인들은 "죄"를 지었지만, 그 죄를 용서받은 사람들 입니다.

  어떻게 용서받았을까요?
  예수님의 십자가를 바라보고, 자신의 죄를 희생제물에 안수하여 옮기는 계산 방식으로 여겨주시는 의를 받아 용서 받은 것입니다.
  우리가 의롭게 되는 방법은 단 한가지 입니다.
  죄를 해결해야 합니다 그리고 그 죄를 해결하는 방법으로 주신 것이 바로 "속죄제"입니다.
  내 죄를 "믿음으로 예수님께 드리는 절차"입니다.
  죄를 용서받기 위해 만드신 "믿음"의 절차가 있는데, 그 절차를 행해야만, 죄를 지은 사람이 용서를 받을 수 있는 것입니다.

6-5. 죄를 용서받는 절차

  "만일 평민의 하나가 여호와의 금령 중 하나라도 부지중에 범하여 허물이 있었다가 그 범한 죄에 깨우침을 받거든 그는 흠 없는 암염소를 끌고와서 그 범한 죄를 인하여 그것을 예물로 삼아 그 속죄제 희생의 머리에 안수하고 그 희생을 번제소에서 잡을 것이요 제사장은 손가락으로 그 피를 찍어 번제단 뿔에 바르고 그 피 전부를 단 밑에 쏟고 그 모든 기름을 화목제 희생의 기름을 취한 것 같이 취하여 단 위에 불살라 여호와께 향기롭게 할지니 제사장이 그를 위하여 속죄한즉 그가 사함을 얻으리라." (레 4:27~31)

사실 이 속죄제를 아담은 드렸을까요? 예 분명 드렸을 것입니다.
가인과 아벨도 이 속죄제를 드렸을 것입니다. 믿음의 모든 조상들은 "믿음"으로 이 "속죄제"를 드림으로 의롭게 된 것입니다.
심지어 "에녹"도 분명 죄를 지었을 것입니다.
분명, "에녹"도 하나님과 동행하는 삶을 살면서도 그가 지은 죄는 스스로 해결할 방법은 없었기에 "속죄제"로 그는 용서를 받았고, 그 "믿음"을 통해 하나님을 기쁘시게 하는 자라는 칭호를 들었던 것입니다.
"믿음으로 에녹은 죽음을 보지 않고 옮기웠으니 하나님이 저를 옮기심으로 다시 보이지 아니하니라 저는 옮기우기 전에 하나님을 기쁘시게 하는 자라 하는 증거를 받았느니라." (히 11:5)

그래서 성경은 이렇게 얘기합니다.
"너희가 알거니와 너희 조상의 유전한 망령된 행실에서 구속된 것은 은이나 금 같이 없어질 것으로 한 것이 아니요 오직 흠 없고 점 없는 어린 양 같은 그리스도의 보배로운 피로 한 것이니라 ." (벧전1:18~19)

위에서 믿음으로 말미암는 의에 대해 말씀드리며 설명드렸던 내용입니다.
믿음으로 말미암는 의라면, 여기서 믿음은 예수님을 뜻합니다.
그래서 예수님으로 말미암는 의이며, 우리 자신의 믿음으로는 의롭게 될 수 없습니다.
스스로 의롭게 되는 것은 성경적이지도 않고, 사람의 영역으로는 할 수 없는것이 성경의 진리 입니다.

이 "믿음으로 말미암는 의"에 대해 이해하고 나서야 왜 죄인에게 "의인" 이라고 불러 주실 수 있는지를 알 수 있습니다..

처음 "믿음"의 정의를 깨닫고 나서, 스스로 의로워지려고 애썼던 경험이 있습니다.

이것은, 순수하게 내 "믿음"으로 구원을 받는다 생각한 오류에서 시작된 오해였습니다.

하나님께서는 "은혜"로 구원을 얻게 해 주심을 깨닫게 해 주셨고, 그로 인해 내 보잘 것 없는 "믿음"이라도 귀히 봐 주시는 하나님의 마음을 보게 해 주셨습니다.

우리의 믿음인 행위로는 구원받는 것이 아닙니다.

아무리 우리가 예수님의 말씀을 듣고 지켜 행한다 해도 이것은 "죄인"의 영역으로 스스로는 절대로 "의"의 영역에 들어갈 수 없습니다.

우리가 의의 영역에 들어갈 수 있는 것은 오직 예수님의 의와 예수님의 믿음을 통해서입니다.

"복음에는 하나님의 의가 나타나서 믿음으로 믿음에 이르게 하나니 기록된 바 오직 의인은 믿음으로 말미암아 살리라 함과 같으니라." (롬 1:17)

우리가 이 믿음으로 말미암는 의를 이해하면 할 수록, 우리에게 주신 은혜가 얼마나 큰 것인지 이해하게 됩니다.

그래서 성경에서 나오는 의인들은, 자신들의 "의" 로 의롭게 된 사람들을 의미하지 않습니다.

모두가 "용서"를 받고 의롭게 된 사람들을 의미합니다.

"비록 노아, 다니엘, 욥, 이 세 사람이 거기 있을지라도 그들은 자기의 의로 자기의 생명만 건지리라 나 주 여호와의 말이니라" (겔 14:14)

노아 다니엘 욥은 "의"롭다 여기심을 받은 사람들입니다.

비록 "자기의 의"라고 얘기했지만, 이것은 그들이 예수님의 의를 개인적으로 가졌기에 자신의 의로 여기심을 받은 것입니다.

6-6. 두 가지 "의"

"의"에도 두 가지 의가 존재합니다.

절대적인 하나님의 의가 있고, 그 외의 존재가 가지는 의가 있습니다.

이것을 "거룩함"과 "지극히 거룩함"으로 표현하기도 합니다.

지극히 거룩하신 하나님의 의는 사람이 가질 수 있는 의가 아닙니다.

무엇이 다를까요?

하나님의 의는 절대적인 의 입니다.

이것은 침범당할 수도 없고, 변할 수도 없는 **절대적인 거룩함의 "의" 입니다**.

성경은 이렇게 설명합니다.

"네가 칠 일 동안 단을 위하여 속죄하여 거룩하게 하라 그리하면 지극히 거룩한 단이 되리니 무릇 단에 접촉하는 것이 거룩하리라." 출 29:37

하나님의 "의"는 절대적이기에, 하나님의 속성은 하나님께 닿는 것이 거룩하게 되고, 그렇기에 "소멸하시는"하나님으로 불리시기 까지 합니다.

"네 하나님 여호와는 소멸하는 불이시요 질투하는 하나님이시니라." 신 4:24

죄인이 하나님께 닿으면, 죄인은 죄와 함께 소멸할 수 밖에 없는 것입니다.

6장 여겨주시는 의 | 161

거룩하지 않은 것을 정결케 하는 방법이 성경에는 두 가지가 있습니다. 바로 "물과 불"을 통해서 입니다.

"무릇 불에 견딜 만한 물건은 불을 지나게 하라 그리하면 깨끗하려니와 오히려 정결케 하는 물로 그것을 깨끗케 할 것이며 무릇 불에 견디지 못할 모든 것은 물을 지나게 할 것이니라."민 31:23

왜 하나님께서 "물"로 심판을 하셨는지 앞으로 "불"로 심판을 하실 것인지 우리는 알 수 있습니다.

반면에 천사들과 피조물들이 가지고 있는 "거룩함"이나 "의"는 변질될 수 있습니다.

루시퍼도 거룩한 천사였지만, 그 "의"를 포기했고, 아담과 하와도 그 "거룩함"을 잃어버렸습니다.

"누구든지 부정한 들짐승의 사체나 부정한 가축의 사체나 부정한 곤충의 사체들 무릇 부정한 것을 만졌으면 부지 중에라 할지라도 그 몸이 더러워져서 허물이 있을 것이요."레 5:2

그래서 하나님께서는 문둥병자를 진에서 격리시키셨음을 우리는 알 수 있습니다.

반면에 예수님은 "절대적인 의"를 가지고 계셨기에, 예수님께서 만지시는 자들은 모두 정결함을 입게 됩니다.

"한 문둥병자가 나아와 절하고 가로되 주여 원하시면 저를 깨끗케 하실 수 있나이다 하거늘 예수께서 손을 내밀어 저에게 대시며 가라사대 내가 원하노니 깨끗함을 받으라 하신대 즉시 그의 문둥병이 깨끗하여진지라."마 8:2~3

예수님께서 부정한 문둥병자를 만지신 이유는 사랑이지만, 또한 그분의 절대적인 거룩함은 변할 수 없기 때문입니다.

6-7. 세상의 모든 "의인"은 여겨주심을 받은 자들

성경에서 사람을 "의인"이라 칭하실 때의 의는 모두 "여겨주시는 의" 입니다.

이 여겨주시는 의는 우리가 모두 가져야 하는 "의"입니다.
비록 우리 모두가 죄를 지은 죄인이지만, 이 여겨주시는 의는 **예수님의 피로 계산된 "의"이며 죄인이 믿음으로 예수님께 나아갈 때 받을 수 있는 의** 입니다.

그런데 잠시 아까 봤던 성경절로 돌아가 보겠습니다.
"유대 왕 헤롯 때에 아비야 반열에 제사장 하나가 있으니 이름은 사가랴요 그 아내는 아론의 자손이니 이름은 엘리사벳이라 이 두 사람이 하나님 앞에 의인이니 주의 모든 계명과 규례대로 흠이 없이 행하더라." 눅 1:5~6

우리는 이제 이 두사람이 하나님 앞에 왜 의인인지는 이해할 수 있습니다.
그런데 어떻게 이들은 "주의 모든 계명과 규례대로 흠이 없이 행하더라"라고 성경은 말씀하실 수 있을까요?
분명히 이들도 죄를 짓지 않았을까요? 율법을 어기지 않았을까요?

위에서 본 성경에 보면 분명 이러한 말씀이 기록되어 있습니다.
"이 율법의 모든 말씀을 실행치 아니하는 자는 저주를 받을 것이라 할 것이요 모든 백성은 아멘 할지니라." 신 27:26

여러분 아멘이신가요?
우리는 그럼 모든 말씀을 실행했나요? 그러면 이 말씀만큼은 "아멘" 하지 않고 넘어가야 하지 않을까요?
아니면, 이 말씀도 진리이며, 우리가 "아멘"해야 하는 말씀일까요?

아멘 하자니 "저주"가 마음에 걸리고, "아멘"하지 않자니, 하나님의 말씀에 반기를 드는 것 같은 마음 아니신가요?

우리는 모두 다함께 믿음으로 "아멘"해야 합니다.

6-8. 율법의 종류

"율법"에는 여러 종류가 있습니다.

그리고 그 종류를 정확하게 분류하셨고, 그 각기 다른 단어로 그 율법의 종류를 알게 하셨습니다.

1. "미츠와"mitswah라는 단어가 있고 보통 "계명"으로 번역됩니다.
   이 미츠와는 대부분 "계명"으로 번역되고 우리는 "십계명"을 의미한다고 볼 수 있습니다.

2. "미쉬메레트"mishmereth라는 단어는 우리에게 주신 의무, 책무를 뜻합니다.
   그래서 우리에게 주어진 "직무"를 얘기할 때 이 "미쉬메레트"라는 단어를 쓰심을 보게 됩니다.

3. "훅카"chuqqah라는 단어는 가끔 "규례, 율례"로 왔다 갔다 하며 번역되기에 한글 성경으로 보면 그 정확한 뜻을 알 수 없기도 합니다.
   하지만, 이것은 하나님께서 지키시라 말씀하신 유월절 같은 명절과 제사를 드릴때의 정하신 관습에 관한 법령으로 생각하면 되며 "규정, 법령, 법규, 관습"으로 번역됩니다.

4. "토라"torah라는 단어는 하나님께서 말씀하신 "지시"나 "훈계, 가르

침"으로 구약 성서를 모세 오경을 "토라"라고 얘기하기도 합니다.

5. "호크"choq라는 단어는 종종 "후카"와 함께 "규례, 율례, 법도"로 번역이 되지만, 이것은, 하나님께서 만드신 이치를 설명할 때 쓰심을 보게 됩니다. 좀 더 자세히 얘기해 보자면, 이 "호크"는 "호크마" 즉 "지혜"와 관련이 있습니다. 그래서 잠언에 있는 말씀을 "호크"즉 하나님께서 만드신 규정으로 볼 수 있음을 보게 됩니다.
예를 들자면, "부지런한 자의 손은 사람을 다스리게 되어도 게으른 자는 부림을 받느니라."잠 12:24 같은 말씀입니다.
하나님의 지혜가 담겨져 있는 법이 "호크" 입니다.

6. "미쉬파트"mishpat라는 단어는 "민법과 형법"에 관한 법률입니다. 그래서 "재판"에 기본이 되는 법이기에, "재판"이라고 번역되기도 합니다.
"너희는 나의 모든 규례와 법도를 지켜 행하라 그리하여야 내가 너희를 인도하여 거하게 하는 땅이 너희를 토하지 아니하리라."레 20:22
위 말씀에서 "법도"는 "미쉬파트"mishpat이고 "규례"는 "훅카"chuqqah입니다.

네 위에서 말씀드린 법 외에도 더 많은 법이 있음을 보게됩니다.
이 많은 율법은 우리의 행복을 위해 주셨습니다.
"내가 오늘날 네 행복을 위하여 네게 명하는 여호와의 명령과 규례를 지킬 것이 아니냐."신 10:13
네 우리의 행복을 위해서라고 말씀하십니다.

그런데 여러분 율법을 바라보시면 행복하신가요?
네 사실 하나님께서 우리에게 율법을 주신 이유는 우리에게 행복하

게 살라 주신 것입니다.

서로 살인하고 미워한다면, 행복 할 수 있을까요?

그런데, 우리가 율법을 받아도 행복하지 않은 이유는 좀 전에 읽었던 말씀대로,

"이 율법의 모든 말씀을 실행치 아니하는 자는 저주를 받을 것이라 할 것이요 모든 백성은 아멘 할지니라." 신 27:26

즉 죄를 지으면 "저주"를 받아야 한다는 것입니다.

심지어 "모든 말씀"을 실행하지 않으면 "저주"를 받는다는 말씀아닌가요?

6-9. 은혜가 되는 율법

여러분, 하나님께서 우리에게 주신 "율법"은 이게 다 일까요?
아닙니다, 가장 중요한 율법이 남아 있는데 그 율법은 무엇일까요?
네 바로 제사법입니다.
이 제사법은 "토라"에 들어가는 율법이기도 합니다.

우리가 모든 율법을 지키다가 혹 우리의 죄된 성향으로 우리가 죄로 넘어졌을때, 우리가 거룩함이 죄로 인해 더럽혀 졌을때, 우리에게 그 죄를 해결할 수 있는 율법을 주셨는데, 그것이 바로 제사법인 것입니다.

"그가 번제물의 머리에 안수할지니 그리하면 열납되어 그를 위하여 속죄가 될 것이라." 레 1:4

이것이 우리가 모든 명령을 지킬 수 있는 "근간"이 되는 것입니다.

그래서 속죄제를 드리지 않으면, 내 죄를 어린양에게 안수하지 않으면, 우리는 저주 아래 있게 되는 것입니다.

 네, 그래서 율법의 모든 말씀을 실행치 아니하는 자는 저주 아래 있게 되는 것입니다.
 하나님께서는 우리에게 지켜라 하시는 율법만 주신 것이 아니라, 지켜야 하는 율법을 어겼을 때, 그 죄를 씻을 수 있는 율법도 주신 것입니다.
 "모세가 이스라엘 장로들로 더불어 백성에게 명하여 가로되 내가 오늘날 너희에게 명하는 이 명령을 너희는 다 지킬지니라." 신 27:1
 위 말씀에서 "명하는 이 명령"중에는 "속건제, 속죄제, 화목제"도 분명 있는 것입니다.
 죄인이 온전케 의롭게 되는 방법까지 주신 것입니다.

 최초에 아담과 하와가 범죄 하였을때, 하나님께서 그들을 위해 하신 일이 있습니다.
 "여호와 하나님이 아담과 그 아내를 위하여 가죽옷을 지어 입히시니라." 창 3:21
 이것이 "여겨주시는 의" 입니다.

 하나님께서 우리에게 여겨주시는 의를 주시기 위해 십가가에 달리셨음을 우리는 감사하지 않을 수 없는 것입니다.
 우리를 의롭게 하시기 위해 자신이 대신 돌아가시고, 그분의 의의 옷을 입히신 하나님을 함께 찬양하시기 바랍니다.

 가인이 아벨을 죽이자, 하나님은 가인을 찾아오셔서 이런 말씀을 하십니다.
 "네가 선을 행하면 어찌 낯을 들지 못하겠느냐 선을 행치 아니하면 죄가 문에 엎드리느니라 죄의 소원은 네게 있으나 너는 죄를 다스릴지니라." 창 4:7
 살인한 가인, 아벨을 죽이고 싶어서 죽였을까요? 네, 죽이는 것이 무엇

인지는 잘 몰랐지만, 그는 분명 아벨을 헤칠 마음에서 죽였을 것입니다.

그런데, 우리도 죄를 지을 때가 많이 있습니다.
질투하기도 하고, 미워하기도 하며, 거짓말이 나올 때도 있습니다.
내가 거짓말을 하면 누가 시켜서 거짓말 하나요?
아니면 내 안에 "아, 이 상황을 모면해야 겠다"하는 마음이 들어서 거짓말을 하나요?
부모가 거짓말을 가르치지 않아도 아이들도 거짓말을 하곤 합니다.
거짓말을 좋아서 하는 것이지요.
"죄의 소원은 네게 있으나"가 바로 이 말씀입니다.

그럼, "너는 죄를 다스릴지니라"라는 말씀은 "죄를 짓지 말라"라는 말씀인가요?
내 죄가 내 힘으로 다스려 지던가요? 스스로 죄를 이기실 수 있으셨나요?
속으로는 화가 막 나는데, 겉으로 웃으면 그것이 죄를 다스리는 것인가요?
아니요, 이것은 죄를 다스리는 것이 아닙니다.
"화 있을진저 외식하는 서기관들과 바리새인들이여 회칠한 무덤 같으니 겉으로는 아름답게 보이나 그 안에는 죽은 사람의 뼈와 모든 더러운 것이 가득하도다." 마 23:27
예수님께서는 분명 겉과 속이 다른 것에 대해 회 칠한 무덤과 같다고 하시며 이런 것이 신앙이 아님을 분명히 하셨습니다.
그래서 우리는 하나님께서 자신의 동생을 죽인 인류 역사상 최초의 살인자가 된 가인에게, "야, 좀 참아보지 그랬어 …"라는 취지에 말씀하지 않으셨음은 알 수 있는 것입니다.

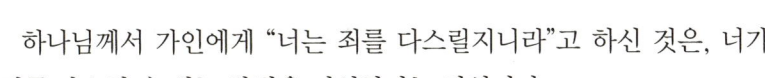

하나님께서 가인에게 "너는 죄를 다스릴지니라"고 하신 것은, 너가 죄를 다스릴 수 있는 방법을 기억하라는 것입니다.

죄인에게 죄를 다스릴 수 있는 방법은 "예수님의 피" 곧 "속죄제" 외에는 아무것도 없다 말씀하시는 것입니다.

6-10. 죄인, 그러나 의인

솔로몬이 다윗의 왕위를 계승할 때, 하나님께서는 솔로몬에게 이렇게 말씀하십니다.

"네가 만일 네 아비 다윗의 행함 같이 마음을 온전히 하고 바르게 하여 내 앞에서 행하며 내가 네게 명한 대로 온갖 것을 순종하여 나의 법도와 율례를 지키면." 왕상 9:4

다윗이 온전히 하였다 하시는데 여기서 "온전히"라는 단어는 "톰"이라는 단어입니다. 이 "톰"tom이라는 단어의 뜻은 " 완전함, 무결, 성실"을 뜻합니다.

하나님께서는 심지어 "온갖 것을 순종하였다"라고 말씀하시는데 그 "온갖"의 단어는 "콜"kol로 그 뜻은 "모두, 전체, 완전함"이라는 뜻입니다.

아니 밧세바는요? 그의 남편 우리아는요? 형제를 죽이고 도망간 압살롬은요? 다윗이 온전히 행했다구요? 하나님께서 착각 하시는 것이 아닌가요?

그냥 다윗을 좋아하셨기에, 그의 죄는 덮어 두신 것일까요?

아 그냥 하나님께서 보시기에 그래도 다른 왕들보다는 잘 살았으니 눈 감아 주시는 거야 하고, 그냥 그 말씀대로 받아들이면 될까요?

우리 하나님 대충 심판 하시는 하나님이신가요?

선악과를 먹었을때, 아담과 하와를 에덴 동산에서 내 쫓으신 분은 하나님 아니신가요?

그럼, 왜 하나님께서는 다윗이 온전하고 모든 것을 지켰다 말씀 하셨을까요?

처음에 저도 "하나님, 이건 말이 안되는데 어떻게 받아들일까요?"라고 기도했고, 제 마음에 "속죄제"를 떠 올리게 하셨습니다.

모든 사람이 분명 죄를 범했지만, "속죄제"를 통해 그 죄를 용서받게 하신 것이 또한 하나님의 명령이고 이 명령대로 행하면 되는 것입니다.

하나님께서는 절대로 죄인에게 "죄"를 짓지 않아야 완전하다고 말씀하시지 않으십니다.

우리가 죄를 짓고 다시금 속죄제를 드리는 삶, 하나님의 모든 계명을 지켜 행할 때에, 속죄제를 포함하여 주어지는 명령을 행할 때에, 우리의 죄를 예수님께 드렸을 때, "의"를 "여겨주시는 의"라고 우리는 볼 수 있고, 이 말씀을 조금 더 신학적인 의미로 다가가면 "칭의"입니다.

위에 말씀드렸지만, 성경은 욥, 노아, 다니엘 이 세 사람은 모두 "의인"이라 말씀하십니다.

"비록 노아, 다니엘, 욥, 이 세 사람이 거기 있을지라도 그들은 자기의 의로 자기의 생명만 건지리라 나 주 여호와의 말이니라." 겔 14:14

하나님께서 "욥을 순전하고 정직하여 악에서 떠난 사람이"라고 하셨을 때, 이 욥은 자기이 의를 가졌던 사람일까요? 아니면 칭의를 가진 사람이었을까요?

네, 이들에게 말씀하신 "자기의 의"는 "칭의"로 "예수님께 받은 의"일 것입니다.

자신의 죄를 양의 머리에 안수하고, 자기의 죄를 버릴 수 있는, 속죄할 수 있는 것이 바로 제사 제도 이며, 이 죄를 온전히 예수님께 의지하여 맡기는 일을 했기에, 이들은 "모든 명령"을 지킨 죄인이 된 것이고 "의로 여겨주심"을 받은 것입니다.

이때 하나님께서는 이렇게 말씀하십니다.
나 곧 나는 나를 위하여 네 허물을 도말하는 자니 네 죄를 기억지 아니하리라." 사 43:25
하나님께서는 우리의 죄를 도말하신 후에는 우리의 죄를 기억지 아니하신다 말씀하십니다.
그래서 "의인은 믿음으로 말미암아 살리라"라는 말씀은, 하나님께 의지하여 그 말씀대로 가감 없이 사는 삶을 의미하는 것으로, 이 삶은 "회개와 자복"이 있는 삶임을 보게 됩니다.
의인의 정의에 대해 솔로몬은 분명 이렇게 얘기하였습니다.

"대저 의인은 일곱 번 넘어질지라도 다시 일어나려니와 악인은 재앙으로 인하여 엎드러지느니라." 잠 24:16
의인은 넘어지지 않는 사람이 아니라는 것이 아닙니다.
넘어지되, 다시금 일어나 그 죄를 예수님께 드려 그 모든 명령을 준행하는 사람인 것입니다.
"선을 행하고 죄를 범치 아니하는 의인은 세상에 아주 없느니라." 전 7:20

하나님의 법은 십계명이나 율법도 주어졌지만, 그래서 그 율법을 통해 죄가 무엇인지를 알고 그 죄에서 피하며, 그 죄를 짓지 않은 것도 명령에 포함되지만, 그 명령에 불복하여 "죄인"이 되었을 때, 그 "죄"를 예수님께 옮겨야 하는 제사법도 하나님의 명령에 포함됩니다.
사가랴와 엘리사벳이 왜 온전히 행했다 말씀하셨는지 이해하셨는지요?

왜 다윗과, 욥, 심지어 말씀에 보면, 야곱도 완전하다 말씀하시는지 이해할 수 있습니다.

그래서 우리는 "의"를 생각할 때 인간이 가진 "여겨주시는 의"가 있고, 하나님의 절대적인 의로 따로 생각해야 합니다.

6-11. 죄인의 불안함

"그들이 서로 말하되 우리가 아우의 일로 인하여 범죄하였도다 그가 우리에게 애걸할 때에 그 마음의 괴로움을 보고도 듣지 아니하였으므로 이 괴로움이 우리에게 임하도다." 창 42:21

요셉의 형들은 요셉을 팔고나서 "속죄제"를 드렸을까요?

그 죄를 해결했을까요?

그들은 야곱에게, 자신들의 아버지에게 저희가 잘못했어요 하며, 그들의 죄를 뉘우치게 "속죄제"를 드려야 한다고 얘기했을까요?

분명 그들은 그들의 죄를 감추기 위해 노력했고, 그들은 그들의 죄를 속죄하지 못한 것을 우리는 알 수 있습니다.

성경은 이렇게 말씀하십니다.

"자기의 죄를 숨기는 자는 형통치 못하나 죄를 자복하고 버리는 자는 불쌍히 여김을 받으리라." 잠 28:13

죄를 자복하고 버리는 자는, 내 죄를 예수님께 고하고, 예수님께 맡기는 자 입니다.

속죄제의 기본은 참회하는 마음입니다.

통회하는 마음 이라고도 얘기합니다.

하나님의 법은 우리 마음부터 시작되기에, 제사를 드리기 전, 우리 마음이 먼저 용서를 구하고 경험해야 합니다.

하지만, 요셉의 형들은 "후회"를 하였을지언정, 통회하는 마음으로 "속죄제"는 드리지 못했기에, 죄의 결과가 자신들에게 왔음을 깨닫고 있는 것입니다.

만약 믿음이 마음속으로 끝나는 것이라면, 속죄제를 드릴 필요도 없었을 것입니다.

예수님께서는 모든 죄인에게 이렇게 말씀하십니다.

"여호와께서 말씀하시되 오라 우리가 서로 변론하자 너희 죄가 주홍 같을지라도 눈과 같이 희어질 것이요 진홍 같이 붉을지라도 양털 같이 되리라." 사 1:18

다시 얘기해 우리가 의롭게 되는 방법은, 우리가 하나님의 명령대로 예수님의 말씀을 듣고 지켜 예수님께 나아가 그분께 죄를 드려, 죄의 삯을 드리는 방법밖에는 없습니다.

그래서 "믿음"으로 우리가 꼭 매일 해야 하는 일에는 이 일도 포함됩니다.

"만일 우리가 우리 죄를 자백하면 저는 미쁘시고 의로우사 우리 죄를 사하시며 모든 불의에서 우리를 깨끗케 하실 것이요." 요일 1:9

아니, 우리 죄를 이미 용서하셨는데, 왜 자백해야 할까요?

예수님께서는 이미 우리 죄 값을 다 치루셨습니다.

하지만, 그 은혜에 들어가기 위해서는 내 죄를 예수님께 드리는 믿음의 행위가 필요한 것입니다.

그때, 우리는 "여겨주시는 은혜"를 경험하게 됩니다.

물론 십자가에서 예수님께서 우리의 모든 죄의 값을 치루셨지만, 그분의 피를 가지고 성소봉사를 하시는 것은, 그분께 믿음으로 속죄제를

드리는 자들의 죄의 값을 보이시고 있는 것입니다.

그럼, 우리가 우리 죄를 자백하지 않으면 어떻게 될까요? 그래도 우리 죄를 사하실까요?

바울은 이렇게 얘기합니다.

"복음에는 하나님의 의가 나타나서 믿음으로 믿음에 이르게 하나니 기록된 바 오직 의인은 믿음으로 말미암아 살리라 함과 같으니라." 롬 1:7

복음은 우리의 의가 나타나는 것이 아니라 예수님의 의가 나타나서 "믿음" 즉 우리가 가진 온전치는 못한 믿음이지만, 예수님의 온전한 믿음으로 나아갈 수 있게 하신다 말씀하십니다.

그래서 여기서 오직 의인은 믿음으로 말미암아 살리라 하셨는데, 여기서 "믿음"은 예수님을 의미합니다. 왜냐하면 믿음을 가질 때 예수님과 동행하기 때문입니다.

예수님과 동행한다는 것은, 믿음으로 나의 죄를 그분께 드릴 수 있다는 것입니다.

이스라엘 온 백성이 금송아지를 만들어 하나님께 범죄하였을 때에, 모세는 이렇게 얘기합니다.

"이튿날 모세가 백성에게 이르되 너희가 큰 죄를 범하였도다 내가 이제 여호와께로 올라가노니 혹 너희의 죄를 속할까 하노라 하고." 출 32:30

죄를 범했을 때, 죄인이 할 수 있는 것은 아무것도 없습니다.

위 말씀에서 "죄를 속한다"라는 의미는 "카파르" kapar 라는 단어로 죄를 덮다 라는 뜻입니다.

예수님의 희생의 피, 즉 그분의 은혜로만 죄를 덮을 수 있습니다. 사실 덮는다는 것 보다는 계산하다라는 게 더 정확하지 않을까 싶습니다.

예수님의 피로 우리의 죄 값을 내 주실때, 우리는, "여겨주시는" 은

혜를 선물로 받을 수 있기 때문입니다.

성소에서 율법의 요구를 피로 충족시키며, 또한 율법의 요구를 덮는 곳이 있는데 그곳이 곧 속죄소입니다.

속죄소는 "캅포레트"kapporeth라고 하는데 영어로는 비록 "mercy seat" 즉 자비의 자리라는 뜻이지만, 원어사전은 이렇게 정의합니다.

"캅포레트(명여)는 "카파르"에서 유래했으며, '속죄소 mercy seat'를 의미한다. 이 단어는 어근이 지적하는 바, '자비 mercy'와 관계가 없으며, 또한 어떤 '자리 seat'를 가리키는 것이 아니라 '속죄하는 것'을 의미한다." [성구사전]

즉 "속죄하는 것"의 의미가 있지만, 자비라는 뜻은 없다는 것입니다.

"인자를 천대까지 베풀며 악과 과실과 죄를 용서하나 형벌 받을 자는 결단코 면죄하지 않고 아비의 악을 자녀손 삼사 대까지 보응하리라."출 34:7

위 말씀에서 "형벌 받을 자는 결단코 면죄하지 않고"라고 하셨는데, 이 "형벌 받을 자"는 "용서를 구하지 않은 자"입니다.

믿음으로 자기의 죄를 예수님의 피를 통해 속함을 받지 않은 사람들입니다.

그 사람들은, 불안하여 떨며 예수님의 재림과 삼림을 맞이하게 될 것입니다.

즉, 사람은 하나님의 모든 계명을 지키지도 못했으나, 우리를 온전케 하시는 예수님의 피를 통한 속죄가 우리를 온전케 하시는 것입니다.

6-12. 마음을 다함으로 용서의 피를 받음

우리가 죄를 지었을 때, 하나님께서 우리에게 요구하시는 것은, "속죄제"와 더불어 "통회하는 심령"입니다.

우리가 드릴 수 있는 것은, 오직 온전한 "마음"입니다.

"하나님의 구하시는 제사는 상한 심령이라 하나님이여 상하고 통회하는 마음을 주께서 멸시치 아니하시리이다." 시 51:17

다윗이 내가 오직 주께만 범죄하였다 고백한 이유는 그의 모든 죄, 우리 모든 죄를 대속하고 죽으신 분은 오직 예수님이시기 때문입니다.

그래서 그분께서 대신 죽으셔야 우리가 살 수 있기에, 예수님께서는 대신 죽으신 것이며, 속죄제의 기본은, 그래서 "통회하는 심령"으로 내 죄를 예수님께 드리는 것입니다.

하나님께서는 또한 이렇게 말씀하십니다.

"나 여호와가 말하노라 나의 손이 이 모든 것을 지어서 다 이루었느니라 무릇 마음이 가난하고 심령에 통회하며 나의 말을 인하여 떠는 자 그 사람은 내가 권고하려니와 소를 잡아 드리는 것은 살인함과 다름이 없고 어린 양으로 제사드리는 것은 개의 목을 꺾음과 다름이 없으며 드리는 예물은 돼지의 피와 다름이 없고 분향하는 것은 우상을 찬송함과 다름이 없이 하는 그들은 자기의 길을 택하며 그들의 마음은 가증한 것을 기뻐한 즉." 사 66:2~3

우리가 범죄하였을 때, 우리는 이 심령으로 예수님께 나아가야 합니다.

그래서 속죄제사의 기본은 "통회하는 심령"으로 내 죄를 동물에게 안수했듯이, "통회하는 심령"으로 우리의 죄를 예수님께 드려야 합니다.

결국 우리의 죄가 "믿음"으로 의롭게 된다면, 그 "믿음"을 우리의 행위로 본다면, 그것을 온전케 하시는 것은 예수님이시며, "믿음으로 의

롭게 되게"하시는 은혜도 예수님께서 나오게 되는 것입니다.

"아브람이 여호와를 믿으니 여호와께서 이를 그의 의로 여기시고." 창 15:6
아브라함이 예수님을 믿는 것은, 오직 "선"만을 행하고, 모든 계명을 지켜서가 아니라, 그가 넘어지고, 무너졌을 때, 예수님께서 말씀하신 그 방법대로 "속죄제"를 통해 용서받았기 때문입니다.
그래서 이 속죄제는 아담때 부터 계속해서 드려지고 있는 것입니다.
물론 아브라함은 참 믿음을 가진 사람이었습니다.
"이는 아브라함이 내 말을 순종하고 내 명령과 내 계명과 내 율례와 내 법도를 지켰음이니라 하시니라." 창 26:5
그래서 우리가 "칭의"를 받는 것은, 우리의 죄를 해결하였을 때 가능합니다.

비록 우리가 죄인이지만, 우리의 모든 죄를 예수님께 드렸을 때, 그 "믿음"을 보시고 우리를 "의롭다" 말씀하시며, "네 믿음이 너를 구원하였다"고 말씀하십니다.
그리고 우리를 의롭다 말씀하시는 "칭의"에는 누군가의 피가 준비되어 있어야 합니다.
왜냐하면 계산은 똑바로 해야 하기 때문입니다.
그리고 그 계산해 주시는 본이 예수님이시며, 그분은 자신의 피인 예수님의 피 로 계산을 하시며 우리에게 "칭의"를 주십니다.

하나님께서는 이렇게 약속하십니다.
"네가 네 하나님 여호와의 명령을 지켜 그 길로 행하면 여호와께서 네게 맹세하신 대로 너를 세워 자기의 성민이 되게 하시리니." 신 28:9
여기서 그 길은, 하나님의 계명을 지키는 길이지만, 혹 넘어졌을 때에는 죄를 예수님께 드리는 방법도 분명 들어가 있는 것입니다.

우리가 그래서 계명을 지키다가, 혹 넘어지면, "속죄제"라는 하나님의 명령을 수행해야 하고, 그 때 하나님께서는 "자기의 성민이 되게 하시"겠다 약속하시는 것입니다.

"죄인"이 "성민"즉 거룩한 백성이 되기 위해서는 "죄"를 해결하는 것 외에는 아무런 방법이 없기에, 오직 "십자가"의 피를 통해 우리를 거룩한 백성으로 삼으시겠다는 약속입니다.

조금 더 말씀을 함께 이해하면 좋겠습니다.
"성경이 무엇을 말하느뇨 아브라함이 하나님을 믿으매 이것이 저에게 의로 여기신 바 되었느니라 일하는 자에게는 그 삯을 은혜로 여기지 아니하고 빚으로 여기거니와 일을 아니할지라도 경건치 아니한 자를 의롭다 하시는 이를 믿는 자에게는 그의 믿음을 의로 여기시나니."

롬 4:3~5

여기서 "의롭다 하시는 이를 믿는 자"는 내 의가 없음을 알고 예수님의 피를 의지하여 그분께 내 죄를 드린 사람입니다.

위 말씀에서 "일하지 아니한 자를 의롭다 하시는 이"에서 일은 우리의 죄를 없애기 위해 우리의 노력이 하나도 들어가지 않았다는 뜻입니다.
왜냐하면 예수님만 그 일을 하실 수 있었고, 그분만 그 일을 하셨기 때문입니다.

이 말씀을 가끔 잘못 이해하여, 우리가 아무것도 안해도 예수님이 우리의 구주 되신 것을 믿으면 우리가 의롭게 된다고 설명을 하시는 분들도 계시지만, 만약 그렇다면, 우리가 "자백"은 왜 해야 할까요?
속죄제는 왜 드려야 할까요?
믿음의 정의가 바로되지 못하자, 사람들이 자신의 죄를 예수님께 드리는 자백도 의미가 퇴화되고, 대부분 그리스도인이 자신이 죄를 지은

것에 대해 후회는 하지만, 이미 예수님께서 나의 죄를 용서하셨기 때문에 용서를 믿음으로 그분께 요구하지 않는 것이 현실이 되었습니다.

우리가 의롭게 되는 방법은 율법의 행위에 우리의 "의"가 있는 것이 아니라, 온전한 예수님의 "대속"이 있었고, 그 "대속"에는 우리가 한 일이 없기 때문에 이렇게 말씀하시는 것이지, 나의 죄를 예수님께 가져가지도 않고, 그냥 예수님께서 내 죄를 대속하셨다는 것을 속으로 "믿는"것은 절대로 우리를 의롭다 하지 못할 것입니다.

왜냐하면, "대속"에는 "동의"가 있어야 하며, "믿음"도 "행위"를 요구하시기 때문입니다.

그래서 아브라함이 의롭게 되었던 이유에 대해 이렇게 설명하는 것입니다.

"우리 조상 아브라함이 그 아들 이삭을 제단에 드릴 때에 행함으로 의롭다 하심을 받은 것이 아니냐 네가 보거니와 믿음이 그의 행함과 함께 일하고 행함으로 믿음이 온전케 되었느니라 이에 경에 이른 바 아브라함이 하나님을 믿으니 이것을 의로 여기셨다는 말씀이 응하였고 그는 하나님의 벗이라 칭함을 받았나니 이로 보건대 사람이 행함으로 의롭다 하심을 받고 믿음으로만 아니니라." 약 2:21~24

아브라함의 행함은, 그 죄를 없애지 못하는 일이었고 행함이었으나 참된 믿음을 가지고 한 행위였습니다.

이 행위는 예수님의 피 없이는 자신의 죄를 조금도 없앨 수 없는 행위입니다.

죄를 용서 받기 위해 성소에 갈 때, 우리는 양이나 염소를 끌고 갑니다. 참고로 양은 우리의 형제 되신 예수님을 뜻하고, 염소는 우리를 대신해 "죄인"으로 여김을 받으신 예수님을 뜻합니다.

누가 누구를 데리고 가는 것인가요? 누가 우리의 죄를 대속하는 것인가요?
양 없이, 염소 없이 우리가 성소에 나아갈 수 있을까요?
예수님 없이 우리가 하늘에 갈 수 있나요?

그래서 우리가 자신의 목숨으로 자신의 죄를 속하는 일을 아니할지라도 "경건치 아니한 자를 의롭다 하시는 이를 믿는 자에게는 그의 믿음을 의로 여기시나니"라고 하시며,
그가 하나님의 말씀을 듣고 지켜 행할 때에, 이것을 의로 여기셨다고 하시는 것입니다.

우리가 아무리 "속죄제"를 드린다 해도, 그 행위로서는 우리가 의롭다 하심을 입는 것이 아니라, 우리가 의롭게 되는 것은 오직 예수님의 피였고 믿음으로 그 은혜에 들아간 것 외에는 아무것도 없기 때문입니다.

EGW 선지자는 이렇게 설명합니다.
"여호와의 영광이 우리 뒤에 호위하려면 그리스도의 의가 우리 앞에 가야 한다. 만일 우리가 하나님의 뜻을 행하면, 우리는 아무런 효력이 없는 우리에게 있는 어떤 공로 때문에서가 아니고 하나님의 값없는 선물로서 큰 축복을 받게 될 것이다." 믿음과 행함, 28
값 없는 선물은 예수님의 피 입니다.
그래서 신약에서는 구원에 대해서 심심치 않게 이러한 성경절을 찾아볼 수 있습니다.

성경은 이렇게 얘기합니다.
"이스라엘아 네 하나님 여호와께서 네게 요구하시는 것이 무엇이냐 곧 네 하나님 여호와를 경외하여 그 모든 도를 행하고 그를 사랑하며

마음을 다하고 성품을 다하여 네 하나님 여호와를 섬기고 내가 오늘날 네 행복을 위하여 네게 명하는 여호와의 명령과 규례를 지킬 것이 아니냐."신 10:12~13

이것이 우리에게 요구하시는 믿음으로, 단순히 로마서 10장 9~10절에서 반복되었을 뿐입니다.

소경 거지 바디매오처럼 예수님을 "다윗의 자손 예수여"라고 고백하며 그분께 "나를 불쌍히 여기소서"라고 입으로 시인하여도 그 시인이 믿음의 행위가 되기에 구원에 이른다고 말씀하시는 것입니다.

"영혼 없는 몸이 죽은 것 같이 행함이 없는 믿음은 죽은 것이니라."약 2:26

아무리 우리가 예수님께서 내 죄를 위해 돌아가셨음을 동의한다 해도, 우리가 "믿음"으로 예수님께 나아가 그분께 용서함을 경험하지 못하고, 그 은혜를 받지 못하면, "죽은" 믿음을 가졌다고 얘기하는 것입니다.

다윗은 의로운 사람입니다. 그가 의롭다 함을 받는다는 것은 구원을 받는 다는 뜻입니다.

그가 죄를 짓지 않아서가 아니라, 하나님께서 알려주신 율법대로 범죄할 때 마다, 율법대로 속죄하며 통회하였기 때문입니다.

"다윗이 땅에서 일어나 몸을 씻고 기름을 바르고 의복을 갈아 입고 여호와의 전에 들어가서 경배하고 궁으로 돌아와서 명하여 음식을 그 앞에 베풀게 하고 먹은지라."삼하 12:20

밧세바와의 불륜으로 생긴 그 아이가 죽자 다윗은 이렇게 했다고 합니다.

그가 하나님의 전에 가서 무엇을 하였을까요?

네 저는 그가 속죄제를 드렸다고 생각합니다.

그리고 그가 속죄제를 드리고 그의 죄의 용서를 받았을때 하나님께서는 이렇게 약속하십니다.

"나 곧 나는 나를 위하여 네 허물을 도말하는 자니 네 죄를 기억지 아니하리라." 사 43:25

하나님께서는 한번 우리의 죄를 용서하시면, 그 사람은 "의인"이라 칭하시고, 그의 죄를 더 이상 기억하지 않으시는 것입니다.

그래서, 하나님께서는 솔로몬에게 다윗이 전심으로 평생 나의 율례와 규례를 지켰다 말씀하신 것입니다.

예수님께서는 오늘도 우리에게도 예수님께서는 똑같은 초청을 하십니다.

"여호와께서 말씀하시되 오라 우리가 서로 변론하자 너희 죄가 주홍 같을지라도 눈과 같이 희어질 것이요 진홍 같이 붉을지라도 양털 같이 되리라." 사 1:18

우리가 예수님께 나아간다는 것은, 그분의 머리에 우리의 죄를 옮기는 것을 의미합니다.

예수님께 내 모든 죄를 드리고, 나는 그분의 피로 내 죄 값을 계산하고 의롭게 여김을 받는 것을 의미합니다.

그래서 우리의 죄는 눈과같이 희어지고, 양털같이 되어 더 이상 기억되지 않고 우리는 "의인" 이라는 칭호를 받게 되는 것입니다.

6-13. 사마리아 여인의 죄의 해결

"유대인들이 대답하여 가로되 우리가 너를 사마리아 사람이라 또는 귀신이 들렸다 하는 말이 옳지 아니하냐" 요 8:48

유대인들은 예수님을 사마리아 사람이라고 부르기도 했습니다.

왜 그랬을까요?

왜냐하면 예수님은 사마리아 사람들을 사랑했기 때문입니다.

"사마리아로 통행하여야 하겠는지라."요 4:4

예수님은 사마리아를 사랑하셨습니다. 그리고 왜 예수님께서 이 길로 가셨는지 우리는 알고 있습니다.

"사마리아 여자 하나가 물을 길러 왔으매 예수께서 물을 좀 달라 하시니 이는 제자들이 먹을 것을 사러 동네에 들어갔음이러라 사마리아 여자가 가로되 당신은 유대인으로서 어찌하여 사마리아 여자 나에게 물을 달라 하나이까 하니 이는 유대인이 사마리아인과 상종치 아니함이러라."요 4:7~9

사마리아 사람들 조차도 왜 예수님께서 자신들에게 이야기를 하는지 이해할 수 없었습니다.

유대인들에게 사마리아 사람은, 사실 변절자들이고, 어찌보면 "죄인"들의 집단이라는 인식이 강했습니다.

느헤미야 시대에는 성벽을 재건하지 못하게 막았고, 르호보암 시대부터 사실 유대와 사마리아는 계속해서 싸우기도 했습니다.

그런데, 예수님께는 이 사마리아가 사실 아픈 손가락입니다.

그 아픈 손가락 중에서도, 손가락질 받는 이 여인의 마음을 예수님은 아셨고, 마음 아프셨던것 같습니다.

예수님은 이 여인에게 오신 목적을 이렇게 설명하십니다.

"예수께서 대답하여 가라사대 이 물을 먹는 자마다 다시 목마르려니와 내가 주는 물을 먹는 자는 영원히 목마르지 아니하리니 나의 주는 물은 그 속에서 영생하도록 솟아나는 샘물이 되리라."요 4:13~14

이 여인에게 생명수를 주시기 위해 오셨다고 말씀하시는 것입니다.

왜 뜬금없이 이 사마리아 여인에게 영생하는 생명수를 주시러 오셨다고 했는지는 말씀을 보면 그 답이 주어집니다.

"여자가 가로되 주여 이런 물을 내게 주사 목마르지도 않고 또 여기 물 길러 오지도 않게 하옵소서 가라사대 가서 네 남편을 불러오라"요 4:15~16

이 여인은 아직 영적인 대화가 준비되어 있지 않았습니다.
죄인의 특성은 죄를 감추고 싶어합니다.
아담과 하와가 자신을 감추고 싶어 한 것 처럼, 이 여인은 자신의 죄를 감추고 싶기에 우물에 나오지 않게 해 달라 하는 것입니다.
그런데 예수님은 네 남편을 불러오라 말씀하시는 것입니다.

"가라사대 가서 네 남편을 불러오라."요 4:16
이 여자는 순간 당황했을 것입니다.
예수님은 영생하는 생명수를 주시고 있는 것입니다.
죄인이 영생하기 위해서는 무엇을 해결해야 하죠?
죄를 해결해야 합니다.
그리고 이 여자는 이렇게 예수님께 대답하고, 예수님께서는 이 여자에게 네가 "옳다"고 해 주십니다.
죄인의 편에 서시는 것입니다.

"여자가 대답하여 가로되 나는 남편이 없나이다 예수께서 가라사대 네가 남편이 없다 하는 말이 옳도다 네가 남편 다섯이 있었으나 지금 있는 자는 네 남편이 아니니 네 말이 참되도다."요 4:17~18
죄인을 위해 변호사가 되셔서 네 말이 옳다고 말씀하시는 것입니다.
"여호와께서 말씀하시되 오라 우리가 서로 변론하자 너희 죄가 주홍 같을지라도 눈과 같이 희어질 것이요 진홍 같이 붉을지라도 양털 같이

되리라."사 1:18

이렇게 변론하시겠다 하신 예수님은, 죄인의 편에 서시고, "네 말이 옳다, 네 말이 참되다" 하시는 것입니다.

네가 왜 죄를 지었는지 묻지도 따지지도 않으시고 그냥 네가 맞다 말씀하십니다.

감추고 싶었던 죄를 예수님은 죄인의 편에 서셔서 그 큰 죄를 해결해 주시는 것입니다.

그 죄의 문제가 해결되자, 이제 이 여자는 그 죄를 씻기 위해 어디로 가야 하는 지, 의문이 들었을 것입니다.

왜냐하면, 율법은 분명히 예루살렘에 있는 성전에서 "속죄제"를 드려야 함을 얘기하고 있기 때문입니다. 그래서 이 여자의 다음 질문은 "예배"일 수 밖에 없었던 것입니다.

"우리 조상들은 이 산에서 예배하였는데 당신들의 말은 예배할 곳이 예루살렘에 있다 하더이다."요 4:20

나는 어디에서 예배해야 하냐고 예수님께 묻는 것입니다.

이들에게 예배는 "제사"였고, 평민들이 "제사"를 드리는 것 중에는 속죄제를 드리는 것도 하나의 중요한 이유가 아니었을까 생각할 수 있습니다.

유대인들은 자신의 땅에 들어오지도 못하게 하는데, 내 죄를 용서 받기 위해 나는 어디서 제사를 드려야 하냐고 묻는 것입니다.

예수님도 이 사마리아 사람들의 마음을 아셨을 것입니다. 그래서 사마리아와 많은 교류를 하셨기에, 사람들은 예수님보고 사마리아 사람이 아나냐고도 할 정도였습니다.

그들도 예배하고 싶은데, 그들도 제사를 드리고 싶은데, 아무래도 그들이 제사하는 곳은 하나님께서 지정하신 곳이 아님을 알긴 하는데, 별 도리가 없으니 그리심산에서 드리고 있음을 말입니다.

유대인들은 페르시아에서 포로생활을 마치고 돌아와 BC 516년경에 스룹바벨의 지도로 성전을 세웠습니다.
그리고 느헤미야가 BC 445년경 성벽을 재건하고 출입을 철저하게 통제하였고, 사마리아 인들과의 교류는 점점 작아져만 갔을 것입니다.

그래서 이 사마리아 인들은 BC 432년경 이 그리심산에 성전을 세웠다고 재림교회 주석은 얘기합니다. 이들도 죄인으로 자신의 죄를 용서받을 곳이 필요했던 것입니다.

그런데 심지어 이 그리심산에 있던 성전마저도 BC 129년경 요한 히르카누스에 의해 파괴된 이래 폐허로 남아 있었기에 사마리아인들은 더 이상 예배할 곳이 없었기에, 이 여인의 질문은 영적인 오열에 가깝지 않을까 싶습니다.
예배하고 싶은데, 나도 용서받고 싶은데, 예루살렘은 그들에게 열려 있는 은혜가 아닌 것입니다.

그들에게는 몇 백 년 동안 예배할 곳이, 제사를 드릴 수 있는 곳이 없어진 것입니다.
은혜를 누리고 죄사함을 받을 수 있는 곳이 이들에게는 허락되지 않는 것 처럼 보였던 것입니다.
그러니 이 여인의 이런 질문은 사실 요한 복음에 아주 간단하게 기록되었지만, 모든 사마리아 인들에게는 뼈저리게 아픈 신앙의 해결되지 않는 문제였음을 우리는 알 수 있습니다. 이 문제는 오직 메시야만이 해결할 수 있다고 이들은 생각했던 것입니다.

"여자가 가로되 메시야 곧 그리스도라 하는 이가 오실 줄을 내가 아노니 그가 오시면 모든 것을 우리에게 고하시리이다." 요 4:25

이들에게는 그들의 죄를 해결할 방법이 "메시야" 외에는 답이 없었습니다.

사마리아는 어떤 곳입니까?

"이스라엘로 범죄케 한 느밧의 아들 여로보암의 죄 곧 벧엘과 단에 있는 금송아지를 섬기는 죄에서는 떠나지 아니하였더라." 왕하 10:29

여러보암왕 때부터 온전한 개혁이라고는 해 본 경험이 없던 사마리아. 금송아지를 섬기고 온전히 나라가 망하여 앗수르에 잡혀갔다가 돌아오긴 했지만, 유대에 있는 그 누구도 그들을 형제로 생각하지 않기에 유대에 적대적인 감정으로 밖에는 그들의 마음을 표출하지 못한 사람들이 사마리아 사람들이었습니다.

이들의 마음을 예수님은 그분의 사랑으로 품어주시는 것입니다.

이 사마리아 여인은 해결되지 않은 질문, "어디서 예배"해야 하는 지에 대한 답변을 메시야가 주실 것이라 생각했고, 예수님은 그에게 이렇게 대답하십니다.

"예수께서 가라사대 여자여 내 말을 믿으라 이 산에서도 말고 예루살렘에서도 말고 너희가 아버지께 예배할 때가 이르리라." 요 4:21

장소에 문제없이 죄를 용서받을 수 있다고 답하시는 것입니다.

내가 너희의 문제를 아니, 조금만 기다리라 하시는 것입니다.

이 답을 주시고 조금 후에 예수님께서는 자신이 누구이신지 밝히십니다.

"예수께서 이르시되 네게 말하는 내가 그로라 하시니라." 요 4:26

내가 너희들에게 그 답을 줄 수 있는 메시야 그 사람이니 이제는 내

말을 들으라 하시는 것입니다.

사마리아 사람들도 이제는 예배할 수 있다고 말씀하시는 것입니다.

우리가 하나님께 쉽게 예배할 수 있는 것이 이토록 큰 복음인 것입니다.

신령과 진정이 있으면 죄가 용서되는 특권을 받은 것입니다.

"아버지께 참으로 예배하는 자들은 신령과 진정으로 예배할 때가 오나니 곧 이 때라 아버지께서는 이렇게 자기에게 예배하는 자들을 찾으시느니라 하나님은 영이시니 예배하는 자가 신령과 진정으로 예배할지니라." 요 4:23~24

너희가 참 마음으로 하나님께 예배하면 된다고 말씀하시는 것이라고 보통은 생각하고 저도 그렇게 생각했지만, '신령과 진정'은 그런 뜻이 아님을 보게 됩니다.

우리가 하나님을 이곳 저곳에서도 섬길 수 있는 것은, "은혜"가 보편적으로 주어진 이유는, 예수님께서 어린양 대신 그 재단에 서셨기 때문입니다.

예수님께서는 "신령과 진정으로" 하나님께 예배하라 명하십니다. 여기서 '신령과 진정'을 원어로 보면 '영과 진리'입니다. 그래서 영문 성경에는 'Spirit and Truth'라고 표기되어 있습니다.

성경은 이렇게 얘기합니다.

"주는 영이시니 주의 영이 계신 곳에는 자유함이 있느니라." 고후 3:17

예수님께서 영이시라 말씀하시며, 이제는 자유롭게 예배할 수 있다는 것입니다.

"진리를 알지니 진리가 너희를 자유케 하리라." 요 8:32

예수님은 또한 진리시기에 우리를 자유케 하신다 말씀하시는 것입니다.

쉽게 얘기해, '신령과 진정'으로 예배하라는 것은, 내가 '영과 진리'니 더 이상 '양이나 염소'의 피로 말고 내 이름으로 예배하라 말씀하시는

것입니다.

있는 곳에서 온 마음을 다해 자기 죄에 대해 통회하는 마음으로 하나님께 예배하라 명하십니다.

이 여인에게 이 소식, 우리가 이제는 우리 죄를 "용서"받을 수 있다는 그 기쁜 소식은 "복음"이 되어, 이 여인은 복음 전도자가 되어 그 복음을 나누기 시작합니다.
"여자가 물동이를 버려두고 동네에 들어가서 사람들에게 이르되 나의 행한 모든 일을 내게 말한 사람을 와 보라 이는 그리스도가 아니냐 하니."요 4:28~29
우리가 드리는 예배도, 신령과 진정의 예배가 되어야 합니다.
우리의 삶의 예배도 오직 예수님만 높이는 신령과 진정의 예배가 되어야 합니다.

참 좋으신 예수님께서는 승천하시기 전 이렇게 말씀하십니다.
"오직 성령이 너희에게 임하시면 너희가 권능을 받고 예루살렘과 온 유대와 사마리아와 땅 끝까지 이르러 내 증인이 되리라 하시니라."행 1:8
사마리아를 잊지 말라는 것입니다.
사마리아는, 어찌 보면 영적으로 목마른 사람들이 있는 곳이었을 것입니다.
죄를 해결하지 못하는 그 곳에 "복음"을 전하라 하시는 것입니다.

예수님의 말씀은, 그분의 복음은 가난한 자들에게 주신다 하십니다.
"이주의 성령이 내게 임하셨으니 이는 가난한 자에게 복음을 전하게 하시려고 내게 기름을 부으시고 나를 보내사 포로된 자에게 자유를, 눈먼 자에게 다시 보게 함을 전파하며 눌린 자를 자유케 하고."눅 4:18

그 "가난한 자"가 많은 곳, 그곳이 사마리아였던 것입니다.

예수님께서 이 땅에 오신 이유, 그것이 율법의 요구를 모두 이루시기 위함이었습니다.

율법 중에서도, "속죄제"의 희생물의 역할 말입니다.

"인자가 온 것은 섬김을 받으려 함이 아니라 도리어 섬기려 하고 자기 목숨을 많은 사람의 대속물로 주려 함이니라."_{마 20:28}

이것이 저와 이 책을 읽는 분들에게 가장 큰 복음이 아닐까요? ❊

7장

믿음의 경험

원래 저는 죄로 인해 죽은 사람이었습니다.

죽은 사람이었기에, 예수님께서 나를 위해 돌아가셨고, 저를 구원하셨음을 알았을 때 그 기쁨과 충격은 말로 표현하기가 참 쉽지 않은 것 같습니다.

물에 빠져 죽어가며, 아 이제는 죽는구나 하고 다 포기했을 때, 나를 건져 "구원"한 사람이 있다면, 그 사람은 분명 나에게 "구원자"가 되지만, 반면에 난 수영도 잘 하고 더 버틸 수 있다고 생각하는데, 어떤 사람이 곧 죽게 될 것을 알고 꺼내 줬다면, 그 사람은 절대로 자기를 꺼내 준 사람을 "구원자"라고 느껴지지 않을 것입니다.

아무리 예수님을 구원자라 얘기해도, 죽어갔던 경험이 없으면 구원자가 될 수 없는 것입니다.

그래서 우리가 예수님을 나의 "구원자"라고 부르기 전에, 내가 죽게 된 경험이 있는가 한번 생각해 보는 것도 참 중요한 일이 아닌가 싶습니다.

죄와 처절하게 싸워본 경험 말입니다.

"여호와는 나의 힘이요 노래시며 나의 구원이시로다 그는 나의 하나님이시니 내가 그를 찬송할 것이요 내 아비의 하나님이시니 내가 그를 높이리로다." 출 15:2

이들이 이렇게 찬송할 수 있었던 것은, 정말 죽을뻔 했기 때문입니다.

그래서 참된 구원의 기쁨을 경험해 보는 것은, 신앙에 있어서 큰 주초가 되는 것 같습니다.

이미 죽은 저를 살리신 예수님이시기에, 모든 것을 드릴 수 있었던 것 같습니다.

제 가족이 출석하는 미국교회는 저희 가족이 그 교회에 가기 전부터 매주 일요일 아침 7시부터 홈리스 피딩을 하고 있었습니다.

컵라면과 커피를 주는데, 몇 번 해 보니, 좀 미안한 감이 있는 것입니다.

우리는 라면 먹지 말라고 애들에게 얘기하면서, 커피 마시지 말라고 얘기하면서, 이들에게 이런 음식을 주는게 맞나? 하는 생각이 들었습니다.

그때는 아직 예수님의 용서를 경험하기 전이었음에도, 양심상, 음식을 그렇게 줄 수는 없는 것이었습니다.

사실, "성령"께서는 마음 문을 두드리시면서, 그분의 마음을 넣어 주시기 시작하셨던 것 같습니다.

코로나가 오고, 저희 교회와 함께 다른 봉사하던 모든 단체도 자연스럽게 홈리스피딩을 그만두게 되었습니다.

이제는 제 돈으로 홈리스 피딩을 할 수 있기 때문에 기뻐하며, 처음 105인분을 준비하였습니다.

네 이웃을 네 몸과 같이 사랑하라 하셨기에, 제 다섯 가족들이 일주일 먹는 음식을 계산하니 105인분을 먹는 것입니다.

그래서 한 동안 105인분을 했는데, 보니까 제 아들 규진이가 훨씬 더 많이 먹는 것입니다 그래서 120인분을 하게 된 것입니다.

코로나가 위협이 되긴 했지만, 제 아이들과 제 처는 이 일을 멈출 수 없었습니다.

아이들에게 이 일이 예수님께서 명하신 말씀이니, 우리는 코로나로부터 예수님의 보호를 받을 거라 얘기하면서 계속하기로 하였습니다.

용서를 경험하고 나서, 아침 한 시간, 자기 전에 한 시간 말씀을 꼭 읽겠다 서약을 했기에, 그 날도 말씀을 읽었는데 일요일 새벽 1시가 된 것입니다.

일요일 새벽 5시에는 일어나야 스프를 끓이고 음식을 해서 나갈 수 있기에 알람을 맞추고 기도를 하였습니다.

아침에 일어날 수 있게 해 주세요.

그런데 누워서 자려고 하는데, 하나님께 깨워달라 하고, 알람을 맞춘 제가 참 한심해 보이는 것입니다.

내가 예수님을 믿는 게 맞나?

내가 아는 하나님은 나를 깨워 주실 수도 없는 분인가? 그런데 상식적으로 알람을 의지하면 일어나긴 합니다.

제 마음에 갈등이 매우 심했었습니다. 왜냐하면 만에 하나라도 제가 못 일어나면, 가족들도 안 일어나고, 그날 홈리스피딩은 없기 때문입니다.

정말 푹 자고 일어나 시간을 보니 4시 58분이었고, 제 알람은 꺼져 있었습니다.

저는 "아버지, 저 일어나지 않으면 이 사람들 굶어요. 제 마음 받아주세요, 제 마음 아시죠?"라고 기도를 했던 것 같습니다.

믿음에는 배팅이 필요합니다.

하지만, 예수님의 마음을 알지 못하고 배팅하기는 쉽지 않습니다.

믿음에는 무엇인가 걸어야 합니다. 코로나때 집회를 하기 위해서는 제 목숨을 걸어야 했고, 이 때는 밖에서 추위에 떨며 자던 안타까운 사

람들의 아침을 걸었습니다.

저희는 믿음을 지키기 위해서는 무언가 희생을 해야 합니다.

제가 걸었던 믿음에 배팅과는 질적으로 다른, 저는 정말 아무것도 아닌, 믿음의 배팅을 정말 목숨을 걸었던 한 사람이 성경에는 등장합니다.

7-1. 문둥병자의 믿음 - 주여 원하시면

얼마 전 저녁 마태복음을 읽으며 우리가 잘 아는 문둥병자에게 주목하게 되었습니다.

네 하나님의 은혜로 주목하게 된 것입니다.

"한 문둥병자가 나아와 절하고 가로되 주여 원하시면 저를 깨끗케 하실 수 있나이다 하거늘." 마 8:2

위 말씀에서 "주여 원하시면"이라고 이 문둥병자는 얘기함을 보게 되었습니다.

이 뜻은 무엇일까요?

이 문둥병자는 자신의 뜻보다 예수님의 뜻을 더 중요하게 생각함을 볼 수 있습니다.

주가 원하지 않으시면, 주의 뜻대로 하시라는 것입니다.

아마 이 문둥병자가 예수님께 나아오기 전에, 분명 어떠한 말로 부탁을 드려야 할지, 어떻게 요청해야 할지 고민하였을 것입니다

그가 결정한 방법은, 거의 모든 사람이 쓴 "주여 나를 긍휼히 여기소서"라는 말씀이 아니었습니다.

그는 대신에, 자기가 들었던 그 "좋으신 예수님의 뜻"에 모든 것을 맡기기로 결정한 것입니다.

내가 죽는다면, 그것이 그분의 뜻이라는 것입니다.
영어 표현의 말씀은 "그가 와서 예배하였다"라고 합니다.

어쩌면, 우리가 예배하는 시간은 그래서, 내 생각대로 살겠다고 나오는 것이 아니라, 하나님의 뜻을 알기 위해 나오는 것이 맞지 않나 싶습니다.
저는 정말 이 문둥병자가 주께서 원하시면 이라고 얘기했는가 싶어 마가복음과 누가복음을 찾아보았습니다.
이 문둥병자의 요청은, 마가복음, 누가복음에도 기록되어 있고, 그 모든 기자들 또한 이 문둥병자의 "요청한 방법"에 대해 "주여 원하시면"이라고 했음을 기록하고 있음을 보게 됩니다.
"한 문둥병자가 예수께 와서 꿇어 엎드리어 간구하여 가로되 원하시면 저를 깨끗케 하실 수 있나이다."막 1:40
"예수께서 한 동네에 계실 때에 온 몸에 문둥병 들린 사람이 있어 예수를 보고 엎드려 구하여 가로되 주여 원하시면 나를 깨끗케 하실 수 있나이다 하니."눅 5:12
이 문둥병자의 요청은 잠시 제 자신을 돌아보지 않을 수 없었습니다.
이 문둥병자는 자신의 병 때문에, 언제 죽어도 이상하지 않은 상황입니다.
손가락이 떨어져 나가고, 발가락이 문드러지며, 피부는 상해 냄새가 나고, 그는 가족도 친구도 모두 잃었으며, 혼자서 외롭게 죽어야 하는 상황에 처했으면서도 "주여 원하시면"이라고 얘기하고 있는 것입니다.

저도, 우리 모두도 이 문둥병자와 같은 믿음으로 살면 참 좋겠습니다.
은혜로우신 예수님께서는 이 문둥병자의 간구에 이렇게 답하십니다.
"예수께서 손을 내밀어 저에게 대시며 가라사대 내가 원하노니 깨끗함을 받으라 하신대 즉시 그의 문둥병이 깨끗하여진지라."마 8:3

　그런데 여러분! 예수님께서는 항상 우리의 뜻과 같지는 않으실 것입니다. 그렇기에 우리의 기도가 우리의 뜻대로 응답되지 않는 경우를 너무도 많이 겪게 됩니다.
　저는 미국에 계셨던 두 환자분들을 두고 얼마나 열심히 기도했는지 모릅니다.
　하지만, 그 결과는 한 분은 돌아가셨고, 한 분은 회복되었습니다.
　그런데 이 문둥병자는 "주가 원하시면"이라고 얘기하는 것입니다. 이 뜻은 "주가 원하지 않으시면" 자신의 요청 대로 안 하셔도 내가 받아들이겠다는 이 사람의 겸손한 신앙을 보이는 표현임을 보게 됩니다.

　여러분! 생각해 보시기 바랍니다, 우리가 매일 드리는 간구의 기도와, 이 문둥병자의 간구 중에 어느 간구가 더 절실하고 필요한 간구일까요?
　무릎이 아픈데, 허리가 쑤신데, 아니면 너무 추운데 좀 따뜻했으면 좋겠다는 혹은 차를, 집을 물건을 달라고 하는 우리의 간구인가요?
　아니면 죽을 수밖에 없는 자신의 병, 무디어진 감각으로 고통조차도 느끼지 못하며, 손가락, 코, 귀가 떨어져 가는 것을 보는 이 "문둥병자"의 간구일까요?
　그럼에도, 이 문둥병자는 "주가 원하시면"이라고 요청함을 보게 됩니다.
　제 자신은 예수님께서 원하시건 원하시지 않건 내 뜻대로 이루어 주시기를 기도할 때가 많지만, 이 문둥병자는 그러지 않았음을 보게 되었습니다.
　예수님께서 우리에게 기도를 가르치실 때 이렇게 말씀하셨습니다.
　"나라이 임하옵시며 뜻이 하늘에서 이룬 것 같이 땅에서도 이루어지이다." 마 6:10
　하나님의 뜻이 우리가 해야 하는 기도의 중심이 되어야 한다는 것입

니다.

　하나님의 뜻이 이 땅에서 이루어지기를 기도하라 하셨는데, 저는 기도할 때, 항상 제 뜻이 먼저고, 제 생각이 앞서는 것을 보게 됩니다.
　생각해 보면, 우리의 믿음에 상처가 생기고, 우리의 신앙이 약해질 때는 우리의 뜻대로, 우리의 간구대로 하나님께서 응답하지 않으실 때가 아닌가 생각해 보게 됩니다.
　하지만, 이 문둥병자는 "죽음"을 앞에 두고도, "주가 원하시면"이라고 간구함을 보게 됩니다.

　말씀을 쓰고 새벽 기도를 하며, 저도 내 간구를 드리기 전에 "주가 원하시면"이라고 먼저 고백하면서 기도를 해 봤습니다.
　"주가 원하시면" 내가 우리 가족들과 함께 살 수 있게 해 주시고, "주가 원하시면" 회사를 정리하고 빚을 다 정리하게 해 주시며, "주가 원하시면" 오늘도 재물의 복을 허락해 달라 기도해 보았습니다.
　예수님을 안다 생각했던 제 마음은 두려운 마음에 사로잡히고, 혹시나 하는 두려움, 예수님의 뜻이 내 뜻과 다르면 어쩔까 하는 두려움에 눈물이 많이 흘렸습니다.
　나는 원하는데, 내가 원하는 것 보다 예수님께서 원하시는 것이 우선이 되어야 하니 마음이 편치 않았습니다.
　혹 하나님께서 원하시지 않으면, 가족들과 계속해서 떨어져 살아야 하고, 하나님께서 원치 않으시면, 더한 고통의 길로 걸어가야 하기에, 제 마음이 그분의 품성을 온전히 신뢰하지 못하고 있음을 보게 되었습니다.
　특별히, 이 말씀을 주셨을 때는 제 두 딸이 인도에 가 있는데, "주여 원하시면" 이 아이들을 안전한 길로 인도해 달라고 기도할 때는 엄청난 공포가 몰려오기까지 하였습니다.

그래서 우리가 하나님께 예배한다는 것은, 하나님의 뜻이 내 뜻 앞에서 이루어지기를 간구하는 것입니다.
"그를 향하여 우리의 가진 바 담대한 것이 이것이니 그의 뜻대로 무엇을 구하면 들으심이라."요일 5:14

그래서 간구는, 하나님의 뜻을 알기에 참 필요합니다.
기도를 통해 내가 하나님의 뜻을 배우고, 그 길에서 걷게 하시는 것, 나를 포기하게 하시며, 그분의 뜻에 나를 다 맡기는 것, 그것이 우리의 간구가 되게 하심을 보게 됩니다.
이 세상은, 하나님의 뜻대로 돌아가야 합니다.
왜냐하면 우리의 생각과 뜻은 매일 바뀌고, 그 때마다 우리의 사랑하는 대상도 바뀌기 때문입니다.
우리의 믿음에 가장 큰 적이 있다면 분명 "시간"입니다.

그래서 우리의 믿음은 시간이 자나면 약해지기도 하고, 변하기도 합니다.
변함없는, 그리고 온전한 그분의 뜻대로 이 세상이 진행되어야 하지, 저 같은 사람의 마음으로 뜻대로 된다면 이 세상은 혼돈 가운데 있을 것입니다.
우리의 간구는 "이기적"이며 "이타적"이 아닐 때가 많기 때문입니다.
"이는 순찰자들의 명령대로요 거룩한 자들의 말대로니 곧 인생으로 지극히 높으신 자가 인간 나라를 다스리시며 자기의 뜻대로 그것을 누구에게든지 주시며 또 지극히 천한 자로 그 위에 세우시는 줄을 알게 하려 함이니라 하였느니라."단 4:17
하나님의 뜻대로 왕도 세우시고, 나라도 일으키셔야 하며, 그분의 뜻이 이 땅에서 이루어져야 합니다.
왜냐하면, 그 길 만이 우리를 위한 "최선"의 길이시며 우리가 신뢰할

수 있는 길이기 때문입니다.

그래서 하나님께서 이 세상을 다스리신다는 이 말씀은 우리에게 희망을 주고 소망을 줍니다.

7-2. 초대 교인들의 믿음

이러한 믿음을 보인 사람들이 또 있음을 보게 됩니다.

바로 초대 교회 신자들입니다.

우리는 초대 교회를 집중해서 볼 필요가 있습니다.

왜냐하면, 말세의 교회의 부흥은 초대교회를 닮을 것이기 때문입니다.

"바울이 대답하되 너희가 어찌하여 울어 내 마음을 상하게 하느냐 나는 주 예수의 이름을 위하여 결박 받을 뿐 아니라 예루살렘에서 죽을 것도 각오하였노라 하니 저가 권함을 받지 아니하므로 우리가 주의 뜻대로 이루어지이다 하고 그쳤노라." 행 21:13~14

이들의 뜻은 바울이 예루살렘으로 가지 않는 것이었습니다. 왜냐하면, 이미 예언을 통해 바울이 결박을 당하고 이방인의 손에 넘기워 질 것을 보이셨기 때문입니다.

하지만, 바울은 예수님의 뜻이라면, 자기는 묶이는 것뿐만이 아니라 죽을 각오도 되어 있다고 얘기합니다.

자기의 인생을 결정하시는 분은 예수님이며, 그분의 이름을 위하여는 자기의 뜻을 내려놓겠다 하는 것입니다.

왜 바울은 교회를 생각하는 마음이 없고, 이들에게 참된 목자로서 말씀을 가르치고자 하는 열망이 없었겠는지요?

하지만, 자신의 모든 생각을 "주가 원하시는 대로" 따르길 결심한 것입니다.

7장 믿음의 경험

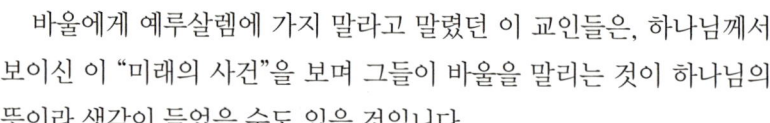

바울에게 예루살렘에 가지 말라고 말렸던 이 교인들은, 하나님께서 보이신 이 "미래의 사건"을 보며 그들이 바울을 말리는 것이 하나님의 뜻이라 생각이 들었을 수도 있을 것입니다.

아니면 예언은 미래를 보여주시는 것이니, 그들이 바울을 말린다면, 하나님의 뜻을 바꿀 수 있을 것이라 생각했을 것입니다.

하지만, 바울의 고백에 이들은 "주의 뜻대로 이루어지이다"하며 그들의 의지와 고집을 내려놓는 것을 보게 됩니다.

왜냐하면, 초대 교인들에게 가장 중요한 것은, "주의 뜻"이지 자신의 뜻이 아니기 때문입니다.

시편 기자는 이렇게 간구함을 보게 됩니다.

"주는 나의 하나님이시니 나를 가르쳐 주의 뜻을 행케 하소서 주의 신이 선하시니 나를 공평한 땅에 인도하소서." 시 143:10

나의 뜻이 중요한 것이 아님을 깨닫는 것, 하나님의 뜻이 내 삶의 표준이 되는 것, 그것이 곧 참된 신앙인의 자세이며 예배하는 자의 자세가 아닐까 생각해 보게 됩니다.

주의 뜻대로 이루어 지는 것이 곧 믿음의 길이기 때문입니다.

바울은 우리에게 이렇게 조언하심을 보게 됩니다.

"그러므로 어리석은 자가 되지 말고 오직 주의 뜻이 무엇인가 이해하라." 엡 5:17

내 뜻이 한 20프로 있는 것이 아니라 오직 주의 뜻이 무엇인가 이해하라 하십니다.

하나님의 뜻도 모르며 기도하는 것, 하나님의 뜻을 모르며 간구하는 것은 미련한 것이라 말씀하십니다.

하나님의 뜻도 모르며 하나님의 일을 하려는 것도 미련한 것이라 말씀하시는 것입니다.

   이 말씀은 반대로 "주의 뜻이 무엇인가 이해"할 수 있게 하시겠다는 "약속"이기도 합니다.

   그래서 우리는 "주가 원하시면"이라고 간구하며, "주의 뜻"을 먼저 생각하고 또 "주의 뜻"을 받을 수 있는 사람이 되어야 합니다.
   "주의 뜻"이라면, 삶이 아니라 죽음도 받을 수 있어야 하며, "주의 뜻"이라면 내가 간절이 원하는 것, 내게 없으면 너무도 힘든 상황이 온다 하더라도, 내 고집이 아니라 하나님의 뜻이 이 땅에 이루어지기를 기도해야 합니다.

   우리는 어떻게 예수님의 뜻을 알 수 있을까요? 기도하면 알 수 있습니다. 기도하면서 주의 뜻대로 해달라 간구하면 됩니다.
   주의 뜻대로 구하면 들어 주신다 하셨기에, 기도를 해 봐야 합니다.

   주의 형제 야고보는 이렇게 권면합니다.
   "내일 일을 너희가 알지 못하는도다 너희 생명이 무엇이뇨 너희는 잠간 보이다가 없어지는 안개니라 너희가 도리어 말하기를 주의 뜻이면 우리가 살기도 하고 이것 저것을 하리라 할 것이거늘."약 4:14~15
   우리가 살면서 중요한 것은, 내 의지가 아니라는 것입니다.
   우리가 아무리 발버둥 친다 해도, 우리의 뜻대로 되는 것이 아니라는 것입니다.
   그래서 우리의 이기적인 뜻 보다는 하나님의 선하신 뜻을 따라야 합니다.

   예수님께서도 이렇게 말씀하십니다.
   "내가 하늘로서 내려온 것은 내 뜻을 행하려 함이 아니요 나를 보내신 이의 뜻을 행하려 함이니라 나를 보내신 이의 뜻은 내게 주신 자 중에 내가 하나도 잃어버리지 아니하고 마지막날에 다시 살리는 이것이

니라." 요 6:38~39

이 땅에서 하나님의 뜻이 이루어 지기를 기도하라 하셨던 예수님, 우리에게 그 기도를 가르쳐 주신 것은, 예수님 또한 아버지의 뜻이 가장 중요했기 때문입니다.

하지만, 살다 보면, 우리의 뜻과 예수님의 뜻이 엇갈릴 때가 있습니다. 예수님은 어떠셨을까요?
예수님의 뜻과 하나님의 뜻은 항상 같았을까요?
예수님도 인간으로 오셨기에, 엇갈릴 수 있음을 보여주십니다.
"가라사대 아버지여 만일 아버지의 뜻이어든 이 잔을 내게서 옮기시옵소서 그러나 내 원대로 마옵시고 아버지의 원대로 되기를 원하나이다 하시니." 눅 22:42
이 성경절을 보면서 참 많은 생각을 하였습니다.
하나님과 예수님은 하나인데, 오직 이곳 에서만 두 분의 생각이 다른 것입니다.

예수님도 두려우셨을 것입니다.
아버지의 뜻과 자신의 뜻이 다름을 아마도 처음 느끼셨을 것입니다.
이것은 예수님께서 정말 인간으로 이 세상에 오셨음을 증거합니다. 하지만 예수님의 기도를 통해, 알 수 있는 것은, 예수님의 순종입니다.

7-3. 우리도 해야 하는 고백

그러기에 이 문둥병자의 고백은 참 대단한 것 같습니다.
"한 문둥병자가 나아와 절하고 가로되 주여 원하시면 저를 깨끗케 하실 수 있나이다 하거늘." 마 8:2

우리는 죽음을 앞두고 이 문둥병자와 같은 고백을 할 수 있을까요?

이 문둥병자는 무엇이 중요한지 알았던 것 같습니다. 정작 중요한 것은 그의 의지가 아니라 하나님의 의지라는 것을 알았던 것 같습니다.

이 성경절을 영어로 보면 Behold로 시작합니다.

"And behold, a leper came and worshiped Him, saying, 'Lord, if You are willing, You can make me clean.'" Matt. 8:2

우리에게 주목하라는 것입니다.

이 문둥병자는 죽음을 앞두고 있으면서도 예수님의 뜻대로 되기를 구했다는 것입니다.

우리가 지금 구하는 것은 누구의 뜻입니까?

나의 뜻대로 구하고 있는 것이 아닌가요?

그러면, 그 예배는 우리에게 아무런 유익이 되지 않을 것입니다.

"내 아버지의 뜻은 아들을 보고 믿는 자마다 영생을 얻는 이것이니 마지막 날에 내가 이를 다시 살리리라 하시니라." 요 6:40

그래서 우리의 믿음의 목표는, 하나님의 뜻이 이루어지길 바라는 것이어야 합니다.

네 믿음의 길은, 우리의 기도와 같습니다.

믿음으로 말씀을 따라 사는 것은, 이 문둥병자의 요청과 같아야 합니다.

얼마 전 출애굽기에 있는 말씀을 보며 한 말씀에 주목하게 되었습니다.

"내가 유다 지파 훌의 손자요 우리의 아들인 브사렐을 지명하여 부르고 내가 또 단 지파 아히사막의 아들 오홀리압을 세워 그와 함께 하게 하며 무릇 지혜로운 마음이 있는 자에게 내가 지혜를 주어 그들로 내가 네게 명한 것을 다 만들게 할지니라." 출 31:2, 6

위 말씀을 보며 그냥 지혜로운 사람을 시켜라 하지 않으시고, "지혜로운 마음이 있는 자에게 내가 지혜를 주어"라고 말씀하심을 보게 되

었습니다.

그런가보다 하고 넘어가면 말씀을 이해할 수 없습니다.

무릎을 꿇고 여쭤봐야 합니다.

지혜로운 마음이 있는 사람은 누구길래, 더하여 지혜를 주신다 말씀하실까요?

7-4. 달란트와 므나

저는 이 말씀을 보면서 한 말씀이 떠올랐습니다.

"저희가 가로되 주여 저에게 이미 열 므나가 있나이다 주인이 가로되 내가 너희에게 말하노니 무릇 있는 자는 받겠고 없는 자는 그 있는 것도 빼앗기리라."눅 19:25~26

이러한 말씀은 성경 전반에 걸쳐서 계속해서 나오는 진리입니다.

그래서 저는 지혜있는 자에게 지혜를 주신다는 말씀을 처음 이 말씀인가 생각했었습니다.

"있는 자는 받을 것이요 없는 자는 그 있는 것까지 빼앗기리라."막 4:25

"무릇 있는 자는 받아 풍족하게 되고 없는 자는 그 있는 것까지 빼앗기리라."마 13:12

이 말씀의 뜻을 분명히 이해하셨나요?

"그러므로 너희가 어떻게 듣는가 스스로 삼가라 누구든지 있는 자는 받겠고 없는 자는 그 있는 줄로 아는 것까지 빼앗기리라 하시니라."눅 8:18

있는 줄로 아는 것은 무엇일까요?

답부터 말씀드리면, 달란트와 므나 말씀과, 지혜있는 마음에 지혜를 더하신다는 말씀은 상관없는 말씀입니다.

그래도 잠시 말씀을 나눠 보고자 합니다.

어찌 보면, 좀 없는 사람은 나눠주고, 그 사람도 같이 살도록 하셔야 하는데, 예수님은 몰아주라 하십니다.

있는 사람에게는 더 주라 하시고, 거의 남지도 않은 사람 것은 다른 사람에게는 빼앗아 있는자에게 주라 말씀하시니까요.

이 비유는, 달란트의 비유와, 한 므나의 비유에 대해서 나오는 말씀입니다.

이 말씀을 아주 잠시 설명 드리자면, 이렇습니다.

마태복음 25장의 달란트의 비유에서는 각기 다른 달란트를 주십니다.

이것은 개인의 재능과는 상관없습니다. 재능이라고 번역된 단어는 사실 "뒤나미스" 로 "힘, 세력, 능력"을 의미합니다.

재능은 받은 재능을 더 늘렸다고 해서 구원을 주시지 않습니다.

달란트의 비유는 개인의 죄에 따라 더 크게 받은 은혜를 의미합니다.

"율법이 가입한 것은 범죄를 더하게 하려 함이라 그러나 죄가 더한 곳에 은혜가 넘쳤나니." 롬 5:20

다섯 달란트를 받은 자는 더 큰 죄를 범했던 사람입니다.

죄가 넘친곳에 은혜가 넘쳤기에, 개인적으로 받은 은혜는 다를 수 밖에 없습니다.

그들은 그들의 은혜의 가치를 알면 알 수록 그 은혜를 나누지 않고는 견딜 수 없는 것입니다.

누가복음 19장 13절에 나오는 열 므나는 각자 모두에게 똑같이 한 므나씩을 나눠주십니다.

이것은 모든 인류에게 주신 보편적인 은혜를 의미합니다.

"모든 사람에게 구원을 주시는 하나님의 은혜가 나타나." 딛 2:11

우리가 구원을 받고 못 받고는, 재능을 더 쓰고 안 쓰고 가 아닙니다. 나에게 그리스도의 은혜가 있는가, 내가 그 은혜를 정말 경험하고, 그 가치를 알고 그 복음을 나누어, 함께 은혜를 가지고 있는 가가 중요합니다.

왜냐하면, 구원은 은혜로 받고, 은혜의 유무가 구원을 결정하기 때문입니다.

그래서 그 은혜의 가치를 모른 사람은 그 은혜를 빼앗기에 되는 것입니다.

은혜가 있으면 그 사람은 구원받아야 하기에, 예수님께서는 빼앗으시는 것입니다.

EGW 선지자는 이렇게 얘기합니다.

그대의 달란트의 필요를 충족시킨다

"공언하는 그리스도인들이 흑암 중에 있는 자들을 가르칠 책임감을 느끼지 않는 때, 그리하여 은혜와 지식을 나누어 주기를 중지하는 때에 저들은 식별력이 약하여지고 하늘이 주시는 풍성한 선물을 인식하지 못한다. 저들 스스로가 그 가치를 평가하지 못하기 때문에 그것을 다른 사람들에게 소개할 필요성도 인식하지 못한다." 교회에 보내는 권면, 65/3

네, 우리가 잘 알듯이 심판에는 중간이 없습니다.

없는 자는 "은혜"가 없는 자이고, 그 있는 줄로 아는 것 또한 "은혜"입니다.

그래서 누가복음에서의 "므나"는 보편적으로 주어진 구원의 은혜를 뜻함을 보게 됩니다.

그리고 마태복음에서의 "달란트"는 개인의 받은 은혜, 즉 죄가 많은 사람은 더 큰 은혜를 경험한 것이고, 적게 용서 받은 자는 한 달란트라

말씀하시는 것이라 생각합니다.

그래서 그 은혜를 활용하지 못하고, 그 은혜를 나누지 못했을 때, 하나님은 "있는 줄로 아는 것까지 빼앗기리라" 말씀하십니다.

7-5. 지혜로운 마음이 있는 자

본론으로 돌아가 하나님의 성소에 들어갈 많은 기명들을 만들게 되는 "마음에 지혜있는 자", 즉 하나님께서 지혜를 더하실 사람들은 이런 사람들입니다.

"마음이 지혜로운 자는 명령을 받거니와 입이 미련한 자는 패망하리라." 잠 10:8

이들은 하나님의 명령을 받고 그대로 순종할 수 있는 사람들이었고, 하나님께서는 이들을 "마음이 지혜로운 자"라 말씀하십니다.

다시 얘기해, 하나님의 성전에 들어갈 기명을 만들라 "지명하여 부르"신 브사렐과 오홀리압은 단순히 손재주가 좋아 지명하셔서 부르신 자들이 아니며, 이들은 하나님의 명령에 순종할 수 있는 자들이기에, 하나님은 이들에게 "내가 지혜를 주"겠다 하신 것입니다.

하나님께서는 재주 있는 사람들을 찾으시는 것이 아닙니다. 하나님께서는 순종하는 마음이 있는 자를 찾으시며, 그 사람에게 지혜를 주신다 말씀하시는 것입니다.

"너희 중에 누구든지 지혜가 부족하거든 모든 사람에게 후히 주시고 꾸짖지 아니하시는 하나님께 구하라 그리하면 주시리라." 약 1:5

지혜를 주시는 하나님께 왜 지혜로운 사람, 손재주가 있는 사람들이 필요할까요? 그럴 필요가 없습니다.

　브사렐과 오홀리압, 이들이 성소를 세우는 일의 결과는 어땠을까요? 네, 성경은 이렇게 기록하고 있습니다.
　"모세가 그 필한 모든 것을 본즉 여호와께서 명하신 대로 되었으므로 그들에게 축복하였더라." 출 39:43
　말씀은 분명 "여호와께서 명하신 대로 되었"다 하십니다.
　이 일에 함께 참여한 "브사렐과 오홀리압"은, 자신의 지혜를 사용해서 더 멋지게 만들고 더 아름답게 만드는 사람이 아니었습니다.
　등대를 7개 만들어야 하는데 10개를 만들고, 지성소가 더 중요하니 지성소를 성소보다 더 크게 만드는 사람이 아니라, 하나님의 명령대로 준행할 수 있는 사람이었다는 것입니다.
　이 사람들은 하나님께서 명하신 그대로 행할 줄 아는 사람들이었음을 보게 됩니다.

　지금도 분명 하나님께서는 이 말세에 "브사렐과 오홀리압" 같은 그분의 일꾼을 찾으심을 보게 됩니다.
　"지혜로운 마음을 가진 자"들을 찾으십니다.
　우리가 순종할 때, 우리의 마음은 하나님의 지혜로우심과 하나가 되기에, 하나님의 명령대로 살 수 있는 사람을 찾으시는 것입니다.

　예수님은 이렇게 말씀하십니다.
　"그러므로 누구든지 나의 이 말을 듣고 행하는 자는 그 집을 반석 위에 지은 지혜로운 사람 같으리니." 마 7:24
　우리는 나의 "지혜"를 의지하며 내 뜻대로 생각하고 하나님의 명령에 내 의지대로 순종하려 할 때가 많지만, 예수님께서는 예수님의 말씀을 듣고 행하는 것이 지혜라고 말씀하십니다.
　다시 얘기해 "참 믿음"이 있는 자들이 "지혜로운 마음이 있는 자들"이라고 말씀하십니다.

이들은 자신의 뜻으로 사는 사람들이 아닙니다. 지혜로운 사람들은 하나님의 뜻대로 사는 사람들입니다.

우리가 하나님의 뜻대로 믿음을 지키며 살 때 성경에서는 많은 사람들이 승리하며 복"을 받은 것을 증거합니다.

"네가 네 하나님 여호와의 말씀을 삼가 듣고 내가 오늘날 네게 명하는 그 모든 명령을 지켜 행하면 네 하나님 여호와께서 너를 세계 모든 민족 위에 뛰어나게 하실 것이라. 여호와께서 명하사 네 창고와 네 손으로 하는 모든 일에 복을 내리시고 네 하나님 여호와께서 네게 주시는 땅에서 네게 복을 주실 것이며."신 28:1, 8

이런 이유로, 우리는 어떠한 공식을 머리에 두고 있냐면, 이러한 공식입니다.

우리가 예수님을 믿으면 복을 받는다는 공식 말입니다.

그런데 이 공식이 사실일까요?

네 사실, 성경에서는 많은 경우 믿음을 지킬 때에 이 세상에서 또한 복 약속하십니다.

"엘리사가 사자를 저에게 보내어 가로되 너는 가서 요단 강에 몸을 일곱 번 씻으라 네 살이 여전하여 깨끗하리라."왕하 5:10

"나아만이 이에 내려가서 하나님의 사람의 말씀대로 요단 강에 일곱 번 몸을 잠그니 그 살이 여전하여 어린아이의 살 같아서 깨끗하게 되었더라."왕하 5:14

네 사실 성경은 우리가 하나님의 말씀을 듣고 지켜 행할 때 복이 있음을 보게 됩니다.

심지어 하나님께서는 하나님께서 우리와 함께 하실 때, 이러한 약속도 주셨음을 보게 됩니다.

"천 인이 네 곁에서, 만 인이 네 우편에서 엎드러지나 이 재앙이 네게 가까이 못하리로다."시 91:7

7장 믿음의 경험 | 209

이것은 하나님께서 우리에게 주신 약속인가요?

우리가 믿음으로 살 때 하나님께서 우리에게 주신 약속은 더 많이 있습니다.

"네가 물 가운데로 지날 때에 내가 함께할 것이라 강을 건널 때에 물이 너를 침몰치 못할 것이며 네가 불 가운데로 행할 때에 타지도 아니할 것이요 불꽃이 너를 사르지도 못하리니." 사 43:2

이러한 약속을 다니엘의 세 친구는 믿었을까요?

네, 그들은 믿음대로 말씀을 듣고 지켜 행하였고, 그 믿음의 끝에 예수님께서 계셨음을 우리는 알 수 있습니다.

그런데 문제는 우리가 믿음을 지켜 말씀대로 행할 때에, 복만 있는 것이 아니라는 점입니다.

더 많은 경우, 우리가 믿음을 가지고 행한다 해도, 우리가 믿음을 지켰음에도 그 끝에 예수님께서 계신 것이 아니라, 우리에 앞에 죽음과 고문과 고통과 사고와 질병, 파산으로도 우리의 삶이 끝날 수 있다는 것입니다.

예수님을 바라봐야 하는데, 이런 많은 문제들로 앞이 보이지 않는 것입니다.

우리에게 이러한 결론이 우리의 마지막으로 다가올 때, 우리는 과연 믿음을 지킬 수 있을까요? 아니면 뒤로 돌아가게 될까요?

성경은 믿음의 특성에 대해 이렇게 정의합니다.

"믿음은 바라는 것들의 실상이요 보지 못하는 것들의 증거니." 히 11:1

내 상황이 비록 앞을 볼 수 없어도, 이 믿음을 지킬 때에 비록 보지는 못하지만, 그 길의 끝에 예수님께서 계심을 증거로 아는 것이라 얘기하고 있는 것입니다.

믿음이란, 비록 눈으로 보이지 않아도 내가 말씀대로 듣고 지켜 행하

는 믿음을 지킬 때에, 비록 내가 죽는다 하여도, 믿음을 통해 예수님을 바라볼 수 있는 것이라 성경은 얘기하고 있는 것입니다.

그래서 성경은 다음 성경절에 이렇게 얘기합니다.
"선진들이 이로써 증거를 얻었느니라."히 11:2
아무도 증거하지 않지만, 믿음을 지키며 그 증거함을 얻었음을 얘기하고 있는 것입니다.
하나님의 말씀이 증거가 되고, 비록 그들이 볼 수 는 없지만 믿음의 눈을 가지고 본다는 것입니다.
"이 사람들은 다 믿음을 따라 죽었으며 약속을 받지 못하였으되 그것들을 멀리서 보고 환영하며 또 땅에서는 외국인과 나그네로라 증거하였으니."히 11:13
다니엘이나 다니엘의 세 친구처럼 믿음을 지킬 때에 믿음의 그 길 끝에서 예수님께서 계신 이런 상황이 오면 참 좋겠지만, 사실, 또한 많은 경우 예수님께서 우리의 믿음의 끝에 계시겠다는 약속은 주어지지 않는다는 것입니다.
그래서 우리가 믿음을 지키는 것은, 참으로 쉽지 않습니다.
그럼, 왜 이들은 어떻게 그들의 믿음을 지킬 수 있었을까요?

성경은 이렇게 증거합니다.
"이같이 말하는 자들은 본향 찾는 것을 나타냄이라."히 11:14
이들은 본향을 찾았다고 합니다.
우리는 본향이 어디입니까? 하늘입니까 아니면 이 지구입니까?
최소한 이들에게 본향은 하늘인 것입니다.
거듭난 사람들에게 본향은 하늘인 것입니다.

콜로세움에서 많은 그리스도인들이 고난을 당하고 죽음에 처해졌습

니다. 이들은 고통 당하는 것을 받아들였습니다. 죽음까지도 받아들였습니다.

왜냐하면 그들의 눈은 죽음 너머를 볼 수 있었기 때문입니다.

왜 그랬을까요?

이들은 믿음을 지키려 했기 때문입니다.

사단이 가장 두려워하는 것이 있다면, 우리가 "믿음"을 가지는 것입니다.

하나님께서 가장 기뻐하시는 것이 있다면, 우리가 "믿음"을 가지는 것입니다.

"내가 내 자녀들이 진리 안에서 행한다 함을 듣는 것보다 더 즐거움이 없도다." 요삼 1:4

여기서 "진리"는 "말씀"일 수도 있지만, 또한 하나님의 "법, 계명"이기도 합니다. 시 119:142, 151

또한 우리가 믿음을 지킨다는 것은, 예수님을 지킨다는 것이고, 그 믿음대로 산다는 것은 주의 뜻대로 산다는 것을 의미합니다.

그들이 고난과 죽음까지도 받아들일 수 있었던 것은, 그들의 눈이 그들의 죽음 너머를 믿음으로 바라볼 수 있었기 때문입니다.

"여호와의 말씀에 내 생각은 너희 생각과 다르며 내 길은 너희 길과 달라서 하늘이 땅보다 높음 같이 내 길은 너희 길보다 높으며 내 생각은 너희 생각보다 높으니라." 사 55:8~9

이 성경절에서 생각은 "마하샤바"라는 단어로 "계획"을 뜻하기도 합니다.

다시 얘기해 우리의 계획은 하나님의 계획과 다를 수 있다는 것입니다.

그래서 믿음을 지키는 것은, 나의 계획이 아니라 하나님의 계획에 동참하겠다는 것입니다.

내 뜻이 아니라 하나님의 뜻에 동참하겠다는 것입니다.

오늘 계명을 안지키면 나에게 100만 불이 생긴다 해도, 100만 불 보다 더 큰 하늘 나라를 사모하면서, 내 계획을 말씀을 따르기 위해 포기하는 것을 의미합니다.

우리가 믿음을 지킬 때, 믿음으로 우리가 어떤 일을 당하게 될지 약속은 없습니다.

삶의 어두운 면으로 보여질 때가 있고, 축복의 모습으로 하나님께서 응답하실 때도 있습니다.

그래서 믿음이란 이렇습니다. 힘들다는 것입니다.

그래서 위에 얘기했던 한 문둥병자의고백은, 우리 믿음의 고백이 되어야 합니다.

당장 나의 상황이 너무나 힘들어지는 것이 뻔하다 해도, 그래도 믿음을 지켜야 합니다.

하나님의 말씀을 지켜야 합니다. 예수님의 좋으신 품성을 그분의 뜻을 따르기로 결심하는 것입니다.

말세에 사단은 이 믿음을 무너뜨리기 위해 제일 부단하게 애쓸 것입니다.

"이 사람들은 여자로 더불어 더럽히지 아니하고 정절이 있는 자라 어린 양이 어디로 인도하든지 따라가는 자며 사람 가운데서 구속을 받아 처음 익은 열매로 하나님과 어린 양에게 속한 자들이니." 계 14:4

네 이들은 예수님께서 어디로 인도하시든 따라간 사람들이라고 합니다. 그 길이 비록 순교라 해도 그 길을 따라간 것입니다.

그런데 여러분, 이들은 죽음 너머의 무엇을 봤을까요?

무엇을 믿었을까요?

네 이 땅에서 하나님께서 우리를 비록 버리신 것 같은 생각이 든다 해도, 믿음의 끝에 있는 약속을 바라보았습니다.

그때 이들은 "믿음"을 지킬 수 있었고, 분명 영생을 받았을 것입니다.

그래서 저는 이 문둥병자의 고백이 참 대단하다 생각합니다.

"한 문둥병자가 나아와 절하고 가로되 주여 원하시면 저를 깨끗케 하실 수 있나이다 하거늘." 마 8:2

그래서 우리의 기도와 믿음은 예수님께 맡겨야 합니다.

모든 것을 드리는 기도, 모든 것을 말씀대로 살며 그분의 뜻에 맡기는 믿음 그 믿음이 저와 여러분의 믿음이어야 합니다.

"믿음의 결국 곧 영혼의 구원을 받음이라." 벧전 1:9

우리는 이 땅에서 어떠한 약속을 받을지 아무도 알지 못합니다.

하나님께서 여러분들이 그분의 말씀대로 살 때, 그분의 말씀에 대한 믿음을 지킬 때, 죽음으로 인도하실 수도 있고, 구원으로 인도하실 수도 있습니다.

믿음은 우리가 보이는 결과가 중요한 것이 아닙니다. 믿음은 그 과정이 더 중요한 것입니다.

주의 뜻이 이루어지기를 기도하는 그 과정의 기도, 그 믿음, 비록 우리 앞에 아무런 약속이 없다 해도, 묵묵히, 그 주신 말씀대로 순종하는 그 믿음을 지켜야 합니다.

"온전하게 되었은즉 자기를 순종하는 모든 자에게 영원한 구원의 근원이 되시고." 히 5:9

7-6. 내 생각과 타협하지 않는 신앙

EGW 선지자는 가려뽑은 기별에 이렇게 기록하였습니다.

타협하지 말라.

"나는 우리 형제들에게 중대한 기별을 전해야만 한다. 악과 타협하는 일이 없어야 한다. 위험한 영향들이 닥쳐올 때 담대하게 대처하라. 원수의 세력을 저지하는 일에 따르는 결과들을 두려워하지 말라.

오늘날 기만에 속하는 많은 것들이 마치 진리인 것처럼 가르쳐지고 있다. 우리 형제들 중의 어떤 이들은 우리들이 찬성할 수 없는 견해들을 가르쳐왔다. 성경에 관하여 괴이한 견해와 억지로 특이하게 해석하는 풍조가 침투해 들어오고 있다. 이러한 가르침의 일부가 현재에는 매우 사소한 것처럼 보이지마는 점점 심각한 문제로 변하여 신앙 생활에 미숙한 이들에게 큰 올무가 될 것이다." 가려뽑은기별 1권, 169/4

하나님께서는 내 생각과 하나님의 말씀 사이에서, 세상과 타협하지 않는 사람을 하나님께서는 찾고 계심을 볼 수 있습니다.

하나님께서는 항상 지혜로운 사람을 찾으신다고 말씀하십니다.

충성스럽게 하나님의 말씀대로 사는 사람들 말입니다.

위에서 얘기했듯이, 우리는 또한 지혜로운 처녀들이 어떤 사람들인지 알 수 있습니다.

"그 때에 천국은 마치 등을 들고 신랑을 맞으러 나간 열 처녀와 같다 하리니 그 중에 다섯은 미련하고 다섯은 슬기 있는지라." 마 25:1~2

위 말씀에서 슬기 있는 처녀는 원어로 "지혜 있는 처녀"라는 뜻입니다.

이들이 "기름"을 가졌다는 것은, "성령"을 가졌다고만 해석하면, 그 이유를 설명할 수 없습니다.

이 다섯 처녀는, 올바른 믿음을 통해 "은혜"를 경험하고 가지고 있던 사람들이었습니다.

7장 믿음의 경험

"기름"은 성경에서 "성령"만을 의미하지 않습니다.

제사장, 왕, 선지자가 "기름"부음을 받아 그 직분을 가지게 되었고, 이들 모두 성령을 주시기 위해 기름을 부었고, 그들이 모두 성령 충만한 삶을 살았다고 보기 힘들기 때문입니다.

차라리, 이들은 다른 사람들과 똑 같은 사람들이었지만, 하나님께 "은혜"를 받아 누구는 제사장으로, 왕으로, 선지자로 부름 받은 것입니다.

그래서 성경은 제사장이 된 이유가 "선물"이라 말씀하십니다.

"너와 네 아들들은 단과 장 안의 모든 일에 대하여 제사장의 직분을 지켜 섬기라 내가 제사장의 직분을 너희에게 선물로 주었은즉 거기 가까이 하는 외인은 죽이울지니라."민 18:7

제사장이 기름 부음을 받아 깨끗케 되는 것, 거룩하게 되는 것 이 모든 것은, 하나님의 "은혜"이지 "성령"을 받아 거룩하게 되는 것이 아닙니다.

성령을 주시는 자들은 이미 "믿음", 즉 "순종"하는 자들입니다.

"우리는 이 일에 증인이요 하나님이 자기를 순종하는 사람들에게 주신 성령도 그러하니라 하더라."행 5:32

그래서 우리가 말세에 "성령"을 받으면 거룩해질 것이라는 오해는 "기름"을 "성령"으로 오해한 이유도 있지 않을까 싶습니다.

네, 물론, 성령 하나님을 "은혜의 성령"이라고 말씀을 전하고 있습니다. 특별히 열 처녀의 비유와 달란트의 비유가 있는 마태복음 25장은 우리가 "은혜"에 집중할 수 있게 하신 장입니다.

그렇기에, 기름이 있으면 구원을 받고, 기름이 없으면 구원을 못 받는 것이, 성령이 있으면 구원을 받고, 성령이 없으면 구원을 못 받는다라고 성경을 해석하는 것 보단, "은혜"를 "믿음"을 통해 채우지 못해서 구원을 받지 못한다고 해석하는 것이 더 성경적이 아닐까 싶습니다.

본론으로 돌아가, 수많은 이스라엘 사람들 중에서, "지혜로운 마음이 있는 자"는 많지 않았습니다.

하지만, 하나님께서는 하나님의 뜻에 굴복하여, 온전히 그 뜻을 따를 수 있는 사람을 찾으심을 보게 됩니다.

그리고 그 사람을 세우시는 것을 볼 수 있습니다.

그 사람들은 하나님의 "명하신 대로" 하는 사람들입니다.

"브사렐과 오홀리압과 및 마음이 지혜로운 사람 곧 여호와께서 지혜와 총명을 부으사 성소에 쓸 모든 일을 할 줄 알게 하심을 입은 자들은 여호와의 무릇 명하신 대로 할 것이니라." 출 36:1

이들은 자신의 생각을 의지하지 않고, 자신의 지식을 의지하지 않는 사람들입니다. 그냥 단순하게 "명하신 대로"할 줄 아는 사람들이었던 것입니다. 그들이 재능이 좋아서 뽑힌 것이 아닙니다.

그래서, 이 "슬기 있는 다섯 처녀"는 이 시대의 교회에서, 진실함으로 하나님의 말씀대로 순종하며 사는 사람들을 의미할 것입니다.

이들은 "믿음"이 있는 자들이고, 그 "믿음"을 통해 "은혜"를 받는 사람들임을 알 수 있습니다.

다시 얘기해 모든 사람이 하나님을 섬긴다 얘기하는 교회 안에도 하나님을 섬기되 자신의 뜻대로 섬기는 사람이 더 많은 것이 현실이 아닐까 싶습니다.

우리가 아무리 내 지혜를 의지해도 우리는 하나님의 지혜보다 더 할 수 없습니다.

그래서 우리에게 가장 필요한 지혜는 하나님의 말씀을 그대로 따르는 것이 가장 큰 지혜라 말씀하심을 보게 되었습니다.

"지혜로운 아들은 아비의 훈계를 들으나 거만한 자는 꾸지람을 즐겨 듣지 아니하느니라." 잠 13:1

하나님의 말씀을 듣는 아들이 지혜롭다 말씀하십니다.

저도 참으로 지혜가 부족한 사람입니다.

그냥 단순히 하나님의 말씀대로만 살면 되는데, 항상 내 뜻대로 하려는 "고집"이 아직도 많이 있음을 보게 됩니다.

내가 하기 싫으면 하지 않고, 하기 좋을 때만 하나님의 뜻대로 사는 것은 "지혜로운 마음"이 아님을 보게 됩니다.

하나님께서는 결국 자신의 생각을 따라 사는 사람들에 대해 이렇게 말씀하십니다.

"스스로 지혜롭다 하며 스스로 명철하다 하는 그들은 화 있을진저."
사 5:21

우리는 절대로 "스스로 지혜롭다" 생각하면 안됩니다.

이 "스스로 지혜롭다" 생각하는 근원을 찾아가 보면, 바로 "사단"임을 알 수 있습니다.

"인자야 너는 두로 왕에게 이르기를 주 여호와의 말씀에 네 마음이 교만하여 말하기를 나는 신이라 내가 하나님의 자리 곧 바다 중심에 앉았다 하도다 네 마음이 하나님의 마음 같은 체 할지라도 너는 사람이요 신이 아니어늘 네가 다니엘보다 지혜로워서 은밀한 것을 깨닫지 못할 것이 없다 하고." 겔 28:2~3

사단의 타락은 자신의 지혜를 의지했을 때 시작됨을 볼 수 있습니다.

그리고 하나님은 사단과 다니엘을 비교하시며 "네가 다니엘보다 지혜로워서"라고 말씀하시죠?

왜? 하나님은 "다니엘"을 사단의 비교대상으로 삼으셨을까요? 차라리 "하나님보다 지혜로워서"라고 말씀하지 않으시고 말입니다.

왜냐하면, 하나님의 말씀대로 사는 사람은, 사단보다 지혜롭기 때문입니다.

다니엘은 어떤 사람이었죠?

"다니엘은 뜻을 정하여 왕의 진미와 그의 마시는 포도주로 자기를

더럽히지 아니하리라 하고 자기를 더럽히지 않게 하기를 환관장에게 구하니." 단 1:8

다니엘은 하나님의 뜻대로 살기로 뜻을 정한 사람이었습니다.

그리고 성경에 있는 많은 공식처럼, 이 다니엘에게 하나님은 지혜를 더하심을 기록하셨습니다.

"하나님이 이 네 소년에게 지식을 얻게 하시며 모든 학문과 재주에 명철하게 하신 외에 다니엘은 또 모든 이상과 몽조를 깨달아 알더라." 단 1:17

다시 얘기해, 하나님의 말씀 그대로 사는 사람은, 하나님의 지혜를 가진 사람들이기에 사단도 이들을 절대로 이길 수 없음을 보게 됩니다.

"주의 계명이 항상 나와 함께 하므로 그것이 나로 원수보다 지혜롭게 하나이다." 시 119:98

이것이 우리의 고백이 되어야 하지 않을까요?

다니엘과 세 친구가 하나님께 "지혜"를 받은 이유는, 그들이 하나님의 말씀대로 타협하지 않는 신앙을 했기에, 하나님께서 그들을 귀하게 쓰셨음을 기억해야 합니다.

성소를 짓는 일에는 많은 여인들도 있었으며, 그들 또한 여호와께서 모세에게 명하신 대로 다 행하였다고 성경은 기록하고 있습니다.

"이스라엘 자손이 이와 같이 성막 곧 회막의 모든 역사를 준공하여 여호와께서 모세에게 명하신 대로 다 행하고." 출 39:32

이것이 하나님께서 보시기에 "지혜있는 마음"이 있는 사람들임을 보게 됩니다.

나의 길을 찾지 않고, 여호와께서 보시기에 정직한 길을 찾는 사람들, 나의 지혜를 의지하지 않고 하나님의 말씀에 순종하는 사람들이 지혜로운 마음이 있는 사람들임을 다시금 볼 수 있었습니다.

모세가 그 모든 사람들이 성막과 모든 기구를 가지고 왔을 때에 그것들을 보고 그들을 축복합니다.

"여호와께서 모세에게 명하신 대로 이스라엘 자손이 모든 역사를 필하매 모세가 그 필한 모든 것을 본즉 여호와께서 명하신 대로 되었으므로 그들에게 축복하였더라." 출 39:42~43

네, 성소와 그 안에 있는 기구들을 지을 때, 계속해서 반복되는 말씀이 있다면, "여호와께서 모세에게 명하신 대로"라는 문구입니다.

다시 얘기해 우리의 생각대로는 절대로 "성소"를 지을 수 없음을 말씀하시며, 오직 하나님의 말씀에 순종하는 방식대로만 "성소"를 지을 수 있다 말씀하시는 것입니다.

바울은 우리도 하나님께서 거하시는 성소로 지어져 간다고 얘기하였습니다.

"그의 안에서 건물마다 서로 연결하여 주 안에서 성전이 되어 가고 너희도 성령 안에서 하나님의 거하실 처소가 되기 위하여 예수 안에서 함께 지어져 가느니라." 엡 2:21~22

그럼 우리는 어떻게 지어져 가야 할까요?

내가 원하는 대로 살면서 성소가 지어져 갈 수 있을까요?

우리 또한 하나님의 말씀대로 살 때, 즉 "믿음"을 가지고 살아야만, 성소로 지어져 감을 얻을 수 있음을 보게 됩니다.

네! 우리가 "성소"로 지어져 가는 것은, "주 안에서" 가능합니다.

이것은 예수님의 말씀 안에서 라고도 생각할 수 있지 않을까요?

"종말로 너희가 주 안에서와 그 힘의 능력으로 강건하여지고." 엡 6:10

예수님은 "믿음의 주"이시고, 또한 "믿음"이십니다. 그래서 우리가 주 안에서 산다는 것은, 믿음 안에서 사는 것과 동일합니다.

그래서 우리가 믿음으로 나아갈 때에만 우리는 예수님을 경험하고

그분을 배우게 되게 됩니다.

그래서 신앙에 실패하는 자들에 대해 바울은 이렇게 얘기합니다.
"저희와 같이 우리도 복음 전함을 받은 자이나 그러나 그 들은 바 말씀이 저희에게 유익되지 못한 것은 듣는 자가 믿음을 화합지 아니함이라."히 4:2

하나님의 말씀에는 능력이 있음에도, 그들이 그 말씀에 대해 믿음으로 나아가지 못할 때, 유익되지 못한다 말씀하십니다.

네 이와 동일한 말씀이 또한 기록되어 있습니다.

"이러므로 우리가 하나님께 쉬지 않고 감사함은 너희가 우리에게 들은 바 하나님의 말씀을 받을 때에 사람의 말로 아니하고 하나님의 말씀으로 받음이니 진실로 그러하다 이 말씀이 또한 너희 믿는 자 속에서 역사하느니라."살전 2:13

하나님의 말씀은 "믿는 자 속에서 역사"하십니다.

성소가 지어질 수 있었던 것도, 하나님의 말씀대로 "듣고 지켜 행하였기"때문입니다.

우리가 하나님께서 거하실 처소가 되고, 또 우리에게 약속하신 "성화"가 늦어지는 이유는, 우리가 하나님의 말씀대로 "성소"를 짓지 않아서가 아닐까요?

네, 성소를 지으라 하시는 세세한 설명의 말씀을 보면서 저는 아직도 잘 모르겠더군요.

왜 성소 안의 모든 기명들은 "금"으로 만드시고 "금"으로 입히셨는지, 뜰에 있는 단이나, 물두멍은 왜 "놋"으로 만드셨는지, 뜰 사면의 포장은 왜 세마포로 하셨는지 그 기둥 받침은 놋인데 갈고리와 가름대는 왜 "은"인지 저는 아직도 모르겠습니다.

하지만, 그들이 하나님께 온전히 "순종"할 때 성소가 지어졌다는 사실은 알겠더군요.

위에서 기록했지만, 성경은 이렇게 증언합니다.

"우리는 이 일에 증인이요 하나님이 자기를 순종하는 사람들에게 주신 성령도 그러하니라 하더라." 행 5:32

성령의 역사로 우리가 거룩하게 된다면, 그 성령을 받는 자들은 하나님을 "순종"하는 사람들이라고 말입니다.

하나님의 명령에 가끔은 왜? 라는 마음이 드는 것이 사실입니다.

특별히 우리의 삶에서 알 수 없는 일들, 이해하지 못하는 일들, 간구해도 되지 않는 일들이 하나님의 말씀대로 살 때 일어날 때 말입니다.

"여호와여 악인이 언제까지, 악인이 언제까지 개가를 부르리이까." 시 94:3

하나님의 말씀대로 살고자 하면, 가끔 이러한 일들도 일어나는 것을 보게 됩니다.

"군대 중 용사 몇 사람을 명하여 사드락과 메삭과 아벳느고를 결박하여 극렬히 타는 풀무 가운데 던지라 하니." 단 3:20

우리는 "지혜로운 마음을 가진 자"가 되어, 내 지혜 말고, 하나님의 "지혜"대로 사는 사람이 되면 좋겠습니다.

7-7. 믿음이 적은 자

성경은 계속해서 "믿음"은, "듣고, 지키고, 행하는 것"이라고 말씀으로 증거하고 있습니다.

"이스라엘아 듣고 삼가 그것을 행하라 그리하면 네가 복을 얻고 네 열조의 하나님 여호와께서 네게 허락하심 같이 젖과 꿀이 흐르는 땅에서 너의 수효가 심히 번성하리라." 신 6:3

그렇기에, 이 "듣고 지켜 행하는 것"이 물론 하나님의 말씀에 "순종"

하는 것을 의미하지만, 또 그러한 행동이 없을 때, 내가 "믿는다"라는 것을 증명할 수 없음은 확실합니다.

그래서, 야고보는 이렇게 얘기함을 보게 됩니다.
"우리 조상 아브라함이 그 아들 이삭을 제단에 드릴 때에 행함으로 의롭다 하심을 받은 것이 아니냐."^{약 2:21}
이렇게 얘기하며 "완전한 믿음"에 대해 이렇게 말씀하십니다.
"네가 보거니와 믿음이 그의 행함과 함께 일하고 행함으로 믿음이 온전케 되었느니라."^{약 2:22}

그런데, 우리가 언뜻 생각하면, 우리가 "행위"에 주목할 수 있을 수도 있습니다.
하지만, 예수님께서는 우리에게 "큰 행위"를 요구하지 않으심을 말씀으로 보게 되었습니다.
믿음으로 하는 작은 행위에도 주목하시며, 어떻게 해서라도 그 작은 "믿음의 행위"로도 구원을 주시고자 하심을 볼 수 있습니다.
"열두 해를 혈루증으로 앓는 여자가 예수의 뒤로 와서 그 겉옷 가를 만지니 이는 제 마음에 그 겉옷만 만져도 구원을 받겠다 함이라 예수께서 돌이켜 그를 보시며 가라사대 딸아 안심하라 네 믿음이 너를 구원하였다 하시니 여자가 그 시로 구원을 받으니라."^{마 9:20~22}
이 여인이 할 수 있었던 행위는, 예수님의 앞길을 막아 서거나, 그분을 부르고, 그분의 주목을 끈 행위가 아니었고, 단지 작은 믿음의 행위인, 그분의 옷을 만진 그 믿음, 그 "작은 행위"로도 예수님께서는 그를 구하여 주심을 우리는 말씀을 통해 볼 수 있습니다.

네, 그래서 "구원"은 우리의 "행위"보다는 우리가 하나님의 "은혜"에 집중하게 하심을 보게 됩니다.

우리가 아무리 예수님의 옷깃을 만진들, 예수님의 은혜가 없다면 어찌 그가 치유함을 받을 수 있을까요?

이 여인은 "작은 행위"로 고침을 받았지만, 예수님께서는 "큰 행위"로 이 여인을 칭찬하십니다. 그 길을 멈추시고, 우리로 하여금 이 "작은 행위"에 주목하게 하십니다.

저는 믿음으로 구원을 받는 한 말씀 한 말씀 바라보면서, 믿음의 행위가 크던 작건 간에, 그 "행위"가 중요하지만, 가장 중요한 것은, 그 "믿음"의 대상이 꼭 오직 예수님 이셔야 함을 보게 됩니다.

"바다에 큰 놀이 일어나 물결이 배에 덮이게 되었으되 예수는 주무시는지라 그 제자들이 나아와 깨우며 가로되 주여 구원하소서 우리가 죽겠나이다 예수께서 이르시되 어찌하여 무서워하느냐 믿음이 적은 자들아 하시고 곧 일어나사 바람과 바다를 꾸짖으신대 아주 잔잔하게 되거늘." 마 8:24~26

예수님은 왜 주무셨을까요? 물론 그분도 육신을 가지셨기 때문에 그분의 고단한 일정으로 많이 피곤하신 것도 사실일 것입니다.

똑같이 배고프시고, 똑같이 피곤한 몸을 가지셨습니다.

하지만, 우리는 예수님께서 주무신 그 의미에 대해서도 생각을 해 봐야 합니다.

가끔 우리 삶 속에서 이와 같은 상황이 벌어지는 것을 저도 가끔 경험하게 됩니다.

"그런데 내가 앞으로 가도 그가 아니 계시고 뒤로 가도 보이지 아니하며 그가 왼편에서 일하시나 내가 만날 수 없고 그가 오른편으로 돌이키시나 뵈올 수 없구나." 욥 23:8~9

아무리 기도해도, 아무리 노력해도 내 상황이 좋아지지 않을 때, 보통은, 예수님께 주목하지 못하고, 내가 가진 문제를 해결하려 스스로

애쓰는 삶을 살게 됨을 보게 됩니다.

그런데, 깨어나신 예수님께서 하신 말씀은, 저에게 "믿음"에 대해서 다시 주목하게 하심을 보게 됩니다.
예수님은 그들에게 이렇게 말씀하십니다. "믿음이 적은 자들아"라고 말입니다.

언뜻 보면 이들에게 "믿음"이 적게나마 있었다는 것처럼 들립니다.
그런데 이상하지 않으신가요? 만약, 예수님께서 말씀하신 "믿음이 적은 자"라는 뜻이 "적은 믿음"이라면, 그들에게 이러한 풍파가 무슨 문제가 있을 수 있을까요?

예수님께서는 전에 분명 이렇게도 말씀하지 않으셨나요?
"가라사대 너희 믿음이 적은 연고니라 진실로 너희에게 이르노니 너희가 만일 믿음이 한 겨자씨만큼만 있으면 이 산을 명하여 여기서 저기로 옮기라 하여도 옮길 것이요 또 너희가 못할 것이 없으리라."마 17:20
예수님께서는 겨자씨 만한 믿음으로도 산을 옮기신다 하셨는데, 이들이 바다에서 구원을 받지 못할 이유는 없었을 것입니다.

만약 성경에서 "믿음"이 나오면, 이 믿음의 주제는 우리가 꼭 이해하고 넘어가야 합니다.
좀 이상하지 않으신가요? 예수님께서 "믿음이 적은 연고"라고 하시는 것은 무슨 말씀을 하시는 것일까요?
어찌 보면 예수님의 말씀에 오류가 있어 보이기도 합니다.
분명 "믿음이 적은 연고"다라고 하시고, "겨자씨 만한 믿음도 없다" 하시니 말입니다.
차라리 너희가 "믿음이 없다"라고 말씀하시면 편하게, 아 우리가 믿

음이 없어서 이런 일이 벌어지는구나 라고 생각하면 편한데, 예수님은 "믿음이 적은 연고"라 하시면서 우리가 믿음이 있긴 있다라고 말씀하시는 것 같기 때문입니다.

여러분, 예수님께서 "믿음이 적은 자"라고 말씀하시는 사람들은, 예수님을 믿되, 믿음이 적은 자가 아니라, 예수님을 의지하지 못하는, 나를 의지하는 믿음을 가진 자를 뜻하는 것입니다.

"바람을 보고 무서워 빠져 가는지라 소리질러 가로되 주여 나를 구원하소서 하니 예수께서 즉시 손을 내밀어 저를 붙잡으시며 가라사대 믿음이 적은 자여 왜 의심하였느냐 하시고."_{마 14:30~31}

위 말씀 중, "바람을 보고"라고 성경은 기록합니다.

바람에 주목하는 그 믿음, 그 믿음은 저 바람이 나를 빠뜨릴 수 있다는 믿음" 아닐까요?

세상을 바라보고, 내 생각과 내 상식에 맞추는 믿음, 예수님에 대한 믿음을 놓치는 믿음 말입니다.

다시 얘기해, "믿음이 적은 자"는 "작은 나 자신을 믿는 믿음"을 가진 사람들임을 보게 됩니다.

여러분, 사람은 얼마나 대단한가요? 말씀은 우리에 대해 이렇게 평가하십니다.

"진실로 천한 자도 헛되고 높은 자도 거짓되니 저울에 달면 들려 입김보다 경하리로다."_{시 62:9}

저는 얼마전 우주에 대한 영상을 봤었습니다. 태양에 비해 지구가 얼마나 작은 존재인지, 또 은하계에 비해 태양이 얼마나 보잘 것 없는지, 또 더 큰 우주에서 지구를 바라볼 때 얼마나 의미없이 먼지 같은 존재인지 말입니다.

그래서 하나님에 비해, 그 우주를 창조하신 능력에 비해, 우리는 너무도 먼지만큼 작고 연약한 존재인데, 그런 우리가, 내 생각, 내 의지를 믿는 것, 내 앞에 있는 일을 염려하고 두려워하는 것, 이런 것이 "적은 믿음"을 가졌다고 예수님께서는 말씀하고 계시는 것입니다.

"오늘 있다가 내일 아궁이에 던지우는 들풀도 하나님이 이렇게 입히시거든 하물며 너희일까보냐 믿음이 적은 자들아." 마 6:30

그래서, 예수님께서 말씀하시는 "믿음이 적은 자들"은 예수님을 믿는데 그 믿음이 적은 사람들이 아니라, 나를 믿는 사람들, 그 믿음의 대상이 "작은" 사람들임을 보게 됩니다.

그래서 우리의 믿음의 대상이 내가 아니라 "예수님"이라면, 아무리 "겨자씨"만한 믿음이라도, 산을 옮길 수 있는 믿음이 되는 것입니다.

그래서 우리는 믿음을 가지되, "나"를 믿는 믿음, "나"를 바라보고 "세상"을 바라보고 두려워 하는 믿음이 아니라, 오직 예수님을 바라보고 그분의 말씀에 주목하는 "믿음"을 가져야 함을 보게 됩니다.

"믿음의 주요 또 온전케 하시는 이인 예수를 바라보자." 히 12:2

세상은, 온갖 믿을 만한 데이터와, 눈에 보이는 사실을 기반으로 우리를 위협할 것입니다.

기후 변화, 전쟁, 전염병, 기근 등의 위협에 주목하게 하며 우리를 실질적인 문제들의 두려움에 주목하게 하여 예수님을 바라보지 못하게 할 것입니다.

"네가 나가 대적과 싸우려 할 때에 말과 병거와 민중이 너보다 많음을 볼지라도 그들을 두려워 말라 애굽 땅에서 너를 인도하여 내신 네 하나님 여호와께서 너와 함께 하시느니라." 신 20:1

사단은, 베드로에게 그랬듯, 항상 우리를 보이는 것에 주목하게 합니다. 하나님께서는 우리에게 너희가 "볼지라도"라고 말씀하십니다.

하나님은 이렇게 말씀하시죠?

"우리의 돌아보는 것은 보이는 것이 아니요 보이지 않는 것이니 보이는 것은 잠간이요 보이지 않는 것은 영원함이니라." 고후 4:18

보이지 않는 예수님을 믿는 믿음이 겨자씨만큼 있더라도, 우리는 승리할 수 있을 것입니다.

"예수께서 이르시되 어찌하여 무서워하느냐 믿음이 적은 자들아 하시고 곧 일어나사 바람과 바다를 꾸짖으신대 아주 잔잔하게 되거늘." 마 8:26

만약, 제자들이 그들의 "믿음"의 대상을 예수님께 가지고 있었다면 "믿음이 적은 자들"이라는 말씀을 듣지 않았을 것입니다.

우리는 지금 누구를 믿고 있는지 생각해 봐야 할 때 입니다.

7-8. 채워야 할 기름병

"미련한 자들은 등을 가지되 기름을 가지지 아니하고 슬기 있는 자들은 그릇에 기름을 담아 등과 함께 가져갔더니." 마 25:3~4

우리는 열 처녀의 비유를 너무도 많이 들었습니다.

저도 지금까지 한 30번 이상은 들은 것 같고, 저도 또 열 처녀의 비유가 나오는 설교를 10번은 하지 않았나 싶습니다.

예수님께서 미련한 자들과 슬기로운 자들에 대해서 또 말씀하신 적이 있는데, 바로 이 성경절입니다.

"그러므로 누구든지 나의 이 말을 듣고 행하는 자는 그 집을 반석 위에 지은 지혜로운 사람 같으리니 비가 내리고 창수가 나고 바람이 불어 그 집에 부딪히되 무너지지 아니하나니 이는 주초를 반석 위에 놓은 연고요 나의 이 말을 듣고 행치 아니하는 자는 그 집을 모래 위에 지은 어리석은 사람 같으리니 비가 내리고 창수가 나고 바람이 불어 그

집에 부딪히매 무너져 그 무너짐이 심하니라."^{마 7:24~27}

네 이 말씀은, "믿음"에 대해 설명하실 때, 바른 믿음을 가진 사람과, 잘못된 믿음을 가진 사람을 각각 지혜로운 사람과 어리석은 사람으로 설명하심을 보게 됩니다.

슬기로운 처녀에서 "슬기로운"이라는 단어도 "프로니모스phronimos"라는 단어로 "지혜로운"과 같은 단어입니다.

또한 어리석은 사람은, "모로스mo-ros"라는 단어로 미련한 처녀에서 이 "미련한"이 바로 "모로스"라는 단어입니다.

이 슬기로운 다섯 처녀와, 미련한 처녀의 운명을 갈라 놓은 것은 무엇입니까?

이 두 처녀는 모두 길에 나와 신랑을 기다리던 자들입니다.

등불을 가졌다는 것은, 이들 모두 하나님의 "말씀"을 가졌다는 뜻으로 볼 수 있습니다.

"주의 말씀은 내 발에 등이요 내 길에 빛이니이다."^{시 119:105}

그래서 이들은 모두 재림을 기다리던 자들이고, 똑같이 졸고 있었지만, 그들의 운명을 갈라 놓은 것은, "기름"인 것을 우리는 말씀을 통해 알 수 있습니다.

"미련한 자들이 슬기 있는 자들에게 이르되 우리 등불이 꺼져가니 너희 기름을 좀 나눠 달라 하거늘 슬기 있는 자들이 대답하여 가로되 우리와 너희의 쓰기에 다 부족할까 하노니 차라리 파는 자들에게 가서 너희 쓸 것을 사라 하니 저희가 사러 간 동안에 신랑이 오므로 예비하였던 자들은 함께 혼인 잔치에 들어가고 문은 닫힌지라."^{마 25:8~10}

네 위에서 설명 드렸지만, 기름은 "은혜"를 뜻할 것입니다.

최소한 이 비유에서는 그렇습니다.

저 또한 계속해서 "기름"은 "성령"을 의미한다고 많이 들었던 것 같습니다.

네. 성경에서 "기름"은 "성령"을 의미하기도 합니다.

"너희는 주께 받은 바 기름 부음이 너희 안에 거하나니 아무도 너희를 가르칠 필요가 없고 오직 그의 기름 부음이 모든 것을 너희에게 가르치며 또 참되고 거짓이 없으니 너희를 가르치신 그대로 주 안에 거하라." 요일 2:27

또한 이 말씀이 있습니다.

"주의 성령이 내게 임하셨으니 이는 가난한 자에게 복음을 전하게 하시려고 내게 기름을 부으시고 나를 보내사 포로된 자에게 자유를, 눈먼 자에게 다시 보게 함을 전파하며 눌린 자를 자유케 하고." 눅 4:18

보통은 이 말씀으로 "기름"이 "성령"을 의미한다고 얘기합니다.

물론, 말세에 우리에게 하나님의 "인"을 치시는 것은 "성령"의 역할임은 확실합니다.

"그 안에서 너희도 진리의 말씀 곧 너희의 구원의 복음을 듣고 그 안에서 또한 믿어 약속의 성령으로 인치심을 받았으니." 엡 1:13

물론, "성령"의 역사 없이 구원을 받을 수는 없지만, "성령"을 통해 "구원"이 좌우된다면, 우리가 아는 "신학"에 큰 문제가 생기게 됩니다.

왜냐하면 "성령"의 역사는 우리가 달라고 주장해서 주어지는 것이 아니라, 하나님의 주권에 속하기 때문에, 성령을 받은 사람들이 나중에 성령을 받고 선하게 되어 하나님의 인을 받는 것이 아니라, 하나님의 인을 받고 보증으로 성령을 받는 것으로 성경은 얘기하고 있기에, 최소 열 처녀의 비유에서 "성령"을 가져서 "구원"을 받는다면, 이 성경절이 설명하고 있는 순서와 맞지 않게 됩니다.

"저가 또한 우리에게 인치시고 보증으로 성령을 우리 마음에 주셨느

니라."_{고후 1:22}

다시 얘기하 하나님의 인을 받은 뒤에 "성령"은 보증으로 주어지는 것이지 "성령"을 경험해서 사람들이 품성의 변화가 생겨 구원에 합당한 사람이 되지 않는다는 것입니다.

열 처녀의 비유에 대해 EGW이 쓴 주석은 마태복음이 아니라 이상하게도 스가랴 4장 11절에 이런 주석을 기록하였습니다.

"내가 그에게 물어 가로되 등대 좌우의 두 감람나무는 무슨 뜻이니이까 하고."슥 4:11

"영혼을 정화 시키는 기름_{마 25:1~13} — 우리는 모두 전에 없던 방법으로 열 처녀의 비유를 연구할 필요가 있다. 다섯은 슬기있었고 다섯은 미련하였다. 슬기있는 처녀들은 등과 함께 그릇에 기름을 갖고 있었다. 이 기름은 스가랴서에_{슥 4:11-14 인용} 나오는 거룩한 기름이다. 이 표상은 진리를 아노라고 주장하는 사람들에게 매우 중요한 것이다. 그러나 만약 우리가 진리를 실천하지 않으면 거룩한 기름 곧 두 금관에서 흘러나오는 기름을 받지 못한다. 기름은 준비된 그릇에 받혀진다. 그것은 사랑으로 역사하며 영혼을 순결하게 하는 성령이다."_{EGW 주석}

이 말씀에 기초해서, 기름은 "성령"이라고 생각하곤 합니다.

EGW 선지자의 기록 중에 "만약 우리가 진리를 실천하지 않으면 거룩한 기름 곧 두 금관에서 흘러나오는 기름을 받지 못한다"라고 얘기하였습니다.

진리는 "예수님, 하나님의 말씀 특별히 하나님의 "계명과 법"을 의미합니다. 물론 성령도 진리이십니다.

그래서 진리를 실천한다는 것은, 올바른 "믿음"을 가지고 하나님의 말씀을 "듣고, 지켜, 행하는 것"을 의미합니다. 그 중에서, 하나님의 법을 듣고 지켜 행하는 것으로도 볼 수 있습니다.

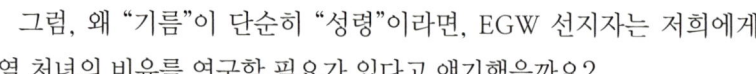

그럼, 왜 "기름"이 단순히 "성령"이라면, EGW 선지자는 저희에게 열 처녀의 비유를 연구할 필요가 있다고 얘기했을까요?

성경에서 기름을 받는 사람들은 "제사장, 선지자, 왕"입니다.
제사장은, 이 "기름"을 발라 "거룩"하게 하라 말씀하십니다.
"너는 아론과 그 아들들에게 기름을 발라 그들을 거룩하게 하고 그들로 내게 제사장 직분을 행하게 하고." 출 30:30
우리도 "기름"을 머리에 부으면, "거룩"해 지나요?
그럼 우리도 "기름"을 머리에 부으면 "왕"이 되는 것인가요?
우리도 "기름"을 머리에 부으면, 선지자가 되는 것인가요?

이 외에도 "기름"은 성전 봉사, 특히 하나님께 드리는 예물에도 이 "기름"이 쓰이지만, 속죄제에는 이 "기름"과 "유향"이 놓이지 않음을 볼 수 있었습니다.
"만일 힘이 산비둘기 둘이나 집비둘기 둘에도 미치지 못하거든 그 범과를 인하여 고운 가루 에바 십분 일을 예물로 가져다가 속죄제물로 드리되 이는 속죄제인즉 그 위에 기름을 붓지 말며 유향을 놓지 말고." 레 5:11

왜 속죄제에는 기름을 붓지 말고 유향을 놓지 않았을까요?
왜냐하면, 이 "기름"은 "은혜"를 의미하고, 유향은, "긍휼하심"을 의미하기 때문입니다.
예수님께서 우리를 대신해 죽으실 때에는 "은혜"도 없었고, "자비"도 없었습니다.
하나님께서는 "죄인"된 우리를 사랑하시지만, 죄인의 심판은 "은혜"도 "자비"도 있어서는 안 됩니다.
하나님의 공의가 무너지기 때문입니다.
제사장은 거룩해서 제사장이 되었나요? 왕은 능력이 많아 왕이 되었

나요? 선지자는 어떤가요?

이들 모두 그들의 직분을 가진 것은 하나님께 은혜를 받았기 때문입니다.

EGW 선지자는 이렇게 기록하였습니다.

"그런데 미련한 자들은 '등을 가지되 기름을 가지지 아니하'였으나 슬기 있는 자들은 '그릇에 기름을 담아 등과 함께 가져갔'다. 후자의 부류에 속한 사람들은 하나님의 은혜, 곧 거듭나게 해주고 심령을 깨쳐 주는 성령의 능력을 받았는데, 그 능력이 하나님의 말씀을 발에 등이 되게 하고 길에 빛이 되게 해준다. 하나님을 두려워하는 중에 그들은 진리를 배우기 위하여 성경을 연구하였고, 생애와 심령의 순결을 얻기 위하여 열렬하게 노력하였다. 그리하여 그들은 실망이나 지체로 압도당하는 일이 없이 하나님과 그분의 말씀을 믿는 믿음을 개인의 생애에서 체험하게 되었다." 쟁투, 393

네, 기름은, "하나님의 은혜"로 볼 수 있습니다.

우리가 믿음의 싸움을 할 때마다, 이 "은혜"는 계속해서 더 가지게 됩니다.

바울은 이렇게 얘기했습니다.

"또한 그로 말미암아 우리가 믿음으로 서있는 이 은혜에 들어감을 얻었으며 하나님의 영광을 바라고 즐거워하느니라." 롬 5:2

7-9. 은혜의 정의

우리가 "은혜"를 받는다는 것은 매우 중요한데, 왜냐하면 이 "은혜"로 우리가 구원을 받기 때문입니다.

"너희가 그 은혜를 인하여 믿음으로 말미암아 구원을 얻었나니 이것

이 너희에게서 난 것이 아니요 하나님의 선물이라."엡 2:8

그렇기에, 구원받은 자들은 항상 "은혜"를 받았다고 말씀은 기록하고 있음을 보게 됩니다.

"그러나 노아는 여호와께 은혜를 입었더라."창 6:8

그가 받은 구원도 우리와 다르지 않은 "은혜"였음을 말씀은 다시 한 번 증거하고 있는 것입니다.

그래서 "은혜"를 가지고 있느냐 가지고 있지 못하느냐에 따라 구원이 결정됨을 여러 성경절들을 통해 확인할 수 있었습니다.

"미련한 자들이 슬기 있는 자들에게 이르되 우리 등불이 꺼져가니 너희 기름을 좀 나눠 달라 하거늘."마 25:8

이 미련한 자들이 가지고 있지 못했던 것은 믿음으로 받는 "은혜"였음을 볼 수 있습니다.

네, 우리가 "은혜"로 구원받음은 우리가 꼭 알아야 하는 진리입니다.

"하나님이 우리를 구원하사 거룩하신 부르심으로 부르심은 우리의 행위대로 하심이 아니요 오직 자기 뜻과 영원한 때 전부터 그리스도 예수 안에서 우리에게 주신 은혜대로 하심이라."딤후 1:9

그렇기에 수많은 성경절에서 우리의 구원은 "은혜"라고 증거하고 있습니다.

그런데, "은혜"가 무엇일까요?

사실, 얼마 전부터 제가 구원을 얘기할 때마다 강조한 것은 또한, "예수님과의 동행"입니다.

예수님과 동행하는 자들이 또한 구원받는다 성경이 증거하기 때문입니다.

"에녹이 하나님과 동행하더니 하나님이 그를 데려가시므로 세상에

있지 아니하였더라."창 5:24

그래서 구원의 정말 중요한 조건이 하나님과의 동행임을 노아를 통해서도 말씀하셨죠?

"노아의 사적은 이러하니라 노아는 의인이요 당세에 완전한 자라 그가 하나님과 동행하였으며."창 6:9

그래서 노아도 "은혜"를 입어서 구원을 받았지만, 또한 하나님과 "동행"하여 구원을 받았다고 볼 수도 있음을 보게 됩니다.

네, 말씀을 읽으며 이 "은혜"에 대해 잠시 생각하게 하시는 말씀을 보게 되었습니다.

예수님의 어머니인 마리아에게 천사는 이렇게 얘기합니다.

"그에게 들어가 가로되 은혜를 받은 자여 평안할지어다 주께서 너와 함께 하시도다 하니."눅 1:28

쉽게 "은혜"를 받았다는 것은, "하나님과 동행"하고 있다는 뜻으로 볼 수 있지 않을까요?

네, 그래서 아브라함도 이렇게 얘기합니다.

"가로되 내 주여 내가 주께 은혜를 입었사오면 원컨대 종을 떠나 지나가지 마옵시고."창 18:3

나를 떠나지 않는 것이 주께 "은혜"를 입는 거라 청하고 있는 것입니다. 다시 얘기해 하나님과 함께 있는 것이 "은혜"라고 얘기합니다.

구원의 조건이 "은혜"의 유무이고, "예수님과의 동행"이기에, 은혜는 예수님께서 함께 해 주시는 것이 아닌가 싶은 마음이 들게 되었습니다.

그럼 이 성경절 또한 조금 더 깊이 생각할 수 있지 않을까요?

"예수께서 가라사대 내가 곧 길이요 진리요 생명이니 나로 말미암지 않고는 아버지께로 올 자가 없느니라."요 14:6

왜냐하면, 예수님께서 우리의 "은혜"되시기 때문일 것입니다.

"율법은 모세로 말미암아 주신 것이요 은혜와 진리는 예수 그리스도로 말미암아 온 것이라."_{요 1:17}

우리에게 예수님이 있을 때에 "은혜"가 있음을 잊지 않았으면 좋겠습니다.

바울은 그래서 그런지, 항상 예수님과 은혜를 묶어서 축복을 하는 것을 보게 됩니다.

"하나님 우리 아버지와 주 예수 그리스도에게로서 은혜와 평강이 너희에게 있을지어다."_{빌 1:2}

"주 예수 그리스도의 은혜가 너희 심령에 있을지어다."_{빌 4:23}

"우리 주 예수 그리스도의 은혜가 너희에게 있을지어다."_{살전 5:28}

우리도 이 "은혜"가 있어야 하지 않을까요?

아침 말씀보는 시간에, 창세기에 있는 말씀을 읽다 보니 한 표현을 계속해서 보게 되었습니다.

"거기서 벧엘 동편 산으로 옮겨 장막을 치니 서는 벧엘이요 동은 아이라 그가 그곳에서 여호와를 위하여 단을 쌓고 여호와의 이름을 부르더니."_{창 12:8}

위 말씀을 보면 "단을 쌓고 여호와의 이름을 부"른다 하였기에 그냥 예배를 드린 것이 아닌가? 하는 생각을 보통은 하고 넘어갔던 기억이 있습니다.

하지만, 이 표현은 다음 장에서도 다시 한번 반복됨을 보게 됩니다.

"그가 처음으로 단을 쌓은 곳이라 그가 거기서 여호와의 이름을 불렀더라."_{창 13:4}

이 "불렀더라"라는 단어를 살펴보면, "카라_{qara}"라는 단어로 "부르다, 선포하다, 소환하다, 읽다"로 사전에 기록되어 있습니다.

어찌 생각해 보면, 이 표현이 그냥 "예배"에 대한 표현일 수도 있겠다는 생각이 들어, 원어로 그 의미를 확인해 보니 이 표현이 이미 전에도 나왔음을 보게 됩니다.

"셋도 아들을 낳고 그 이름을 에노스라 하였으며 그 때에 사람들이 비로소 여호와의 이름을 불렀더라." 창 4:26

만약, 단순하게 예배라고 보기에는 "그 때에"라고 시점을 정하시며, 따라오는 표현이 "여호와의 이름을 불렀더라" 이기에, 그 전에도 경배를 하고 제사를 드렸기에, 이 표현이 무엇인지 좀처럼 알기가 쉽지 않았습니다.

그런데 위에서 얘기했던 "카라"라는 단어를 살펴보던 중에, 또한이 말씀이 기록되어 있음을 보게 되었습니다.

"너희는 여호와께 감사하며 그 이름을 불러 아뢰며 그 행사를 만민 중에 알게 할지어다 그에게 노래하며 그를 찬양하며 그 모든 기사를 말할지어다." 대상 16:8~9

위 말씀에서 "불러 아뢰며"가 똑 같이 "카라"라는 단어입니다.

이것은 하나님과의 관계가 있음을 뜻합니다.

그리고 이 "카라"라는 단어가 바로 아래 성경절에 등장하는 "부르는" 입니다.

"누구든지 여호와의 이름을 부르는 자는 구원을 얻으리니 이는 나 여호와의 말대로 시온 산과 예루살렘에서 피할 자가 있을 것임이요 남은 자 중에 나 여호와의 부름을 받을 자가 있을 것임이니라." 욜 2:32

하나님의 이름을 부른다는 것은 하나님에 대한 믿음을 가지고 있다는 뜻입니다.

한 번 설명을 드렸지만, 아래 성경절이 그렇게 증거하기 때문입니다.

"누구든지 주의 이름을 부르는 자는 구원을 얻으리라 그런즉 저희가 믿지 아니하는 이를 어찌 부르리요 듣지도 못한 이를 어찌 믿으리요

전파하는 자가 없이 어찌 들으리요."롬 10:13~14

위 말씀에서 "주의 이름을 부르는 자"는 "믿는 자"입니다.
그리고 "믿는 자"들은 "은혜"를 받는 자들입니다.

성경은 에녹이 하나님과 동행하면서 "은혜"를 입었기에 구원받은 첫 사람으로 기록합니다.
"에녹이 하나님과 동행하더니 하나님이 그를 데려가시므로 세상에 있지 아니하였더라."창 5:24
다시 얘기해, "은혜"로 구원을 얻는 것이 진리라면, "하나님과 동행"하는 것이 "은혜"라는 것입니다.

이 에녹에 대해 성경은 이렇게도 증거합니다.
"믿음으로 에녹은 죽음을 보지 않고 옮기웠으니 하나님이 저를 옮기심으로 다시 보이지 아니하니라 저는 옮기우기 전에 하나님을 기쁘시게 하는 자라 하는 증거를 받았느니라."히 11:5
믿음으로 에녹은 구원받았다 말씀하십니다.
또한 하나님을 "기쁘시게 하는 자라 하는 증거를 받았"다고 하십니다.
바로 다음절이 바로 이 성경절입니다.
"믿음이 없이는 기쁘시게 못하나니 하나님께 나아가는 자는 반드시 그가 계신 것과 또한 그가 자기를 찾는 자들에게 상 주시는 이심을 믿어야 할지니라."히 11:6
믿음이 없이는 하나님을 기쁘시게 못하는데, 에녹은 "기쁘시게 하는 자라 하는 증거를 받았"다는 것은, 에녹이 "믿음"을 가지고 있었음을 말씀하시는 것입니다.

네, "믿음"은 "듣고, 지켜, 행함"인데, 하나님께서 말씀하시는 대로 에녹이 하나님께 순종하지 않았다면, 하나님과 동행할 수 있었을까

요? 분명 순종 없는 동행은 없었을 것입니다.

  신앙을 하면 할수록, 가장 중요하게 생각되는 것이, "나에게 예수님께서 계시는가?"라는 질문이며, 그것이 저를 가장 두렵게 하는 질문이 아닌가 싶습니다

  우리가 "하나님을 기쁘시게 하는 자"라는 증거를 받는다면, 얼마나 기쁜 일이 되겠습니까? ❄

8장

믿음의 길을 개척하라

"사무엘이 젖 먹는 어린 양을 취하여 온전한 번제를 여호와께 드리고 이스라엘을 위하여 여호와께 부르짖으매 여호와께서 응답하셨더라." 삼상 7:9

이 상황은 블레셋 사람이 이스라엘이 하나님께 돌이키자, 그들이 미스바에 모였음을 알고, 그들을 치러 오는 상황이었음을 보게 됩니다.

한 시라도 더 빨리, 나팔을 불고 병사를 모집해서 블레셋과 싸울 준비를 해야 하지만, 사무엘이 처음 한 일은, 싸움을 하라 하지도, 병사를 모집한 일도 아닌, 하나님께 "온전한 번제"를 여호와께 드렸다고 성경은 기록하고 있습니다.

우리가 알듯이 "번제"는 희생제물을 온전히 태워서 드리는 제사인데, "온전한 번제"라 함은, 아무래도 대충 대부분이 탈 때까지 드린 제사가 아닌, 그 제물이 온전히 태워지는 제사를 드렸다는 것으로 볼 수 있습니다.

저는 가끔, 바쁜 일정이 있어 시간이 많이 없다 생각할 때 대충 예배를 드리고, 짧게 기도하며 하루를 시작하거나 마무리 하는데, 사무엘은 누구보다 더 진실한 예배를 드렸다고 성경은 기록하고 있습니다.

"아버지께 참으로 예배하는 자들은 신령과 진정으로 예배할 때가 오나니 곧 이 때라 아버지께서는 이렇게 자기에게 예배하는 자들을 찾으

시느니라 하나님은 영이시니 예배하는 자가 신령과 진정으로 예배할 지니라."요 4:23~24

하나님께 "진정으로 예배"하는 자들은, 분명 하나님을 참되게 "의지"하는 사람들이라 생각됩니다.

오늘 우리가 드리는 예배는 어떠한 예배인가요?
간절한 마음, 하나님을 의지하는 마음으로 드리는 예배인가요?
아니면 시간이 되었으니 어쩔 수 없이 드리는 예배인가요?
"사무엘에게 이르되 당신은 우리를 위하여 우리 하나님 여호와께 쉬지 말고 부르짖어 우리를 블레셋 사람의 손에서 구원하시게 하소서."삼상 7:8
사무엘을 기억해야 합니다. 사무엘은 이러한 요청이 있을 때에, 그가 할 수 있는 것은 아무것도 없었으며, 오직 하나님께서 그들의 "능력"이 되심을 "믿음"으로 증명하였음을 보게 됩니다.

8-1. 사무엘의 믿음의 개척

"사무엘이 번제를 드릴 때에 블레셋 사람이 이스라엘과 싸우려고 가까이 오매 그 날에 여호와께서 블레셋 사람에게 큰 우뢰를 발하여 그들을 어지럽게 하시니 그들이 이스라엘 앞에 패한지라 이스라엘 사람들이 미스바에서 나가서 블레셋 사람을 따라 벧갈 아래에 이르기까지 쳤더라."삼상 7:10~11

이 사무엘의 믿음은 참으로 무모한 믿음인 것 같습니다.

왜냐하면, 만약 모세 오경에, 적군이 아무리 가까이 와도 번제를 온전히 드리라는 명령이 있었다면 이해를 하겠는데, 사실, 이런 상황에 어떻게 대처하라는 그 어떤 말씀도 없었음을 봅니다.

그런데 어떻게 사무엘은 이 상황에 "번제"를 드렸는지, 어찌 보면 너

무도 무모한 생각이 드는 것이 사실입니다.

　우리가 삶을 살 때에, 가끔 성경에 기록되지 않은 상황에 닥쳐, 무엇을 의지해야 할지, 무엇을 하는 것이 옳은 길인지 헷갈릴 때가 많이 있습니다.
　차라리 기록되었다면, 그 길을 쉽게 선택할 수 있을 것 같은데, 아무런 말씀이 없는 상황이 오면 어려워 하고, 힘들어 합니다.
　코로나가 왔을 때, 그런 상황이 아니었나 싶습니다.

　하나님을 "의지"하는 것은 확실한데, 우리는 보통 하나님의 말씀에 쓰여있지 않으면 내 맘대로 하는 것을 스스로 돌이켜 보게 됩니다.
　이 사무엘이 온전한 번제를 드린 것은, 하나님의 말씀에 기초한 믿음이 아닌 것 처럼 보이기까지 합니다.

　말씀을 통해 보자면 "믿음"은 하나님의 "말씀"에 기초해야 하는 것 아닌가요?
　"그러므로 믿음은 들음에서 나며 들음은 그리스도의 말씀으로 말미암았느니라." 롬 10:17
　적군이 가까이 왔을 때, 하나님을 의지하라는 의미의 말씀은 있지만, 번제를 드려라 하는 말씀은 없는데, 어떻게 사무엘은 하나님께 "온전한 번제"를 드릴 생각을 했는지 참 신기하였습니다.

　어찌 보면, 사무엘에게 "온전한 번제"는 그의 믿음의 싸움이었음을 생각해 볼 수 있습니다.
　그는 하나님을 온전히 의지하는 것 외에는 이스라엘이 이 싸움에서 이길 수 없음을 알고, 그 마음을 하나님께 온전히 드리는 일을 했음을 보게 됩니다.

이 일이 있기 전, 이스라엘에는 큰 영적 부흥이 있었음을 보게 됩니다.

"사무엘이 이스라엘 온 족속에게 일러 가로되 너희가 전심으로 여호와께 돌아오려거든 이방 신들과 아스다롯을 너희 중에서 제하고 너희 마음을 여호와께로 향하여 그만 섬기라 너희를 블레셋 사람의 손에서 건져내시리라 이에 이스라엘 자손이 바알들과 아스다롯을 제하고 여호와만 섬기니라." 삼상 7:3~4

이러한 영적 부흥이 있었을 때, 사단은 힘으로 이들의 영적 부흥이 아무런 의미가 없다고 이들에게 "힘"으로 이들의 결심을 흐트리려 함을 사무엘은 알았기에, 그는 더욱 더 "온전한 번제"를 드릴 수 밖에 없는 상황인 것입니다.

우리가 온전히 하나님께 돌아설 때, 우리 모두는 이러한 똑같은 시험을 사단이 가지고 올 것을 알고 있어야 합니다.

사무엘은 비록 말씀에 기록되지 않았지만, 그는 마음을 다해 하나님을 의지하고 "행동"한 것입니다.

8-2. 요나단의 믿음의 개척

그런데 성경을 보면, 사무엘만큼이나 무모한 "믿음"을 가진 사람이 또 있음을 보게 됩니다.

이 말씀을 보며 저는 참 말도 안된다는 생각을 해 보았습니다.

그 "무모해 보이는 믿음"을 보인 사람은 "요나단"입니다.

그는 이러한 말을 합니다.

"요나단이 자기 병기 든 소년에게 이르되 우리가 이 할례 없는 자들의 부대에게로 건너가자 여호와께서 우리를 위하여 일하실까 하노라 여호와의 구원은 사람의 많고 적음에 달리지 아니하였느니라." 삼상 14:6

위 말씀에서 물론 "여호와의 구원은 사람의 많고 적음에 달리지 아니하였느니라"까지는 이해를 합니다. 이미 이 말씀이 기록되어 있기 때문입니다.

"네가 나가 대적과 싸우려 할 때에 말과 병거와 민중이 너보다 많음을 볼지라도 그들을 두려워 말라 애굽 땅에서 너를 인도하여 내신 네 하나님 여호와께서 너와 함께 하시느니라." 신 20:1

요나단의 고백인 이 믿음은, 말씀에 기초해 있기 때문에 그럴만 합니다.

하지만, 요나단은 "일하실까 하노라"하며, 그 결말을 알지 못함을 고백하고 있습니다.

그도 "일하실까"라고 하면서 이게 확실할지 아닐지는 모른다는 것입니다.

여러분은 확실하지 않은 일에 목숨을 걸 수 있나요?

이 "일하실까 하노라"라는 말씀을 살펴보면, "울라이ulay"라는 단어가 나오는데 이 뜻은 "만일 ~ 아니라면, 아마, 혹시"라는 뜻입니다.

다시 얘기해 요나단은 하나님께서 그를 위해서 싸우실지 안 싸우실지 확신도 없는 상황이었고, 누가 싸우라고 시킨 적도 없는데, 요나단은 병기든 자와 둘이서 적진에 올라가자는 상황입니다.

하지만 요나단은 최소한 50% 이상은 하나님을 더 의지한 것이기에 이러한 결정을 할 수 있었던 것 같습니다.

더하여 요나단은 이렇게 얘기합니다.

"그들이 만일 이같이 말하기를 우리에게로 올라오라 하면 우리가 올라갈 것은 여호와께서 그들을 우리 손에 붙이셨음이니 이것이 우리에게 표징이 되리라 하고." 삼상 14:10

아니 생각해 봐야 합니다. 이것은 요나단이 스스로 한 해석이 아닌가요?

만약 우리에게로 올라오라 하면 그 자리에서 싸우는 것이 하나님의 뜻일 수도 있는데, 요나단은 올라오라 하면 "우리가 올라갈 것은 여호와께서 그들을 우리 손에 붙이셨음이"라고 얘기합니다.

이런 말을 한 요나단은, 계시를 받은 상황도 아니었고, 꿈을 꾸고 꿈에서 말씀하신 하나님을 뵌 것도 아니었으며, 심지어 말씀에도 기록된 바가 없고, 제사장이 지시한 것도 아니었습니다.

이것은 우리가 우리의 믿음의 길을 스스로 개척해야 한다는 의미로 주신 것 처럼 보입니다.

더하여 말씀은 이렇게 기록합니다.

"요나단이 손발로 붙잡고 올라갔고 그 병기 든 자도 따랐더라 블레셋 사람들이 요나단 앞에서 엎드러지매 병기 든 자가 따라가며 죽였으니." 삼상 14:13

위 말씀에서 "손발로 붙잡고 올라갔고"라는 말씀이 나옵니다.

이것은 그 바위가 얼마나 심하게 기울어져 있었는지를, 얼마나 가파른 바위를 기어 올라갔는지를 보여주는 대목입니다.

그 바위가 얼마나 가파른지 말씀은 이미 이렇게 이미 기록되어 있습니다.

"한 바위는 북에서 믹마스 앞에 일어섰고 하나는 남에서 게바 앞에 일어섰더라." 삼상 14:5

바위가 일어섰다는 것은 경사가 무지하게 심했음을 얘기하는 것이죠?

조금의 경사만 있어도, 아래 있는 사람이 절대적으로 불리한 것이 당연한데, 요나단은 그런 상식적인 것이 중요한 것이 아니라 하나님을 의지하여 목숨을 걸어보는 것이 더 중요했던 것입니다.

심지어 그 아무도 요나단에게 싸우라는 얘기가 없었음에도 말입니다.

8장 믿음의 길을 개척하라

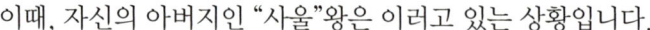

이때, 자신의 아버지인 "사울"왕은 이러고 있는 상황입니다.

"사울이 기브아 변경 미그론에 있는 석류나무 아래 머물렀고 함께한 백성은 육백 명 가량이며." 삼상 14:2

하나님께서 "왕"으로 앉히신 자기 아버지까지도 아무것도 못하고 있는 상황이며, 군사는 겨우 600명 밖에 남지 않은 상황에서 요나단은 "여호와의 구원은 사람의 많고 적음에 달리지 아니하였느니라"고 하며 둘 이서 적진에 뛰어드는 상황인 것입니다.

이 싸움을 인간적인 눈으로 본다면 "미친 짓"입니다.

우선 군사도 더 모으고, 사기도 좀 충전이 된 다음에 싸워야 승산이 있지 않을까요?

요나단은 지금 자신의 "믿음"의 길을 개척하고 있는 것입니다.

그 또한 하나님의 말씀을 가지고 아무도 가지 않았던 "믿음"의 길을 개척하고 있는 것입니다.

사무엘이 블레셋 사람들이 코 앞까지 왔음에도 "온전한 번제"를 드리며 믿음의 길을 개척하고 있던 것 처럼, "요나단"도 믿음의 길을 스스로 개척하고 있는 상황입니다.

요나단이 이 길을 나아갈 때, 하나님께서는 역사하시고, 승리케 도우심을 보게 됩니다.

"들에 있는 진과 모든 백성 중에 떨림이 일어났고 부대와 노략꾼들도 떨었으며 땅도 진동하였으니 이는 큰 떨림이었더라 베냐민 기브아에 있는 사울의 파수꾼이 바라본즉 허다한 블레셋 사람이 무너져 이리 저리 흩어지더라." 삼상 14:15~16

하나님의 개입이 있었음을 성경은 다시 얘기하고 있습니다.

우리가 사는 이 시대에는 왜 이러한 일들이 일어나지 않을까요?

이러한 믿음을 보이는 사람들이 없기 때문 아닐까요?

하나님이 주무실까요?

하나님은 이 무모하게 자신을 믿는 이 요나단을 절대로 혼자 버려두시지 않으심을 보게 됩니다.

8-3. 다윗의 믿음의 개척

요나단과 큰 우정을 나눈 친구 다윗도 이 골리앗과 싸우기를 결심합니다.

이때는 요나단도 싸우지 않는 상황이었습니다.

"다윗이 사울에게 고하되 그를 인하여 사람이 낙담하지 말 것이라 주의 종이 가서 저 블레셋 사람과 싸우리이다 사울이 다윗에게 이르되 네가 가서 저 블레셋 사람과 싸우기에 능치 못하리니 너는 소년이요 그는 어려서부터 용사임이니라." 삼상 17:32~33

다윗에게 이 싸움은 자신이 싸우는 것이 아니었습니다. 그에게 싸움은 하나님께서 싸우시는 것이었기 때문입니다.

하지만, 사울은 자신이 싸우는 것이었습니다.

그래서 다윗은 싸움을 두려워하지 않았고, 사울은 두려워할 수 밖에 없는 것입니다.

무엇이 다윗으로 하여금 두려워하지 않는 믿음을 가지게 했을까요? 정말 그는 전혀 두려워 하지 않았을까요?

성경은 우선, 다윗과 하나님과 계속해서 지속해 온 "관계"라고 그 답을 제시함을 보게 됩니다.

"또 가로되 여호와께서 나를 사자의 발톱과 곰의 발톱에서 건져 내셨은즉 나를 이 블레셋 사람의 손에서도 건져 내시리이다 사울이 다윗에게 이르되 가라 여호와께서 너와 함께 계시기를 원하노라." 삼상 17:36

이미 다윗은 믿음의 싸움을 많이 했습니다.

이 때 다윗의 나이는 16~17 정도 밖에 안되었을 것이지만, 이미 그는 이미 하나님을 의지하여 싸우는 방법을 배웠던 것입니다.

사자를 죽일 정도라면, 이미 그는 "보는 것"에 집중하지 않는 삶으로 하나님을 "의지"해 보았기에, 다윗은 두려워하지 않는 것입니다.

우리 모두의 싸움의 승패는 내가 하나님을 얼마나 신뢰하고 있는지에 따라서 승패가 납니다.

다윗은 돌 5개를 골라 담습니다.

"손에 막대기를 가지고 시내에서 매끄러운 돌 다섯을 골라서 자기 목자의 제구 곧 주머니에 넣고 손에 물매를 가지고 블레셋 사람에게로 나아가니라."삼상 17:40

저는 처음 다윗이 첫 돌팔매에 골리앗을 넘어뜨리는 것이 잘 안되면 5개 까지 시도하려 한 것으로 보여 지기에, 그가 온전히 하나님을 신뢰하지 못한 것인가 하는 생각도 들었지만, 하나님께서는 "순종"을 원하시고, 믿음의 행보를 원하시는 것이지, 그가 두려워하는 것, 그 마음에 의구심이 드는 것을 가지고 뭐라하지 않으십니다.

이 다섯의 의미는, 다윗도 두려워하고, 그 결과를 100 프로 예측하지 못했음을 얘기하고 있는 것입니다. 하지만, 그는 이미 믿음의 길을 걷기로 결정하였고, 그 길에 그가 비록 두려움을 가지고 있었지만, 하나님은 이것을 탓하지 않습니다.

이미 기드온의 사건에서 알 수 있지 않나요?

"이날 밤에 여호와께서 기드온에게 이르시되 네 아비의 수소 곧 칠 년된 둘째 수소를 취하고 네 아비에게 있는 바알의 단을 헐며 단 곁의 아세라 상을 찍고 또 이 견고한 성 위에 네 하나님 여호와를 위하여 규례대로 한 단을 쌓고 그 둘째 수소를 취하여 네가 찍은 아세라나무로 번제를 드릴지니라 이에 기드온이 종 열을 데리고 여호와의 말씀하신 대로 행하되 아비의 가족과 그 성읍 사람들을 두려워하므로 이 일을 감히 백주에 행하지 못하고 밤에 행하니라."삿 6:25~27

기드온이 이 일을 낮에 하지 않고 두려운 마음에 밤에 하긴 했지만, 하나님께서는 그가 밤에 하건 낮에 하건 상관하지 않으시며 단지 그가 하나님의 명령을 따라 한 것에 더 집중하시는 것입니다.

그래서 다윗이 조약돌을 하나 주었든 다섯 개를 주었던 것은 문제가 전혀 되지 않는 것입니다.

여러분! 우리가 믿음의 행보를 보일 때, 가끔은 두렵기도 하고, 어렵기도 할 것입니다.

하지만, 늦더라도 그 길을 가는 것이 끝까지 가지 않는 것 보다는 낫고, 의심이 들지만 순종하는 것이 순종하지 않는 것과는 큰 차이가 있음을 보게 됩니다.

"블레셋 사람이 일어나 다윗에게로 마주 가까이 올 때에 다윗이 블레셋 사람에게로 마주 그 항오를 향하여 빨리 달리며 손을 주머니에 넣어 돌을 취하여 물매로 던져 블레셋 사람의 이마를 치매 돌이 그 이마에 박히니 땅에 엎드러지니라."삼상 17:48~49

골리앗이 다윗에게로 오기 시작하자, 다윗은 그를 향하여 더 빨리 달렸다고 성경은 기록하고 있습니다.

다윗도 두려운 마음이 들었을 수 있습니다. 하지만, 그는 이 싸움을 되도록 빨리 끝내려 했던 것 같습니다. 왜냐하면, 지체하는 믿음은 믿음이 아니기 때문입니다.

저는 다윗이 어떻게 말씀에도 기록되지 않은, "적이 달려오면 너는 여호와의 이름으로 더 빨리 적에게 달려가라"는 생각으로 자신의 믿음

의 길을 개척했는지 모르겠습니다.

하지만, 확실 한 것은 다윗이 하나님을 자신의 "생명"처럼 의지했다는 사실입니다.

우리에게도 믿음의 길을 개척해야 하는 상황이 올 것입니다.

기억하시길 바랍니다. 싸움의 승패는, 내가 믿음으로 나아가고 있느냐 입니다.

8-4. 말씀대로 행하는 믿음

우리가 그분을 "의지"하고 그분의 말씀 속에서 사는 것이 가장 안전한 길임을 잊지 말아야 합니다.

예수님께서 말세의 사건을 말씀하시며 이렇게 말씀하셨음을 보게 됩니다.

"그러면 사람들이 너희에게 말하되 보라 그리스도가 광야에 있다 하여도 나가지 말고 보라 골방에 있다 하여도 믿지 말라."_{마 24:26}

사단은 최선을 다해 하나님의 백성을 유혹하고 곁길로 빠지게 하기 위해 예수님께서 오신 것 처럼 보이겠지만, 예수님은 "나가지 말고, 믿지 말라"고 말씀하십니다.

이 말씀에 대해 순종할 수 있는 사람들은, 그들이 세상에서 "보고 듣는"것에 집중하지 않고, 영적인 눈으로 오직 말씀에 집중하여 말씀에 따르는 연습이 평소에 되어 있어야만 가능함을 보게 됩니다.

하지만, 세상 사람들은 "보고 듣는"것에 집중하기에 모두 사단에게 속아 멸망의 길로 들어갈 것입니다. 많은 사람들에게 진리에 대한 눈은 가려지고, 예수님께서 곧 오신다는 모든 징조 까지도 이해하지 못하게 됨을 우리는 말씀을 통해 알 수 있습니다.

"홍수 전에 노아가 방주에 들어가던 날까지 사람들이 먹고 마시고 장가 들고 시집 가고 있으면서 홍수가 나서 저희를 다 멸하기까지 깨닫지 못하였으니 인자의 임함도 이와 같으리라."마 24:38~39

여러분, 이 일은 재림교회 밖에서만 일어나는 일일까요?

위 말씀 중에 "다 멸하기까지 깨닫지 못하였으니"라는 말씀은 분명 재림교회 안에서도 일어날 것입니다.

마태복음 24장 끝에는 이런 말씀이 기록되어 있습니다.

"이러므로 너희도 예비하고 있으라 생각지 않은 때에 인자가 오리라 충성되고 지혜 있는 종이 되어 주인에게 그 집 사람들을 맡아 때를 따라 양식을 나눠 줄 자가 누구뇨."마 24:44~45

우리는 "지혜 있는 종"이 어떤 사람인지 잘 알고 있습니다.

네, "브사렐과 오홀리압"같은 사람, 즉 하나님께서 명하신 대로 행할 수 있는 사람이 지혜로운 종일 것입니다.

지혜로운 종과 반대되는 종도 등장하는데 바로 이런 종입니다.

"만일 그 악한 종이 마음에 생각하기를 주인이 더디 오리라 하여 동무들을 때리며 술 친구들로 더불어 먹고 마시게 되면."마 24:48~49

악한 종은, 예수님께서 금방 오지 않으실 것으로 생각하는 종입니다.

그리고 그들의 특성에 대해 말씀하시며 "먹고 마시"는 삶을 산다 말씀하시지요.

이 말씀은 위에 기록한 38절의 말씀과 같지 않나요?

쉽게 얘기하자면, 재림교회 안에도, 예수님께서 언제 오실지 모르고, "먹고 마시"다가 저희를 멸하기까지 깨닫지 못하는 지도자들도 있을 것이라는 뜻입니다.

하나님의 일을 하는 "종", 그들도 알지 못하는 때에 예수님께서 오시며, 놀라서 예수님을 맞이할 것이라는 것입니다.

마태복음 25장은 이렇게 시작합니다.

"그 때에 천국은 마치 등을 들고 신랑을 맞으러 나간 열 처녀와 같다 하리니"마 25:1

위 말씀에서 "그 때에"는 또한 "토테 tote"라는 단어로 "그 때에 at that time"이란 뜻으로 볼 수 있습니다.

다시 얘기해 24장과 25장은 같은 시대에 일어나는 일이라 말씀하시는 것으로 볼 수 있습니다.

마태복음 25장에는 열 처녀의 비유와 함께 달란트의 비유가 나오고, 예수님께서 사람들을 "양과 염소"의 무리로 나누시는 장면이 나옵니다.

"모든 민족을 그 앞에 모으고 각각 분별하기를 목자가 양과 염소를 분별하는 것 같이 하여 양은 그 오른편에 염소는 왼편에 두리라."마 25:32~33

어찌보면, 열 처녀의 비유와, 달란트의 비유, 또 사람들을 나누시는 것이 다 다른 비유와 다른 말씀을 하시는 것 같지만, 참 믿음으로 은혜 안에 들어간 자들과 그렇지 않은 자들에 대해 말씀하시는 똑 같은 말씀으로 이해하게 되었습니다.

마태복음 24장에서 세상 끝, 즉 말세에 대해서 말씀하시다가, 예수님의 재림의 광경, 또 이 땅에서의 충성되고 지혜로운 종들과 악한 종들의 특성을 말씀하신 다음, 은혜를 받은 슬기로운 다섯 처녀와, 그렇지 않은 미련한 처녀, 또 달란트를 가지고 장사를 하여 더 많은 은혜를 만든 종들과 그 은혜의 가치를 알지 못하고 결국에 쫓겨나가 멸망당하는 "무익한 종"이 등장합니다.

"이 무익한 종을 바깥 어두운 데로 내어 쫓으라 거기서 슬피 울며 이를 갊이 있으리라 하니라."마 25:30

그리고 이들을 나누신 기준에 대해 이렇게 말씀하십니다.

"그 때에 임금이 그 오른편에 있는 자들에게 이르시되 내 아버지께 복받을 자들이여 나아와 창세로부터 너희를 위하여 예비된 나라를 상속하라 내가 주릴 때에 너희가 먹을 것을 주었고 목마를 때에 마시게 하였고 나그네 되었을 때에 영접하였고 벗었을 때에 옷을 입혔고 병들었을 때에 돌아 보았고 옥에 갇혔을 때에 와서 보았느니라."마 25:34~36

예수님께서 베푸시는 심판의 기준은 결국 "믿음"인 것입니다.

그냥 예수님을 믿노라 하며, 예수님께서 나의 구세주 되심을 알고 있던 사람들이 아니라, 그 은혜를 경험하여, 그 은혜의 가치를 깨닫고 은혜를 나누지 않고는 견딜 수 없었던 사람들과, 그 은혜의 가치를 모르고 그냥 내 뜻대로 살던 사람들로 나뉘게 됩니다.

"또 왼편에 있는 자들에게 이르시되 저주를 받은 자들아 나를 떠나 마귀와 그 사자들을 위하여 예비된 영영한 불에 들어가라 내가 주릴 때에 너희가 먹을 것을 주지 아니하였고 목마를 때에 마시게 하지 아니하였고 나그네 되었을 때에 영접하지 아니하였고 벗었을 때에 옷 입히지 아니하였고 병들었을 때와 옥에 갇혔을 때에 돌아보지 아니하였느니라 하시니."마 25:41~43

위 말씀을 보면, 그들의 "행위"에 심판이 맞춰져 있는 것 같은 이유는, 참 믿음은 분명 "듣고, 지켜, 행하는" 것이기 때문입니다.

예수님의 형제 야고보도 이렇게 얘기하였습니다.

"내 형제들아 만일 사람이 믿음이 있노라 하고 행함이 없으면 무슨 이익이 있으리요 그 믿음이 능히 자기를 구원하겠느냐 만일 형제나 자매가 헐벗고 일용할 양식이 없는데 너희 중에 누구든지 그에게 이르되 평안히 가라, 더웁게 하라, 배 부르게 하라 하며 그 몸에 쓸 것을 주지 아니하면 무슨 이익이 있으리요 이와 같이 행함이 없는 믿음은 그 자

체가 죽은 것이라."^{약 2:14~17}

세상은 오늘 자기의 기쁨만을 위해 살려고 할 것입니다.
내가 먹고 마시면서 말입니다.

우리는 지금 어떤 믿음을 가지고 있는지 심각하게 고민해 봐야 합니다.
우리의 믿음은 다른 사람을 위하는 믿음, 어려운 사람을 돌봐 줄 수 있는 믿음인지 말입니다.
왜냐하면 그것이 예수님께서 우리에게 명하신 "참 믿음"이기 때문입니다.
요한은 이렇게 얘기합니다.
"누가 이 세상 재물을 가지고 형제의 궁핍함을 보고도 도와 줄 마음을 막으면 하나님의 사랑이 어찌 그 속에 거할까 보냐 자녀들아 우리가 말과 혀로만 사랑하지 말고 오직 행함과 진실함으로 하자."^{요일 3:17~18}
이런 행함이 있는 진실한 믿음으로 모두 구원받는 우리가 되면 참 좋겠습니다.

예수께서 가라사대
어찌하여 선한 일을 내게 묻느냐
선한 이는 오직 한 분이시니라
네가 생명에 들어가려면 계명들을 지키라.

마태복음 19:17